正义的测量——从能力平等到关系平等

秦子忠 ◎ 著

中国社会科学出版社

图书在版编目（CIP）数据

正义的测量：从能力平等到关系平等 / 秦子忠著 . —北京：中国社会科学出版社，2018.10
ISBN 978-7-5203-3786-1

Ⅰ.①正⋯ Ⅱ.①秦⋯ Ⅲ.①正义-研究 Ⅳ.①B82

中国版本图书馆 CIP 数据核字（2018）第 284381 号

出 版 人	赵剑英
责任编辑	任　明
责任校对	周　昊
责任印制	李寡寡

出　　版	中国社会科学出版社
社　　址	北京鼓楼西大街甲 158 号
邮　　编	100720
网　　址	http://www.csspw.cn
发 行 部	010-84083685
门 市 部	010-84029450
经　　销	新华书店及其他书店
印刷装订	北京君升印刷有限公司
版　　次	2018 年 10 月第 1 版
印　　次	2018 年 10 月第 1 次印刷
开　　本	710×1000　1/16
印　　张	13
插　　页	2
字　　数	202 千字
定　　价	65.00 元

凡购买中国社会科学出版社图书，如有质量问题请与本社营销中心联系调换
电话：010-84083683
版权所有　侵权必究

纪念我的父亲,秦东号
献给我的母亲,蒋关引

序　言

道义与现实之间

秦子忠的博士学位论文要付梓出版，邀我写序。我是经济学家，但20年前因为为《读书》杂志写作介绍阿玛蒂亚·森的文章，对政治哲学产生兴趣，并间断地做了一些研究，其中包括和子忠的合作。森是当代少有的文艺复兴式人物，不仅荣获经济学诺贝尔奖，而且在政治哲学方面建树颇丰，成为罗尔斯之后一位不容忽视的政治哲学家。然而，森的哲学论述比较松散，用词的词义比较宽泛（如自由等同于发展），给后人的研究带来不少困难。子忠选择森的政治哲学作为研究题目，展示了他的勇气；通读全书，我更感受到他的哲学论证功底。在人文社会科学当中，经济学的一个优势是可以使用数学语言进行逻辑论证；哲学则要完全依赖自然语言进行相似的论证，因而，如何克服自然语言的漏洞，是哲学论证面对的难题之一。子忠对哲学论证方法的把握不仅颇为娴熟，而且自成一体，形成了自己的特色。他的论证不是直线的，而是时常停顿，对前面的逻辑加以评论和补充。但这并不影响他的论证的连贯性，反而让他的文字读起来更有趣味，就好比小溪中的流水遇到礁石，溅起水花，自成一道风景。

子忠是一个直爽的人，反映在他的写作上，就是直奔研究主题，不像一般人一样，总要给文章戴上一顶华丽的"帽子"。对于行内人来说，这没有问题；但是，对于行外人来说，要理解子忠的论文，就会遇到一些困难。如同其他学说一样，森的能力学说产生于对现代政治哲学的批判。子忠略去了对这个背景的介绍，我愿意在此做一些粗略的补充，以帮助普通读者对本书的理解。

在罗尔斯于1971年出版《正义论》之前，西方政治哲学的主流是自由至上主义（libertarianism）和功利主义（utilitarianism）。自由至上主义（或称古典自由主义）强调个人权利的不可侵犯，但同时也只关注个人权利，排斥超出保障个人权利之外的任何形式的社会公共性。功利主义承认个体的独立性，但同时更关注个体福利的加总，认为只有增进个体福利之和的原则才是正义的。古典自由主义产生于启蒙运动，是启蒙运动思想家用来战胜封建势力的武器；功利主义产生于工业革命的高潮时期，是维护资本主义生产关系的哲学学说。早期资本主义具备当今人文主义者所唾弃的所有龌龊，社会瓦解、阶级分化、人的异化、巨大的不平等，等等。功利主义把视线从这些问题移开，要人们关注社会整体福利的提高，从而达到消解社会矛盾的目的。罗尔斯写作《正义论》的时代，是西方世界反潮流的时代，反战和民权运动风起云涌，由此伴随而来的，是对权威的蔑视和对旧秩序的否定。西方世界需要一个新的自由主义学说，《正义论》应运而生。罗尔斯花费大量篇幅批判功利主义，希望重新定义一种新的自由主义，这种自由主义应该比古典自由主义具有更多的人文主义成分，照顾没有从资本主义增长中获得足够好处的人。具体到政策层面，他主张适当的再分配，从而，他的学说可以看作是对福利社会的一个辩护。在现实中，最接近罗尔斯主义的是北欧的社会主义。

森的能力学说产生于对上述三种理论的批判之中。森的早期学术研究关注经济发展问题，20世纪60年代中期之后转向福利经济学的研究，并做出了杰出的贡献。福利经济学的研究方法和哲学研究方法相似，都是从公理出发，推导出一组合意的命题。森对古典自由主义的批判集中在1970年发表在《政治经济学杂志》上的一篇短小精悍的文章中。[1]在这篇文章中，森证明，在帕累托原则（即一致同意原则）、无约束偏好（即每个人可以具备任何偏好）和非独裁（即社会选择不是一个人说了算）这三个条件下，社会选择无法包容个体的特定偏好；换言之，私域——古典自由主义的核心价值——不能是个体自己确定的。这当然不是说社会不能容忍私域，而是说，私域必须经由一定程序由集体决策来决定。森撤掉了"天赋人权"这样的信条的"天梯"，让它们回归尘世，由世俗政治来决定它们的合法性。

---

[1] Sen, Amartya, "The Impossibility of a Paretian Liberal", *Journal of Political Economy*, Vol. 78, No. 1, 1970, pp. 152–157.

森对功利主义的批评集中在两个方面，一是信息基问题，二是个人之间效用的比较问题。功利主义的信息基是效用，即个人对物质及其他消费的感官评价。森认为，这个信息基太窄，不能全面描述个体的能动性（agency）所必需的东西。比如，接受教育尽管也可以提高一个人的效用，但更重要的是可以增加一个人摆脱愚昧、认知世界、欣赏生活、做独立的个体的能力。即使是使用效用这个信息基，功利主义也要面对个体效用之间的比较问题。经济学区分基数效用和序数效用。使用前者的时候，效用的单位是有意义的，效用的数值代表效用的绝对强度；使用后者的时候，效用单位是没有意义的，效用的数值只代表效用的相对强度。比如，一个人吃一碗米饭，另一个人吃两碗米饭，按照基数效用，我们可以说，第二个人比第一个人得到更高的效用，但按照序数效用，我们什么也不能说，因为一碗米饭对于两个人的满足感本身就是不同的。功利主义最大化社会个体的福利之和，因而必须使用基数效用，从而假定个体之间的效用是可比的，一个人的效用可以等价地转移给另外一个人。森因此说，功利主义假设了个体在效用单位上的平等。暂且不论这个假设在道义层面的问题，[①]仅就现实的公共分配而言，它也导致对于穷人极其不利的结果。比如，一碗米饭对于穷人来说至关重要，但对于富人来说不值一提，功利主义把两者的评价拉齐，降低了米饭对于穷人的重要性，从而会导致社会对穷人较少的分配。

森对罗尔斯的批评也集中在两方面。第一个方面针对罗尔斯自由主义的第一原则，即权利优先原则。森认为，对权利的定义不是"放之四海而皆准"的，一个社会所珍惜的权利并不一定适用于另外的社会。他特别举了中国的计划生育政策作为例子。在发达国家，"政府不应该干预卧室"是一项不证自明的原则，但是，在一个人口快速增长的国家，这项原则可能就必须让位于务实主义的考量：生育是个人的一项权利，但如果它带来一系列严重的社会问题，对这些权利加以一定的限制难道不是合意的吗？事实上，从霍布斯开始，西方思想家就已经意识到，要一个社会的和平运转，个人就必须向国家让渡一些权利。森对罗尔斯第一原则的批评与他对古典自由主义的批评是一致的，即个体的私域（权

[①] 这个假设把个体感受还原为可以度量，并且可以转让的东西，从而为暴政打开了大门。

利）必须通过一定的集体决策程序才可以确立。他对罗尔斯第二原则的批评则体现在这个原则所包含的平等概念上。这个原则也叫差异原则，即社会容忍个体之间的差异，但这个差异不能以牺牲社会中境况最差的人为代价。这就是"最大最小原则"——当社会分配产生差异的时候，社会应该找到境况最差的人，然后尽最大可能提高他的福利。然而，森证明，在经典的经济环境里（简单地说，就是社会分配是一个零和博弈的环境），最大最小原则总是导致完全平均的分配，其中的道理很简单：当社会提高境况最差的人的福利的时候，原先境况第二差的人就变成最差的，社会就必须接着提高他的福利，以此类推，只有当所有人的福利都相等的时候，调整才能停下来。森因此说，罗尔斯的差异原则等同于效用水平的平等。这个原则仍然依赖个人之间效用的比较，与功利主义一样，它假定人与人之间存在某种通约性。

森的能力学说打破了这种通约性，把人们的注意力转移到个体的能动性方面。能动性是对人的自主性的描述，而保障自主性的基础是能力，即实现有价值的目标所必需的一组功能组合。比如，人的最基本的目标是生存，因此，免除生存恐惧的能力就是一个人所必备的能力；再比如，就业是现代社会里每个人过上正常生活的必要保障，接受一定的教育因而是现代人所必备的能力。森的能力学说与其他政治哲学理论的最大差别在于对个体的强调上。个体对于能力的需求因人而异，比如，一个残疾人最需要的是社会为他提供出门的便利，而一个卧病在床的人最需要的是医疗救助，因而，社会公正不能停留在给每个人同等程度的权利（如古典自由主义者和功利主义者所主张的），或同等数量的基本物品（如罗尔斯所主张的）上，而是要区别对待每一个人，弥补他的能力的不足，缺什么补什么。

森的社会公正理论因此对社会提出了更高的要求，目标是实现每个人在能动性方面的平等。从道义的角度来看，森的主张和马克思、恩格斯关于人的解放的论述不谋而合，具有强大的感召力；然而，在现实中，森的主张是否具有可实施性？能力因人而异，但有价值的目标却大体是相同的。在《孔雀》这部电影里，主人公的哥哥因为得过脑膜炎变得比较迟钝，但他仍然爱上了厂里的厂花。就常理而言，大概没有几个人会支持他的这个爱情追求，但是，难道一个智力受损的人就不该有美丽的爱情吗？

森在这里遇到了道德难题。森自己似乎也意识到这个问题，因而他并不主张为能力开出一张统一的清单，而是把这个任务交给公众的民主讨论。从哲学论证的角度来看，这正是森的能力学说最薄弱的环节。

在实践层面，森主张，实现社会公正的首要任务是消除明显的不公正，因为这样的不公正比比皆是。对于社会改良而言，这种务实主义的态度是可取的，甚至也是唯一可行的改进路径。在国大党执政期间，森得到了在祖国印度实现他的主张的机会，但遇到了层层阻力，他基于能力学说而提出的政策主张也时常被人诟病，被指加剧了印度的身份政治。

森的能力学说具有强大的道德感召力，但是，正如其他哲学理论一样，这个学说所构建的社会美好图景也是乌托邦。在现实中，社会不应以实现能力平等为目标，而是应该以能力为指向推进平等。[①] 程序平等不足以保障每个人实现全面的自由，结果平等又打击个体的生产积极性，而以能力为指向的平等可以克服这两个方面的缺陷：提高个体的能力，既扩展个体的自由，也提高社会的产出。但是，提高个体的能力不能超越社会资源所能承载的限度；如果提高一个人的能力最终要以损害其他人的能力为代价，则社会就应该停下来。资源约束和个体激励是任何社会公正理论，特别是主张社会再分配的左翼公正理论所必须考虑的约束条件。

子忠的博士学位论文对森的能力学说以及围绕这个学说所产生的争论进行了系统的梳理，修补了森的一些论证漏洞，在此基础上，他还对能力学说进行了有益的发展。子忠是一位踏实而勤奋的青年学者，读者在他的博士学位论文里会更多地领略到哲学家的老练，但在一些地方，子忠也会流露出热情的火花。至于本书的具体内容，我在这里就不"剧透"了，但我相信，专业哲学研究者读完这本书之后，将不仅全面了解森的能力学说，而且也会和书的作者产生志同道合的默契和共鸣。

姚 洋

北京大学国家发展研究院院长、长江学者特聘教授

2018 年 5 月 26 日改定于美国纽约

[①] 参见姚洋《论能力指向的平等》，载梁治平主编《转型期的社会公正：问题与前景》，生活·读书·新知三联书店 2010 年版。

目 录

导言 ……………………………………………………………（1）
  一　各章主题 …………………………………………………（2）
  二　研究方法说明 ……………………………………………（4）

第一编　背景

第一章　正义：方法与信息基础 ………………………………（13）
  第一节　方法论的约束 ………………………………………（13）
  第二节　信息基础的约束 ……………………………………（15）
    一　价值属性的差异性 ……………………………………（15）
    二　排序的差异性 …………………………………………（16）
    三　运用方式的差异性 ……………………………………（17）

第二章　能力域：内涵及其应用 ………………………………（19）
  第一节　能力域的内涵 ………………………………………（19）
    一　能力属性：几个对比 …………………………………（21）
    二　科恩的批评及其余留问题 ……………………………（23）
  第二节　能力域的应用 ………………………………………（29）
    一　尺度与原则 ……………………………………………（29）
    二　能力尺度的优越性 ……………………………………（30）
    三　能力原则的正当性问题 ………………………………（32）

第三章　正义原则的论证限制 …………………………………（37）
  第一节　中立性与对不平等的限制 …………………………（37）
    一　中立性 …………………………………………………（37）
    二　对不平等的限制 ………………………………………（40）

第二节 客观性与可接受性 …………………………… (42)
　一 客观性 ………………………………………………… (43)
　二 可接受性 ……………………………………………… (45)
第三节 合理性与正当性：区分的根据与意义 ………… (47)

第二编 理论

第四章 森与罗尔斯之争 ……………………………… (53)
第一节 不正义的识别 ……………………………………… (53)
　一 直觉主义路径 ………………………………………… (54)
　二 完备主义路径 ………………………………………… (55)
　三 非完备性路径 ………………………………………… (56)
第二节 政治目标的分歧 …………………………………… (63)
　一 目标的视域：狭窄与宽阔 …………………………… (64)
　二 目标的焦点：顶点与过程 …………………………… (66)
　三 目标的属性：绝对与相对 …………………………… (68)
第三节 不平等与能力缺失 ………………………………… (71)

第五章 能力原则 ……………………………………… (74)
第一节 原则形式：平等、优先与充分 …………………… (75)
　一 平等形式 ……………………………………………… (76)
　二 优先形式 ……………………………………………… (79)
　三 充分形式 ……………………………………………… (81)
第二节 能力清单：哪种路径？ …………………………… (86)
　一 努斯鲍姆的能力清单 ………………………………… (88)
　二 陈晓旭的能力清单 …………………………………… (92)
　三 安德森的能力清单 …………………………………… (93)
　四 森的主张 ……………………………………………… (95)
第三节 能力民主原则如何是正当的？ …………………… (102)
　一 森的辩护及其不充分 ………………………………… (103)
　二 强弱同意的区分 ……………………………………… (105)
　三 辩护不充分的原因 …………………………………… (108)

四　弱同意的可欲性 …………………………………………（110）
第六章　关系原则 ……………………………………………………（116）
　第一节　社会关系视角 ……………………………………………（116）
　　一　能力域的不足 ………………………………………………（118）
　　二　社会关系域 …………………………………………………（121）
　第二节　平等的两面：同一性与对称性 …………………………（127）
　　一　对称性的学理传统 …………………………………………（127）
　　二　对称性的吸引力 ……………………………………………（132）
　第三节　关系对称原则 ……………………………………………（136）

第三编　实践

第七章　框架—多元式结构 …………………………………………（143）
　第一节　模型 ………………………………………………………（143）
　第二节　模型在现实世界的投射 …………………………………（153）
　　一　偷渡者问题 …………………………………………………（153）
　　二　移民或难民问题 ……………………………………………（156）
第八章　通往可能世界之路：保障和推进人权 ……………………（160）
　第一节　看待人权的视角 …………………………………………（160）
　第二节　罗尔斯的人权概念及其局限 ……………………………（163）
　　一　立法原则视角及其内涵 ……………………………………（164）
　　二　强制性的负效应：主权信用危机或道德灾难 ……………（165）
　　三　全球政治空间的同质性：过高且不必要的假设 …………（167）
　第三节　森的人权概念及其局限 …………………………………（172）
　　一　道德视角及约束条件 ………………………………………（172）
　　二　道德到法律的距离 …………………………………………（174）
　第四节　由社会关系规定的人权 …………………………………（176）
　　一　社会关系视角及其内涵 ……………………………………（178）
　　二　立法与道德并进 ……………………………………………（180）

参考文献 ………………………………………………………………（184）
后记 ……………………………………………………………………（191）

导　言

正义的测量包括两个方面的内容，一是针对现实中的正义问题，二是针对理论中的正义问题。这两个方面相关但不等同，后者是前者的反映。本书处理的是理论中的正义问题。为了使论题集中，本书以梳理阿马蒂亚·森（Amartya Sen）的正义理论为中心线索，由此向外旁及森的外部批判者的正义理论，向内论及森的内部批判者的正义理论。据此，本书犹如地理勘定者一样以"绘制地图方法"将当代主流正义理论各自的基本主张标示出来，并在此基础上提出笔者的正义主张。

本书从探讨这个问题开始，即森的正义理论是什么以及它是否能被辩护？[①] 在探讨过程中，本书要完成以下几点工作：一是将森的多少有些松散的正义理论以一种清晰而严谨的方式叙述出来。在这个叙述中，森的正义理论至少在以下三个方面是清晰的和相关联的：一是正义的信息基础及其内部空间，正义原则的由来，正义原则的形式和质料。二是检视森为其正义理论的正当性所做的辩护。这个检视过程不仅表明森的辩护并不充分，而且阐明其不充分的原因既在于理性多元事实使得严格意义的一致同意不可能，也在于森为之辩护的正义原则即能力民主原则不完整和其信息基础依然狭窄。三是从社会关系视角来充实森提及但未展开的比较性框架，并且从对称性视角阐释平等理念，由此发展一种更具涵括性的正义原则即关系对称原则，在其中，森的正义原则只是它的

[①] 这个问题在更早时候，已以类似的形式被其他学者论及。Thomas Pogge, "Can the Capabilities Approach Be Justified?", *Philosophical Topics*, Vol. 30, No. 2, 2002. Xiaoxu Chen, *Can Sen's and Nussbaum's Capabilities Approach be Justified as an Approach to Social Justice?*, PhD. Thesis, at Cambridge University, 2010. 尽管笔者与托马斯·博格、陈晓旭探讨的问题多少有些相似，但在具体论述以及最终结论上，笔者的工作都将明显区别于他们。这点在本书中会得到系统性的展示。

子原则。四是构想一个可能世界的模型，在这个模型中，关系对称原则的可欲性得到初步的检验。

一　各章主题

"森的正义理论是什么以及它能否被辩护？"这个问题包含两个次级问题：（1）森的正义理论是什么？（2）森的正义理论能否被辩护？这两个次级问题虽然不同，但两者紧密关联在一起。就不同而言，对（1）的回答主要是描述性的，而对（2）的回答主要是规范性的。就联系而言，（2）包含（1），因而如果没有对（1）的充分理解，那么对（2）的肯定或否定回答都有失其据。在本书中，第一部分勾画正义理论的基本要素（比如正义的信息基础，原则的形式和质料，以及原则的合理性或正当性等），并且提出正义原则的论证限制条件；这些条件从某种意义上构成判断原则的正当性论证是否成功的标准。第二部分考察森对其正义理论所做的辩护，并阐明其辩护不充分的原因，由此转向本书可能具有创新性的建构工作。这个建构工作的核心内容是从能力视角转向社会关系视角来看待不正义，并据此提出更具涵括性的新原则。第三部分构想一种可能世界，在这个世界中，这个新原则的可欲性得到初步检验，并探讨通往可能世界的具体路径。以下，笔者将扼要地说明各章之主题。

在正义理论中，正义的信息基础（比如资源域、效用域等）具有元理论的地位。因此，如何选取正义的信息基础，在根本上形塑着与之对应的正义理论的特质。第一章的主题就是探讨正义的研究方法，以及正义的信息基础的差异性对具体正义理论的特性的影响。这个探讨是概括性的。

与第一章不同，第二章的主题是具体的，它着力明晰能力域的内涵和阐明能力域的应用。能力域的应用有两种基本方式。一是能力域自身的运用。这种运用所指向的对象是相关主体的优势（以能力为尺度来评估）；它有元素评价和集评价之分。二是能力域的外在性运用，这种运用所指向的评价对象是利益在相关主体之间的分配方式。概言之，第二章的主题是能力域自身的运用及其优越性。

因为能力域的外在性运用涉及构造具有公共性的合理原则，因此合理原则的优越性问题需要探讨作为公共性思想框架的一些限制性条件，以便据此给出可理解的判断及其理由。第三章的主题就是寻找并确立这些限制性条件，并以此作为本书在相关问题上立论所依托的根据。当然，不可能穷尽这类限制性条件，但这不应当成为我们对此避而不谈的理由。对其中一些起到关键性作用的限制性条件加以呈现和界定，不仅是必要的也是有益的。

森和罗尔斯都承认现实社会中存在双重的不正义，即制度层面的不正义和行为层面的不正义。争论在于如何处理这两者的关系。罗尔斯的致思路径是，政治的目标应当优先寻求绝对正义原则并以此来安排正义的社会基本结构，进而通过培养其成员的正义感和善观念来强化该社会结构的稳定性。[①] 与罗尔斯不同，森主张，我们在绝对正义原则上可能难以达成共识，但是在承认和消除明显的不正义现象上却很容易达成共识（至少多数同意），而这并不需要预先有一个判断正义与否的绝对标准（原则）。因此，政治的目标应当优先消除不正义的现象。

第四章的主题是阐明森将政治目标从寻求绝对正义原则下移到消除明显不正义的现象上，从而扩展了社会正义的议题。这无疑为能力方法作为一种竞争的方法论提供了得以立足的研究对象——关注和消除不正义现象（比如严重的能力缺失）。但这一章仅是说明了能力原则的由来，尚未触及能力原则本身及其合理性。

第五章的主题是探讨森持有的能力原则会是什么，以及它是否获得辩护。对这个问题的讨论贯穿于整个第五章。这个讨论，首先呈现森在相关问题的一个核心思想，即不仅能力原则的形式，而且能力原则的质料，都需要在民主论辩过程中得到确立。在这个意义上，能力原则是个宽泛的称谓，更精细或明了的称谓应是能力民主原则。其次，表明能力民主原则的合理性不是因为它给出了合理的具体原则，而是因为它给出了可以产生多种合理原则的社会选择框架。但依据第三章的论证限制条件，具有合理性的原则不等于具有正当性，除非它得到所有相关主体理性的一致同意。最后，阐明森为其原则的正当性所做的辩护并不充分及

---

① 罗尔斯对这个致思路径的发展，虽然期间有些变化，比如最初采用原初状态论证，后期作品则是重叠共识论证，但是大体上罗尔斯没有放弃这个被森称为先验制度主义的致思路径。

其原因；这些原因支持从强同意转向弱同意①来发展森的辩护（这个发展是从一般意义上进行的）。但是，这个发展了的辩护并不一定成功。即便成功，森的能力民主原则也仅仅是完整正义原则的一部分，其大致相当于罗尔斯的第二个正义原则（甚至是其中的差异原则）所处的位置。此外，能力民主原则还存在以下不足：从更宽视角来看，其信息基础依然狭窄，如森所承认那样，它没能充分关注"与正义相关的程序公平和公正"②，因此依据能力民主原则自身，它难以处理剥削等规范性问题。

第六章的主题是从社会关系视角来重释森提及却未展开的"比较性框架"，并阐述一种更具涵括性的正义观（笔者暂且将其原则称为关系对称原则）。整个阐述是初步性的，但是它为我们超越当前狭隘的正义观提供了一种有前景的视角，或者说，在这个有前景的视角中，一种正义观的基本轮廓得以呈现。第七章的主题是构想一个可能世界，在这个世界中，这个正义观（或者依其而阐释的原则）的可欲性将得到初步检验。第八章的主题探讨如何拉近现实世界与可能世界之间的距离；这个探讨将通过聚焦人权主题以及保障和推进人权的公共行动来展开。

二　研究方法说明

多数时候，研究方法与选题或理论目标杂糅在一起。例如在罗尔斯的《正义论》中，作为方法论的反思平衡、契约论证等就与作为理论目标的正义原则及其社会结构交缠一起。以下，笔者将从两个方面来谈论本书的理论目标与它的研究方法论的关系。

第一方面：研究路径的选取与处理方式。

在罗尔斯那里，他的研究工作使得以下的研究路径成为一种范式：选取正义原则，并以此规定社会基本结构的安排，从而又能使得生活其

---

① 在第五章，笔者将理性的一致同意区分为强同意与弱同意这两种类型。粗略而言，强同意是通过收缩备选菜单的范围来寻求全体选择主体在某个原则上达成理性的一致同意，而弱同意则是放宽备选原则菜单的范围来寻求选择主体在有效边界约束下在多个兼容性原则上达成理性的一致同意。这个区分在第五章会得到详细的论述。

② ［印度］阿马蒂亚·森：《正义的理念》，王磊、李航译，刘民权校译，中国人民大学出版社2012年版，第276—277页。

中的每个人心中充盈维持和强化该社会结构稳定的正义感。在这种研究路径中，正义原则、社会基本结构、个人三者融为一体，在这个意义上，罗尔斯宣称这是一个互惠的稳定的社会合作体系，因而是一个可以超越时间的社会合作体系。但实际情况是，该体系一经出炉，我们便在它的批评者那里，看到它的诸多不足。诺齐克批评该体系必定不断干预自由，并提出一个诸多共同体镶嵌其中的乌托邦框架;① 德沃金批评该体系的正义原则拒绝考虑个人责任，并发展出敏于抱负、钝于禀赋的正义原则;② 桑德尔批评该体系所依托的主体是无根的"自我"，而不是有根的"我们"，并提出了内涵多元的生成性主体;③ 沃尔泽批评该体系只能实现无视社会物品意义的简单平等，并提出尊重社会物品意义的复合平等。④

在这些批评所展开的视域中，罗尔斯的合作体系近乎一个同质性社会，并在理性多元事实得以完整表达的面前，变得既不稳定也不可欲。理性多元事实表明，个人的多样性根源于其生长其中的历史文化和他/她在与之遭遇过程中对历史文化的选择性理解；与个人的多样性稍有不同，社会物品意义的多样性虽然内在于历史传统，但它却也因人而异。如此说来，如何持续地构想和创造社会物品，并如何使它们在人群中顺利地流转⑤，以至于维持人们生存或增益幸福，势必涉及对正义原则的选取与对维持其运转的社会基本结构的安排。如果充分地尊重个人的多样性和社会物品意义的多样性，那么应当选取何种正义原则和何种社会基本结构呢？这一问题所提示的研究路径（即个人到正义原则再到社会基本结构）明显异于以罗尔斯为首的那条路径（即正义原则到社会基本结构再到个人）。本书采取的研究路径隶属于前者，即从个人到正义原则再到社会基本结构。但这过渡得不仅有点快，而且过于抽象。以下

---

① ［美］罗伯特·诺齐克：《无政府、国家与乌托邦》，姚大志译，中国社会科学出版社2008年版。
② ［美］罗纳德·德沃金：《至上的美德：平等的理论与实践》，冯克利译，江苏人民出版社2003年版。
③ ［美］迈克尔·桑德尔：《自由主义与正义的局限》，万俊人等译，译林出版社2011年版。
④ ［美］迈克尔·沃尔泽：《正义诸领域：为多元主义与平等一辩》，褚松燕译，译林出版社2002年版。
⑤ 同上书，第5—10页。

笔者将对比罗尔斯《正义论》的研究路径来具体化本书的（笔者希望也是森的）研究路径。

《正义论》一书整体上分成三个部分：理论、制度和目的。但就具体的逻辑演绎而言，罗尔斯大致遵循这样的次序，首先阐述作为公平的正义观，其次以此构想两个正义原则及其论证（即原初状态），再次以两个正义原则为指导构想社会基本结构，最后这个结构培育生于其内死出其外的人们的思想观念与行为举止，而这反过来强化和维持最初的正义观及其正义原则乃至社会基本结构。这个进路中的诸多环节被赋予严格的链式联系，以至于某个环节若出现差错，整个体系都面临着坍塌的危险。比如如果正义观出错了，那么整个体系就会扭曲生活其中的人们的心灵与言行举止，犹如中国裹脚观未被视为不正当之前，扭曲、残害中国数以万计的妇女健康一样。当然，罗尔斯自信他阐述的公平正义观是永恒正义的。即便罗尔斯正确，他的两个正义原则就是公平正义观最好的那个解释版本吗？我们完全有理由认为，两个正义原则只是告诉人们，它只在无知之幕之中才优于其他原则如功利正义原则。也许这个追问对罗尔斯的理论过于吹毛求疵，但是这个追问的意义在于，它至少表明对罗尔斯的正义理论持有异议并非全无道理。

当我们在原则层面或者在真理层面承认理性多元，那么那种追求唯一原则的进路就应当反观自身的合理性。是否存在唯一的客观真理？这不是一个已经被证明了的问题。看起来，肯定方和否定方都有支持自己论断的依据。假定确实存在唯一的客观真理，那么人的理性能否完全把握？这个问题也依然是争论不休的问题。尽管两个问题关联在一起，但注意到这两个问题的区分是极其关键的。当从第一个问题转到第二个问题时，我们的视域也随之从宇宙的本源（或社会的本性）转到人的理性，并且聚焦于人的理性的有限与无限之问题。

回到主题上来，本书不打算将整个论述建立在理性的无限或有限上，追随森，笔者也持有一种动态的过程性的理性观，即"合理审视"。合理审视，将理性看作一个对事物进行多维度考量的动态过程，而搁置它是有限的还是无限的这个形而上学的追问。这种理性观的转变，对研究正义的方法有着深刻的影响。森非常出色地阐述这个影响，并且区分了两种研究正义的方法（及其传统），即先验制度主义方法与比较方法（或契约理论与比较分析理论）。更值得称道的是，森已经卓有成效地将比较方法用来分析当代正义问题，并在其《正义的理念》一书中展示这种方法的特质及其吸引力。但是毋庸讳言，从理论的严密性而言，它难以与罗尔斯的《正义论》相媲美。当然可以为森进行诸如此类的同情解读，比如因为森探讨的视域是全球范围，因而比较方法所要求的那种现实维度，势必要兼顾各个国家、地区的文化传统，并且要在回应各种批评中展开论述，而非像数学或几何学那样靠逻辑进行推演。笔者并不否认这些同情解读确实反映了森写作的某些动机，比如他确实明显地引入其祖国印度的相关文化传统。但是，笔者认为，这并不一定与理论自身的严谨性相冲突。为此，以一种更为严谨的方式将森的正义理论呈现出来，应该被视为本书对其正义理论的坚持与发展，而非庸俗化或倒退。

据此，本书采用的研究路径与罗尔斯的研究路径在结构层面具有相当的可比性，但是具体的言说次序显然不同于后者。具体说明如下：本书首先阐述人的可行能力，其次论述能力缺失与不正义之关系以及消除不正义的合理原则，再次以合理原则为指导来推动现实社会结构改革，最后这个改革朝向更有利于提升生活其中的人们的可行能力，而这反过来强化人们对合理原则的认可以及对更好社会结构的向往。这个进路中的每个环节不是严格关联的，它允许多元互动与交叠。结合前面阐述的罗尔斯式进路，我们可以得到如下对照表：

罗尔斯式进路	公平正义	推衍正义原则	设计社会结构	型塑行为方式
本书研究进路	可行能力	要求合理原则	消除不正义	改善社会结构

这两个路径依然只是就大体脉络而言，具体细节将在正文中展开。就本书而言，这个言说次序构成各个章节内在的逻辑结构，但是正如读者所看到的那样，本书有八章。这意味着上述的某些次序会由多个章节来加以阐述。这么做的主要理由是，细节的展开需要更多的篇幅。如罗尔斯并非仅仅讨论上面这些主要环节一样（其共有九章），本书也论及其他非核心但却相关的内容。需予以承认的是，本书无意也无能力将森的正义理论整合成如罗尔斯的《正义论》那样严密且完

整的理论体系。但是在方法论层面，学习罗尔斯的方法，并汲取营养来确定自己研究问题的基本路线，并无什么不可。在本书中，笔者将采用上面提及的那个研究进路，以期对森的正义理论在完善层面上做些有益工作。

第二方面：文献的选取与处理方式。

文献的选取，一般会受制约于这两个标准，一是服务选题，二是去粗取精。依据第一条标准，可以在海量文献中，挑选出那些服务选题的相关文献；依据第二个标准，可以在众多相关文献中，精选出那些含金量高的文献——或为著作或为章节或为论文。本书遵循这两个标准。在满足这两个标准的前提下，我不仅赞同金里卡的这一论断即"一种正义理论要想获得成功，就不得不从现存的若干理论中吸取零零散散的内容"①，而且在本书中贯彻了这一论断。为了做到这一点，本书还采用这一具体的方法，即事例法。我将尽量做到这一点，借用德沃金的话，即"主要以标准的哲学方式运用一些事例——它们就像是为阐明和检验理论假设而发明的人为事例"②。

如果说本书有什么创新的话，那么它也许是以一种更为严谨的分析方式将由森开辟，并与其追随者共同发展的多少有些松散的正义理论叙述出来，从而让它更具有说服力。为了做到这点，本书所使用的文献并不局限于森本人的作品，它还涉及其追随者的作品。但是，这样做，会涉及如何处理他们之间相互冲突的主要观点之问题。笔者的处理方式并非单一，会因情况而采用不同的方式。另外，引入强弱同意的区分，并从弱同意视角来为森的正义理论（主要是其原则）进行辩护。此外，在不违背森主张的研究正义的方法论基础上，提出更具涵括性的正义观，并由此出发构建与之兼容的社会理论模型。创新与谬误往往紧密相连，但是就哲学层面的探讨而言，审慎推演的东西即便最终是谬误，它也并非毫无意义。

最后，需要对几个常用性术语进行说明。Capability 可翻译成"可

---

① ［加］威尔·金里卡：《当代政治哲学》，刘莘译，上海三联书店 2004 年版，第 6 页（导言）。
② ［美］罗纳德·德沃金：《至上的美德——平等的理论与实践》，冯克利译，江苏人民出版社 2003 年版，第 3 页。

行能力"或"能力";同样,Justice 也可以翻译成"正义"或"公正";在本书中,笔者将不加区分地使用它们。Well-being 可翻译成"福祉""良好状态""良态",本书采用良态的译法。Agency 可翻译成"主体性"或"能动性",本书采用能动性的译法。[①] Amartya Sen 可翻译成"阿玛蒂亚·森""阿马蒂亚·森",本书在正文中采用阿马蒂亚·森的译法。G. A. Cohen 可翻译成"G. A. 科恩""G. A. 柯亨",本书采用G. A. 科恩的译法。

[①] 段忠桥、常春雨:《G. A. 科恩论阿玛蒂亚·森的"能力平等"》,《哲学动态》2014年第 7 期,第 59—60 页的注释部分。

第一编　背景

这一部分由三章组成。第一章阐释正义的研究方法和信息基础对正义理论的影响。第二章集中考察能力域的内涵及其运用，由此切入森等人的正义主张及其与罗尔斯等人的争论。这个争论的焦点是双方认为各自的正义主张更具有优越性。为了公允地考察这个争论，或者说，为了更好地考察森的正义主张及其优越性，我们需要确立某些双方都认可的限制条件。为此，第三章的主要内容是提取同时内含在双方理论中的限制条件。这些共享的限制条件，将构成本书展开论述的公共性思想框架。基于这个框架，我们能够对某种主张的优越性进行肯定或否定的判断，并且能够出示支持我们判断的理由与论证，而不用担心我们的判断以及支持它的理由与论证是不可理解的。

第一章

正义：方法与信息基础

在元理论层面，正义理论受两个方面的约束，一是正义的研究方法，二是正义的信息基础。在前文关于研究方法说明中，笔者已粗略地将本书的研究方法与罗尔斯的研究方法做些对比。这个对比的有益性在于它使得本书的逻辑结构得以大体呈现，也在于它相关于森在《正义的理念》引言中所区分的两种研究正义的方法。因为后文会有机会从不同视角详细论述这两种研究方法（第四章），因此在这里，笔者只概要式地说明研究方法的差异对正义理论的影响。

第一节 方法论的约束

在《正义的理念》中，森区分了两种研究正义的方法，即先验制度主义方法和比较方法，并将罗尔斯的《正义论》视为运用先验制度主义方法的范例。在森看来，先验制度主义方法具有两大特点："首先，它致力于探寻完美的正义，而不是相对而言的正义与非正义，即仅仅探寻终极的社会正义的特征，而不是对现实并非完美的社会进行比较研究。……其次，为了寻找绝对的公正，先验制度主义主要关注制度的正确与否，而非直接关注现实存在的社会。"[①]

因为现实社会不仅包括制度和规则，而且包括非制度性因素如文化习俗、国际互动、各种行为等，因此当罗尔斯为了能在备选原则菜单中选取出全体一致同意的两个正义原则，势必引入许多假设，比如假定每个人只受自利理性引导并且身处无知之幕，假定社会是完全封闭不受外

---

① ［印度］阿马蒂亚·森：《正义的理念》，王磊、李航译，刘民权校译，中国人民大学出版社2012年版，第5页（引言）。

部因素影响,假定每个人都行为正确……这些假设即便让所谓的绝对正义原则可以获得,但是它所依赖的假设太多以至于它因为严重扭曲现实社会而无法被付诸实践。这种研究方法,在概念层面完全排除对个人信息(比如个人的能力信息)的考虑,而诉诸一般信息(比如派生于制度的自由、权利、机会、收入和财富等)。

与先验制度主义方法不同,森采用的比较方法则"考察基于社会现实的比较,以研究正义的进步或退步",并以这样的问题比如"如何才能推进公正"而非这类问题比如"什么是绝对公正的制度"① 为理论研究的出发点。"这种对于出发点的选择具有双重效应:首先,它使我们采取比较视角,而非先验主义路线;其次,它使我们关注实际的社会现实,而不仅仅是制度和规则。"② 这种研究方法,要求人们关注制度层面的不正义和行为层面的不正义,并且依据充分的信息来制定出相对而言的正义原则,以便消除那些明显的不正义。据此而言,比较方法提升了能力信息在社会正义议题中的地位。

因为"可纠正的不公正的存在很可能是与行为上的僭越,而非制度缺陷相关……公正最终是与人们的生活方式相关,而并非仅仅与周遭的制度相关"③,因此,如果从人们的生活和自由入手来界定公正原则,那么能力而非资源才是根本的相关信息。这点并不难理解。因为与作为手段的资源的缺乏相比,作为目的的能力的缺失对个人生活质量的影响更加紧迫和深层。此外,就消除能力的严重缺失而言,不是非得制定出绝对公正的原则或制度才能解决问题(也许我们永远都制定不出绝对公正的东西),更不需要诉诸推动经济平等的世界,相反只要给予能力缺失者以足够的救助,即只要制定出相对而言正义的能力原则,就能对消除明显不公正或推进公正起到可观的效果。总而言之,研究方法的差异性对具体正义理论的约束至少体现在两个层面上,即对正义的信息基础的理解和对正义及其原则的理解(至于方法与政治目标的关系,见第四章所做的分析)。余下部分及第二章的内容涉及正义的信息基础对正义

---

① [印度]阿马蒂亚·森:《正义的理念》,王磊、李航译,刘民权校译,中国人民大学出版社2012年版,第7—8页(引言)。
② 同上书,第8页(引言)。
③ 同上书,第4页(序)。

理论的影响。第三章内容则涉及正义及其原则的一般性限制。

第二节 信息基础的约束

正义的信息基础（the informational basis of justice），在不同的正义理论那里，有不同的内容或范围。例如就功利主义的正义理论而言，其对应的信息基础是效用（或更细致说，快乐、偏好满足等精神状态的合集）；就罗尔斯等人的正义理论而言，其对应的信息基础是基本善（或更细致说，自由、收入和财富、权利和机会、自尊的社会基础）。[1] 在这个意义上，我沿袭森的惯常用法，即将某个正义理论所对应的信息基础称为 X 评价域（evaluative space），简称为 X 域。在当前文献中，与之相对应或相近的术语有，尺度（metric），指数（index），通货（currency），等等。[2] 在正义理论中，评价域的选取具有元理论的规范性作用，它的属性及其应用方式的差异性在根本上形塑与之对应的正义理论的性质。笔者将从信息基础的价值属性、排序、运用方式三个方面来探讨这点。

一 价值属性的差异性

诚如森所言，"评价域的选取就它自身而言，具有巨大的切割力，这既是因为它将一些对象作为有价值的东西包括进来，也是因为它将另外一些东西排除掉"。[3] 就不同评价域的价值属性而言，效用域内的信息群（比如快乐、偏好满足等）是目的性价值，即它们的存有本身就是好的；与此不同，基本善域内的信息群（比如收入、财富、机会等）是工具性价值，它们的价值是因为促进了目的性价值。当然，当前文献展示的其他评价域的价值属性没有如此清晰的差异性。比如森的能力域

---

[1] Amartya sen, *Inequality Reexamied*, Oxford: Oxford University Press, 1992, p. 73.
[2] Amatya Sen, "Capbility and Well-being", In Martha Nussbaum and Amatya Sen (eds.), *The Quality of Life*, Oxford: Oxford University press, 1993, pp. 32-32.
[3] ［印度］阿玛蒂亚·森：《能力与福祉》，载［印度］阿玛蒂亚·森、［美］玛莎·努斯鲍姆主编《生活质量》，龚群等译，社会科学文献出版社 2008 年版，第 38 页。同时参阅其英文原文，Amatya Sen, "Capbility and Well-being", Martha Nussbaum and Amatya Sen (eds.), *The Quality of Life*, Oxford: Oxford University press, 1993, p. 33. 文中的带有黑点的字对应原文中的斜体字。下同。

就同时具有这两种价值属性，即就能力的存有本身而言是好的，在此意义上是目的性价值，就能力作为获取其他价值的手段而言是好的，在此意义上是工具性价值；一些以混合形式出现的评价域，比如德沃金的资源域（既包括收入、机会等信息也包括能力等信息）、理查德·阿尼森的福利机会域（包括快乐、偏好满足等信息也包括机会等信息）等，更是如此。但是，这并不意味着强调评价域的信息群的价值属性的差异没有什么意义。在正义不可能在所有方面都能实现的条件下，或者说，正义的实现只能就某个方面而非所有方面而言，将评价域本身作为评估的对象，具有元理论上的规范性意义。在这个方面上的分歧，是当前将森、努斯鲍姆等称为能力主义者，并且将此作为他们的正义理论区别于罗尔斯的正义理论的主要根据之一。

二 排序的差异性

当评价域选定之后，如何对评价域所涵括的信息群进行排序，在不同人那里也可能会存在差异性。就能力域中的能力信息而言，我们可以将这些信息区分为行走能力、听说能力、读写能力、游泳能力、打篮球能力、参加公共活动的能力等具有相对独立的能力项目，并且如你所愿，这个能力项目的清单可以继续开列下去以便将你有理由珍视的能力项目包括进去。但问题是，所有这些能力项目都具有同等的价值分量或者同等的被加以实现的价值分量吗？对此，伯纳德·威廉姆斯、理查德·阿尼森等人给予否定回答。显然，如威廉姆斯所言，行走能力的价值分量显然高于挑选某种品牌洗衣粉的能力，不仅如此，如阿尼森所言，行走能力的价值显然也高于打篮球的能力。森承认，否认这一点（即能力的价值存在一个排序问题）是错误的，不过森也正确地指出承认这点并不令人尴尬。

森如此说道："这个权衡筛选，有所侧重的过程是'能力分析方法'在应用中不可或缺的组成部分，无论如何，这种权衡筛选都不会遭遇困难（即所谓的"理论上的困难"）……'能力分析方法'是从确定评价域开始的，不能说所有纳入那个评价域的事物都很重要或者说有相同的重要性（仅仅因为属于那个评价域）。"[1]

---

[1] [印度] 阿玛蒂亚·森：《论经济不平等/不平等之再考察》，王利文、于占杰译，社会科学文献出版社 2006 年版，第 262—263 页。

真正的难题在于，我们能否获得一个关于能力价值的完备性排序？这个难题，森本人给予较为详细的论述。这里只简述其要点。森认为，在正义问题上，我们并不需要一个关于所有能力价值的完备性排序，或者说就确定和消除明显的不正义现象而言，一个关于能力价值的局部排序就能够产生良好的效果。森这一观念的合理性至少有两个理由加以支持：一是能够认识到更多的能力项目本身就是一种进步，即便不能对不同能力的价值的相对权重进行详细规定；二是在理性多元事实面前，我们可能长期不能就不同能力的价值的相对权重或排序达成一致同意，但是这点不能也不应该成为否定其局部性排序的可能性及其相应的效果。

然而，在笔者看来，森只是在消极意义上为能力方法进行辩护，如果往前走一步或者说将其辩护推向积极意义，那么支持能力方法的人会遇到什么问题以及应当如何处理这些问题呢？对此，森的回答并非令人满意。也正是在这个问题上，能力方法的代表人物之一努斯鲍姆与森的分歧得以凸显出来（第五章我们还有机会回到这个问题上）。如果说评价域自身的选取的不同，将以森为首的能力主义正义理论与以罗尔斯为首的资源主义正义理论（或其他主义正义理论）区别开来，那么如何对待能力域内部的信息群上的分歧，使得能力主义者在正义理论细节上的分歧也得以呈现出来。但是这个内部性分歧不能视为挫败能力主义正义理论的一个论据。因为这个内部性分歧同样存在于其他正义理论之中，并且这种分歧并不一定就是坏的事情。

三 运用方式的差异性

给定评价域以及评价域内部信息群的价值的相对权重，运用这个信息群的方式也可能存在差异性。就当前政治哲学的已有文献来看，我们至少可以区分两种类型的运用方式。一种是评价域自身的运用。这种运用方式存在元素评价和集评价之分，[1] 但无论哪种评价，其评价的焦点主要是相关主体的处境。另一种是评价域的外在性运用。这种运用方式

---

[1] 在森看来，元素评价是集评价的一个特例，用他的话说，"把能力集的值等同于该集合中一个元素的程序被称作'元素评价'"。Amatya Sen, "Capbility and Well-being", In Martha Nussbaum and Amatya Sen (eds.), *The Quality of Life*, Oxford: Oxford University press, 1993, p. 38.

有多种具体方式比如平等主义评价、充分主义评价、优先主义评价等，但是无论哪种评价，都以元素评价或集评价为其前提或基础，其评价的焦点是哪种方式更好地或最优地处理居于不同处境的相关主体有理由珍视的东西。在任何正义理论中都同时包含这两种运用方式，并且第一种运用方式常常隐藏在第二种运用方式之中，但这并不意味着以上区分是无意义的。这个区分存在多种组合方式，这些组合方式构成了当代正义理论呈现出盘根错节样态的主要根源。以下的论述，将部分地建立在这个区分所确立的框架上。例如借助评价域的元素评价与集评价之区分，笔者将梳理科恩与森之争论的关键点所在，并且对这个争论进行再评价；借助评价域的自身运用和外在性运用之区分，笔者将考察托马斯·博格（Thomas W. Pogge）等人的批评要点以及伊丽莎白·安德森（Elizabeth Anderson）等能力主义者的相关回应，并在此基础上对森的正义理论进行更为系统的论证。这里，"更为系统"是相对而言的，它意指笔者的论证将吸纳其他能力主义者的相关论证，并试图将之整合起来以构成一个在逻辑上相互支持的论证体系。

　　在以上论述中，笔者已经大致勾勒能力主义正义理论在元理论层面与其他正义理论的区别，以及它内部的多样性。以下，笔者将通过聚焦森本人的工作及其批评者的工作来细致地探寻能力域的内涵及其运用。这个探寻不仅是梳理式的，也是扩展式的。

第二章

能力域：内涵及其应用

实际上，在论述正义的信息基础对正义理论性质的影响时，笔者已经预备性地论及能力域的内涵及其运用。在这个论述中，能力域的轮廓得到大致勾勒，并且触及当前政治哲学中三种有吸引力的运用评价域的方式，每一种方式都会产生一种类型的合理原则或正义原则。问题是，能力域的内涵是什么，以及当前能力主义者都采用了哪种运用能力域的方式来构造合理原则或正义原则？以下笔者将分别考察这两个方面的问题。

第一节 能力域的内涵

在1979年名为"什么的平等？"的坦纳德讲座上，森提出了具有规范意义的能力域，但此时的能力域，其面相过于模糊。不过，随着森后续作品的发表，这个面相也便逐渐清晰起来。在这个清晰化过程中，森在1985年发表《良态、能动性与自由》一文，贡献卓著。在该文中，森细致地探讨能力域的内涵：森首先区分了人的能力的两个基本方面，即良态（well-being）和能动性（agency），其次探讨良态与效用、功能性活动（functioning）、富裕（opulence）的区分与联系，以及良态与自由、自由与能动性的区分与联系，进而发展了两种实质性自由，即良态自由和能动性自由。顺便提及的是，在此文之前后，森都有作品论及能力域的内涵，并且在术语上存有细微差异。术语上的细微差异从另一个侧面表明关于能力域的内涵的界定工作并非易事。

大体来说，森从三个层次来分析并界定能力概念，一是以状态和活动（being and doing）来界定每个功能性活动（functioning），或者说每个功能性活动都可以还原为两个基本面———一系列状态和一系列活动，或者都可以从状态和活动这两个基本单位去评价。二是以功能性活动之组合来界定每项能力，或者每项能力都反映具有这项能力的人可以获得与之相应的一组功能性活动。又因为任何生命体都必需若干项能力及其相互协调来维持，① 因此一个人的能力集合反映了这个人可以获得与之相应的以功能性活动为其内容的若干备选性组合。因此，三是能力集合内在性地成为度量自由的一个尺度。② 也正是在这个意义，森认为，以能力（集合）而非效用或资源（集合）作为评价域，才能够既为"各种人类行动和状态本身具有价值留下了空间……也为评价各种自由留下了空间——以能力的形式"③。尽管森没有明确区分这三个层次，但这三个层次明显地体现在他的相关论述中。于此借助一个事例来补充说明这三个层次及其联系或许是有益的。

假定 A、B 两个人，A 的能力集记为 $C_a(a_1, a_2, \cdots, a_n)$，B 的能力集记为 $C_b(b_1, b_2, \cdots, b_m)$，其中任意一个 a、b 分别表示两人各自有理由珍视的一个功能性活动组合。每个组合代表着与此相关的一系列个人活动和状态。n、m 分别表示两个人各自能够进行选择的备选性的功能性活动组合的数量。如果 A 的 a_{n-1} 及其之前的所有项，都与 B 的对应物具有等价性，即 $a_1 = b_1$，$a_2 = b_2$，$\cdots$，$a_{n-1} = b_m$，那么我们就可以合理地做出这样的结论：如果 a_n 也是 B 所珍视的，那么，C_a 的值大于 C_b 的值就表明 A 比 B 具有更多的自由。

以下笔者将从两个方面进行澄清能力域的内部细节，一是概述森对界定能力域的内涵所完成的工作，这个概述对森的翔实工作④而言

---

① 即孤立的单独的任一项能力都不能构成一个严格意义上的人类生命体，人类的每个生命体都一定是若干项能力的合集并需要这些能力的相互协调来维持。这点是不言自明的。对此更详细的工作，参见努斯鲍姆关于"人类生命的形式"。当然，多少项能力才算维持和保障最低限度的"人类生活的形式"，有待讨论。

② Amatya Sen, "Capbility and Well-being", In Martha Nussbaum and Amatya Sen (eds.), *The Quality of Life*, Oxford: Oxford University press, 1993, pp. 31–39; Amartya Sen, "Justice: Means versus Freedoms", *Philosophy & Public Affairs*, Vol. 19, No. 2, 1990, ch. 2.

③ Amatya Sen, "Capbility and Well-being", In Martha Nussbaum and Amatya Sen (eds.), *The Quality of Life*, Oxford: Oxford University press, 1993, p. 33.

④ 森的这一工作集中地展现在《良态、能动性与自由》一文中。See Amartya Sen, "Well-being, Agency and Freedom: The Dewey Lectures 1984", *Journal of Philosophy*, Vol. 82, No. 4, 1985.

并没有增加任何实质的内容;二是引入科恩对森的批评,并尝试回应科恩的批评。为了让这个回应具有说服力,笔者将重申被森摒弃的作为控制的能力①,并据此再定向森的这个区分,即作为良态的能力与作为能动性的能力的区分。在第二个方面上笔者的工作具有一定的拓展性。

一 能力属性:几个对比

森将能力属性区分为两个彼此关联的方面:良态和能动性。以下笔者将通过几个对比来展现能力属性。这个展现方式是描述性而非规范性的,即便偶尔出现的规范性表述,它也是出于服务描述性表述的目的。

(一) 良态与效用

无论是作为快乐的效用还是作为偏好满足的效用,其所关注的信息都是人的精神反应。这种精神反应主要是内在性和主观性的。也正因此,即便营养不良的人、残疾的人也可能因为宗教信仰等各种原因而宣称自己具有较高的效用。与此不同,良态所关注的信息是人的各种状态。这些状态是外在性和直观性的。因此,当一个人处于营养不良或残疾或郁抑或者它们的某种混合等状态的时候,我们可以明确地将之识别为良态的缺乏。②

(二) 良态与功能性活动

如前文所述,功能性活动可以从状态和活动这两个基本面加以还原或观察。这点并不难理解。一个正在进行打篮球这个功能性活动的人,我们不仅能够观察到他正在进行的系列活动,而且能够观察到他正在处于的一系列状态。这一系列活动和状态,显然区分于同一个人在进行比如练习书法这个功能性活动所展示出的一系列活动和状态。此外,比如就斋戒这个功能性活动而言,进行斋戒可能有损斋戒者的良态。据此而

---

① 控制不仅是个自由概念,也是一个能力概念。两者关联在一起但并不等同。因此当森说,"论证聚焦于控制将倾向于产生一个不可接受的较窄的自由权和自由概念"时,他似乎也摒弃或忽视了作为控制的能力的重要性。Amartya Sen, "Well-being, Agency and Freedom: The Dewey Lectures1984", *Journal of Philosophy*, Vol. 82, No. 4, 1985, p. 209.

② Amartya Sen, "Well-being, Agency and Freedom: The Dewey Lectures1984", *Journal of Philosophy*, Vol. 82, No. 4, 1985, pp. 187-190.

言,活动与状态尽管关联一起,但彼此并不相同。因此,良态与功能性活动的区分是,前者是后者在状态这个维度上的一种形态。①

（三）良态与富裕

富裕几乎与关注各种精神反应的效用相对照,其关注的信息是外在于个人的各种资源。这些资源包括收入、财富、权利、机会等。因此除非对富裕或资源进行过度解释,② 否则,良态与富裕的区分是明显的。粗略而言,能力（包括良态和能动性）是介于效用与资源之间的东西,并且将后两者自然地关联起来。比如个人从食物中获取营养并且转而构成效用的来源。在这个例子中,作为资源的食物经由个人的相关能力而产生作为良态的营养,能力的运用以及产生的营养自然构成效用或者作为效用的来源。③

（四）能动性与自由

能动性与自由具有家族相似性,因为自由对个人而言在现实性上就是能动性的实现。但两者的区分也是明显的。森区分了自由的两个方面,即机会和过程,而每个方面都与能动性的实现有关。不难设想,当一个人的实际机会被减少时,他的能动性的实现范围也随之收缩。比如,一个四肢自由活动者的能动性范围显然大于四肢瘫痪者的能动性范围。具有相同游泳能力的个人,生活在海边的人也比生活在沙漠中的人享有更多的关于游泳的能动性。在机会给定前提下,个人的能动性的实现将随其偏好不同而不同。例如假定周末张三和李四都有相同的两种机会,待在家里和出去钓鱼。这样,当张三选择待在家里,而李四选择出去钓鱼时,他们各自实现了其能动性。在这个意义上,他们的自由及其实现方式是一样的,但两人的能动性及其实现方式都是不一样的。这个不一样的根源之一是,能动性与个人生命体

---

① Amartya Sen, "Well-being, Agency and Freedom: The Dewey Lectures1984", *Journal of Philosophy*, Vol. 82, No. 4, 1985, pp. 195-198.

② 在笔者看来,德沃金对资源范畴的解释就具有过度之嫌,他将与具有内在性和主观性的抱负相对照的服务于抱负的其他东西称之资源。正在这个意义上,他对资源的解释,既包括非人格资源比如收入财富等,也包括人格资源比如人的能力等。Ronald Dworkin, *Sovereign virtue: The Theory and Practice of Equality*, Cambridge, MA: Harvard University Press, 2000, p. 300.

③ Amartya Sen, "Well-being, Agency and Freedom: The Dewey Lectures1984", *Journal of Philosophy*, Vol. 82, No. 4, 1985, pp. 198-200.

(其中渗透着各种偏好信息）是直接同一的，而自由则只是能动性的对象化。①

（五）能动性与控制

我们可以并不矛盾地说，脑瘫者、精神病者和正常人一样具有各种能动性，但是他们却没具有（有效的）控制能力。在这个表述中，能动性与控制得以区别开来。但支撑这个区别的理由并非单一。在这些理由中，有的是缺乏充分的理性，有的是虽具有充分的理性形成偏好，但却没能有效控制偏好的实现与不实现，比如吸毒者。但，控制作为一种能力，其特殊性在于它虽具有一般能力的能动性特征，但它并非直观，或者说只能通过其产生的效果来加以判断。但是这一点并不能成为其不够重要的根据，更不能作为它被摒弃的理由。这一点构成了科恩批评森的一个火力点。但在回应科恩时，在笔者看来，森诉诸聚焦于控制会产生较窄的自由观念而将之摒弃的做法并不可取。森如此说道："我认为，对控制的关注倾向于产生一个不可接受的自由权（liberty）和自由（freedom）的狭窄观念（narrow conceptualization）。"②

借助这几个对比，笔者以为能力属性应当得到较为清晰的说明。如前文所言，这个说明对森的工作而言并没有增加任何实质性内容。但这并不意味着笔者毫无保留接受森对能力域的说明。事实上，在理解控制能力及其相对权重问题上，笔者并不完全认同森的做法，并据此以及其他原因，笔者在细节上不仅仅梳理而且也扩展了能力域的内涵。此外，需要说明的是，笔者之所以没有考察努斯鲍姆等人在相关问题的工作，不仅因为后续章节还有机会来展开他们的工作（在对比意义上），也因为森的相关工作兼具有描述性和一般性的特点，因而在本书开始部分加以集中论述有利于后续工作的开展。

二 科恩的批评及其余留问题

科恩对森的主要批评有两个，一是指责能力概念太窄以至于不能准

---

① Amartya Sen, "Well-being, Agency and Freedom: The Dewey Lectures 1984", *Journal of Philosophy*, Vol. 82, No. 4, 1985, pp. 203-208.

② Ibid., p. 209.

确涵括森本人的非凡工作,二是指责能力概念的模糊性会导致遮蔽个人责任问题。通过前文以及几个对比的工作,笔者以为科恩的第一个批评并不具有实质性的批判力量,或者说,笔者认可森对科恩第一个批评的回应:这个批评与其说构成由森的能力域转向科恩主张的那个评价域的替代性说明,不如说它在促进能力域的清晰化解释上做出重大贡献;科恩的第二个批评有实质性批评力量,因为如前文所述,能动性与自由的区分、能动性与控制的区分既是合理的也是值得重视的。因此为了回应科恩第二个批评,笔者的做法不是如森所做的那样强调聚焦于控制(能力)会导致较窄的自由概念,而是强调控制(能力)的相对独立性,而将之与其他能力区别开来。以下笔者将分别考察这两个批评,但基于本节主题所限,这个考察工作是纲要性的,其目的主要是服务于能力域的清晰化说明。

先看科恩的第一个批评。

科恩将益品对人们所做的各种事情(或者说益品对人产生的各种非效用性效果)区分为三个类型:"(1)益品赋予人们恰当意义上的能力,人们可以运用它们也可以不运用它们;(2)通过人们对这些能力的运用,益品促进有价值活动的实施和合意状态的成就(achievement);(3)益品直接引起进一步合意的状态,其受益者不需要运用任何能力:杀死引起疟疾的昆虫的商品就是一个例子。"[1] 科恩指出,只有第一、第二种类型可以归总在"能力"这个名称之下;至于第三种类型,能力就是它的一个不恰当名称。科恩将由森的工作展示但却被不恰当命名的那些方面,建议以中间态(midfare)来加以命名[2],因为这些方面介

---

[1] G. A. Cohen, "Equality of What? On Welfare, Goods and Capabilities", *Recherches Économiques de Louvain/Louvain Economic Review*, Vol. 56, No. 3/4, Alternatives to Welfarism, 1990, pp. 368-369.

[2] 综合考虑森与科恩的争论性语境,本书将科恩使用的"midfare"翻译成"中间态",而把本书稍后提及的被森使用的"well-being"翻译成"良态"。"midfare"和"well-being"是相近的两个术语,它们都指称介于益品(goods 或 commodities)和效用(utilities 或 welfare)之间的那些东西。两者的区分是非常细微的。"midfare"被科恩用以精确地表达个人的能力、能力运用的成就,以及那些无关个人能力运用而由益品直接导致的合意状态,而森使用的"well-being",泛指个人的良好状态。此处译文,参见段忠桥、常春雨《G. A. 科恩论阿玛蒂亚·森的"能力平等"》,《哲学动态》2014 年第 7 期,第 59—60 页的注释部分。

第二章 能力域：内涵及其应用

于效用与益品之间，它们从益品中获取转而成为效用的另一来源。[①] 据此，我们能够看到，科恩对森的能力概念的批评力量根源于他的这一主张：可以无歧义归总在能力名称下的那些东西，仅仅是中间态的一部分。

问题是，能力概念（果真如科恩所指责那样）太窄了吗？面对这个带有指责性的问题，森的回答是让步性的，即首先承认科恩正确地界定了中间态的内涵而后表明"承认这点并不让人感到困窘"。[②] 森不觉困窘的理由主要有二。一是他以为并且提醒我们注意，科恩所描述的中间态与他"称之为个人的功能性活动的东西相对应，而不是与能力相对应"[③]。依据前文论述，功能性活动在分析上可以还原为两个基本面即状态和活动，据此而言，它确实如森所言，与科恩的中间态具有相当的对应性。[④] 又因为"能力是以功能性活动的空间来界定的。如果一种功能性活动的成就（achievement）（以功能性活动的一个 n 元组的形式来

[①] G. A. Cohen, "Equality of What? On Welfare, Goods and Capabilities", *Recherches Économiques de Louvain/Louvain Economic Review*, Vol. 56, No. 3/4, Alternatives to Welfarism, 1990, p. 368.

[②] Amartya Sen, "Capability and Well-being", In Amartya Sen and Martha Nussbaum (ed.), *The Quality of Live*, Oxford: Clarendon press, 1993, p. 43.

[③] Ibid..

[④] 不过需要提及的是，这正是科恩批评森的一个地方。科恩指出，森频繁使用的"功能性活动"这个术语在不同地方具有不同的表述，即"森有时候将一种功能性活动界定为一种活动，但是在别的地方，功能性活动（functionings）不是以活动（activities）而是以人的所有合意状态（all desirable states）来界定"。在科恩看来，活动（比如读书、写字、社会性交流等）与合意状态（比如得到好的营养、不患疟疾、免除疾病等）不是等同的两个方面，前者既可以与功能性活动的一般含义相一致，也可以与森对能力的最初注解（一个人有能力做一些基本事情）相一致，后者则都不可以。因此，当功能性活动这个术语欲图同时涵盖这两个方面（即活动与合意状态）时，除了表明森被引向模糊使用"功能性活动"这个术语的道路外，同时还"表明他对提倡中间态种类的关切并非由他对提倡能力本身的要求派生出来的"。以上引文均出自 G. A. Cohen, "Equality of What? On Welfare, Goods and Capabilities", *Recherches Économiques de Louvain/Louvain Economic Review*, Vol. 56, No. 3/4, Alternatives to Welfarism, 1990, p. 372. 然而，科恩的这个批评可能过于强调状态与活动两者的差异性而忽视两者的不可分割性或彼此依存关系。据此而言，关键点可能不是在于功能性活动这个概念本身是否招致解释其对象时的模糊性，而在于它是否较为准确地表达了其对象的属性。面对被解释的对象的现实复杂性，任何试图把握它的概念都具有一定的误差。在这个意义上，笔者认同森的这个观念，即"如果基本思想有着本质的模糊性，那么对该思想的精确描述必须尽力去抓住其模糊性而不是隐藏或抹掉它"。Amartya Sen, "Capability and Well-being", In Amartya Sen and Martha Nussbaum (ed.), *The Quality of Live*, Oxford: Clarendon press, 1993, pp. 33-34.

表示）就是这个空间中的一个点，那么，能力就是这些点［以能够从其中选出一个 n 元组（n-tuple）的备选性功能性活动的若干 n 元组（n-tuples）来表示］的集合"①。因而，二是森认为，"不是直接依据已实现的或已选定的或最大化的功能性活动 n 元组（functioning n-tuple）而是依据能力（capabilities）来进行良态评价（well-being evaluation），至少没有任何信息损失"。② 然而，由此而来的问题是，支撑森的这两个理由的相关论证是否有效的，或者说是否产生进一步的不可接受的困难？对这个问题的探讨，将会涉及科恩的第二个批评。

看科恩的第二个批评。科恩在机会（opportunity）和能力（capacity）之间做了区分，③ 也在作为中间态的能力与作为自由形式的能力之间做了区分。④ 借助这两个区分，科恩阐明森的能力概念具有遮蔽个人责任的内在性缺陷，并在这个意义提出他的混合型的评价域即"优势可及"（access to advantage）。⑤ 有趣的是理查德·阿尼森稍早时候提出的"幸福机会"评价域也具有这样类似的混合型特征。⑥ 基于本节主题，笔者暂且不考察科恩等人在森之后提出的这类混合型的评价域，或者说，仅仅考察科恩等人⑦做出的有助于澄清能力域的工作。以下笔者将说明科恩的两个区分如何捕捉到森的能力概念具有遮蔽个人责

---

① Amartya Sen, "Capability and Well-being", In Amartya Sen and Martha Nussbaum (ed.), *The Quality of Live*, Oxford: Clarendon press, 1993, p. 38.

② Amartya Sen, "Capability and Well-being", Amartya Sen and Martha Nussbaum (ed.), *The Quality of Live*, Oxford: Clarendon press, 1993, p. 39.

③ G. A. Cohen, "On the Currency of Egalitarian Justice", *Ethics*, Vol. 99, No. 4, 1989, p. 941.

④ G. A. Cohen, "Equality of What? On Welfare, Goods and Capabilities", *Recherches Économiques de Louvain/Louvain Economic Review*, Vol. 56, No. 3/4, Alternatives to Welfarism, 1990, pp. 374-378.

⑤ G. A. Cohen, "On the Currency of Egalitarian Justice", *Ethics*, Vol. 99, No. 4, 1989, pp. 906-944.

⑥ Richard Arneson, "Equality and Equal Opportunity for Welfare", *Philosophical Studies*, Vol. 56, No. 1, 1989.

⑦ 对于森阐释的能力方法，博格等人从不同方面也做出了和科恩相近的批评。比如博格指出，森的能力方法没能区分由自然因素导致的人的脆弱性与由制度因素导致的人的脆弱性，因而没能恰当处理后一种脆弱性。Thomas Poge, "Can the Capabilities Approach Be Justified?", *Philosophical Topics*, Vol. 30, No. 2, 2002. 这篇论文的缩略版为 Thomas Pogge, "A Critique of the Capabilities Approach", In Harry Brighouse and Ingrid Robeyns (eds.), *Meansuring Justice: Primary Goods and Capabilities*, Cambridge: Cambridge University Press, 2010.

任的内在性缺陷。[①]

一个人的机会,受两个方面的制约:一是个人的能力,二是外在的环境。比如张三具有游泳的能力,但是当他生活环境没有游泳所必需的水域等外在条件时他就不具有游泳的机会,反过来,其生活环境具有游泳所必需的外在条件,但当他不具有游泳的能力时他也不具有游泳的机会。这两种情况下,张三都同样不具有游泳的机会,但不具有的原因是不同的,即在一种情况下是外在条件所导致,在另一种情况下是个人自身条件所导致。问题是,张三应当或不应当对自己缺乏游泳机会负责吗?对这个问题的追问,论题便从科恩的第一个区分转向第二个区分。因为张三是否对其缺乏游泳机会负责这个问题,实质上,就是缺失游泳机会这个事态是否在张三的控制范围之内。换言之,如果外在条件对张三而言是完全不可控制的或者不具有游泳能力本身对张三而言是完全不可控制的,那么张三显然不应当对缺乏游泳机会负责,反之,张三应当对之负有这样或那样的责任。这点表明控制能力在判断个人是否对某事态负责或者相关机构是否要对某个人实施补偿上具有重要意义。然而,森的能力概念没能恰当地体现这个控制能力的重要意义。以下,笔者将借助一个事例说明这一点。这个说明是在平等主义语境下进行的。

假定张三和李四具有等价的能力集合。[②] 因为(据假定)张三、李四的能力是相等价的,因此在给定相同的外在资源的条件下,两个人会占有相同的由外在资源产生的价值。但是,如果能力不被同等程度地运用,那么外在资源对张三、李四的价值就是不同的,比如说张三占有的价值远远大于李四占有的价值。这个不同是由个人主观偏好的差异性所

[①] 在稍后的作品中,森似乎接受科恩的批评。这点可以从他所采用的术语的细微变化来加以观察,比如他明确表示:"能力方法既可以应用于一个人所拥有的选项(options)——由能力集合给出,也可以应用于她所选择(chooses)的功能性活动组合——由所选择出的功能性活动向量给出。" James Fosters and Amartya Sen, *On Economic Inequality*, Oxford: Oxford University Press, 1997, p. 200. 这里,"选项"可能比"自由"是更合适的术语,因为后者相对而言是宽泛的。

[②] 能力等价的这个假定是指这类情况——尽管张三、李四在内、外部特征上存在诸多差异,并且他们的能力也彼此不同,但是如果他们的能力被同样地运用并且它们恰好分别产生了令张三、李四都不嫉妒对方的效果,那么这类效果就是等价的。关于能力的等价性的有益探讨,请参见 Richard Arneson, "Equality and Equal Opportunity for Welfare", *Philosophical Studies*, Vol. 56, No. 1, 1989, pp. 86–87.

引起的，但由于主观偏好超出了森的能力概念的范围，因此能力概念本身并不能反映这种运用程度的差异性。问题是，当李四占有较少价值是因为他的大部分精力被投注到其不可控制的偏好之中时，李四提出的补偿性要求权就是合理的，但是森的能力平等主张则会因为李四具有和张三一样的能力集合而忽视李四的合理的要求权，除非李四最终因为得不到相应补偿而滑向营养不良或者能力退化以至于不再具有和张三相等价的能力集合。就此而言，森阐释的能力域的预防性作用依然不够理想。但这并不能作为能力域低于效用域或资源域的一个有效论据，因为能力域的这个不足是在更高要求下出现的，因而这个不足应当被视为完善或修正能力域的论据。①

综上所述，如果前文的论述是合理的，那么，控制尽管是能力的一种，但是它的内涵不仅溢出了良态的范围也溢出了能动性的范围。它溢出（具有直观性的）良态的范围，是因为它渗透在非直观性的理性之中并常常由主观偏好所引起。它溢出能动性的范围，是因为它并非仅仅是能动性本身，它同时要求对能动性的有效运用。据此而言，森从良态和能动性两个基本维度来界定能力概念会导致关于控制信息的遗失。森本人也注意到这点，但是他却以聚焦于控制会导致较窄的权利和自由概念为由而默认甚至打算去捍卫这种遗失的合理性。笔者显然不认同这种做法。笔者的理由不是说放弃对良态和能动性方面的关注而仅仅关注控制方面，而是说在关注良态和能动性方面的同时也关注控制方面并没有给能力域带什么理论上的难题，相反，正是因为忽视对控制方面的关注才导致难题。森可能是担心在比如营养不良、残疾等现象依然大量存在的情况下，聚焦于控制方面会分散或者削弱人们对聚焦于良态和能动性方面的注意力，而聚焦于后两者在消除营养不良、身体残疾等方面确实更加具有急迫性。但这个担心可能是不必要的。就理论的完备性而言，控制方面是能力域理应涵括的方面，这点应当予以承认。实际上森本人也没有真正反对这点。问题是，如何处理控制方面及其相对权重。在这个问题上，笔者将对森的相关工作进行批判性考察（见本书第六章）。

---

① 秦子忠、何小娜：《关系性平等——对阿玛蒂亚·森的能力方法的一种解读》，载汪丁丁编《新政治经济学评论》第30期，上海人民出版社2015年版，第114页。

第二节　能力域的应用

正义的环境不仅是评价域得以有效区分的前提，也是比较不同评价域各自优越性的前提。因为很显然，如果人类生存于其中的环境远远超过正义的环境以至于人类有理由珍视的所有价值都完全可以满足，那么作为纳入或排除某些价值的评价域就是一个多余的概念。据此，评价域的优越性问题，实质上就是在正义环境允许的范围内，我们应当从哪个方面来评价人们的处境以便对那些处境较差的人所给予的补偿是较为合理的问题。暂且搁置对正义环境的讨论（第三章会论及）。

一　尺度与原则

在给定正义环境下，我们可以从两个方面考察评价域的优越性：一是某个评价域所包括的价值信息是否更合理地反映或测量人们的优势或处境；二是对该评价域的运用是否更合理地分配合作体系所产生的利益或负担。这两方面密切相关，但它们的区分是明显的。在当前文献中，学者们采用不同的术语来表示这两个方面，例如博格用"尺度"和"加总函数"，安德森用"尺度"和"规则"。"尺度"对应着此处的评价域，或者更准确地说，是评价域的格式化或者特征化，比如罗尔斯的"基本善"，或者努斯鲍姆的"能力清单"。"加总函数"或"规则"对应着此处的评价域的运用，比如罗尔斯的第一正义原则（即表现为自由域的平等主义运用）和第二正义原则中的差别原则（表现为基本善域的优先主义运用），努斯鲍姆的能力清单理论、安德森的民主平等理论（表现为能力域的充分主义运用）。[1] 在这里，尺度，实际上已经表现评价域的运用，但是这种运用仅仅涉及对相关主体的处境或优势的测量。如前文所述，这种测量有两种测量方式，一是元素评价，二是集评价。与此不同，原则，即以某评价域或尺度作为其信息基础的原则，是评价域的外在性运用，这种运用涉及利益在相关主体之间的分配。这种分配目前有三种主要的形式，一是平等主义分配，二是充分主义分配，三是

---

[1] Harry Brighouse and Ingrid Robeyns (eds.), *Meansuring Justice: Primary Goods and Capabilities*, Cambridge: Cambridge University Press, 2010.

优先主义分配。以下，笔者将着重在第一个方面上阐述能力域的优越性，其中所涉及的第二个方面内容在整个论述中仅具有辅助性作用。

二 能力尺度的优越性

(一) 客观性

评价域既可以是主观的，也可以是客观的。效用域就是主观的，它的信息焦点是人的精神反应，因此它会将人的快乐、偏好满足等作为尺度来评估和比较个人的处境或优势。但是这种主观性评价域具有内在的缺陷，比如它难以回应适应性偏好的反驳。适应性偏好是指这类偏好，当外在条件难以得到满足时，主体通过降低自己的主观期望来适合其外在条件，以便减轻痛苦或维持乐观。在存在这类适应性偏好的那些情形中，即便相关主体从效用域来看并不具有相对的劣势，比如跛足者培养了面对困难的积极态度或者说具有开朗性情，但是我们依然直觉到他的处境处在体面生活水平之下。如果在这种情况下，人们依然觉得应当给予跛足者以援助，那么效用尺度就是不合理的。据此而言，效用尺度的不合理性不仅在于其信息基础的狭窄（稍后论及），也在于它的主观性。主观性的信息基础具有随意性，因而它不仅难以处理如跛足者的适应性偏好难题，也不能处理相关主体隐瞒快乐或伪装痛苦的故意行为。与此不同，资源域和能力域具有客观性，因而可以很好地避免适应性偏好等问题。资源域的某些信息，比如收入和财富的多或少，是客观可见的；能力域也是如此，断臂、跛足、失明、失聪等也是客观可见的。资源域与能力域都具有客观性，因而都具有由客观性所赋予的优越性，比如具有比主观性尺度更好的稳定性和可析性，但是两者仍然具有明显的区别。见下面的论述。

(二) 目的性

资源域关注的是外在于人的东西，而能力域关注的是人自身。就价值而言，资源域只具有工具性价值，而能力域则同时具有目的性价值。例如，作为资源域的一种尺度，基本善（权利与自由、机会、收入与财富、自尊的社会基础等）被描述成适用于任何目的的工具善。工具善自身并不具有内在价值，它的价值性根源于它维持或提升那些具有内在价值的东西。在这个意义上，森认为资源域具有拜物教倾向。与此不同，能力域自身具有内在价值，即是说具有能力本身就是好的或者说能力缺失本身就是坏的。因此，如果资源域的支持者也承认目的性价值高于工具性价值，那么能力域具有内在价值这个特征就是一个重要的优越性。此外，能力自身还同时具有工具性价值，即作为个人进一步实现其目标的一种手段。但是能力的工具性价值特征并不冲突于它的目的性价值特征。

（三）宽基础

效用域关注人的精神状态，资源域关注外在于人的东西。与两者皆不同，能力域关注介于效用域与资源域之间的东西。这些东西，就元素而言，是人的各种状态和活动，就集合而言，是个人维持或获取其有理由珍视的各种状态和活动的能力或自由。因此，在元素评价层面，能力域也能关注到效用域中的某些信息，比如个人的客观化的精神状态和活动，因而以之为信息基础的福利制度也能够识别和援助精神病这类群体。在集评价层面，如前文所述，能力域能够直接关注到个人的实质自由（以能力形式表示的自由），因而也能关注到资源域中的某些信息，比如以权利形式表示的自由。以能力形式表示的自由尽管与权利形式表示的自由并不相同，但是在一定范围内，前者的实现包括后者的实现。例如，当我们说A具有言论自由的能力时，它不仅表明A具有充分表达自己的自然能力，也表明A所在的社会以权利形式确保了其成员具有言论自由的权利。但具有言论自由的权利，并不意味着A具有言论自由。因为阻碍A言论自由实现的东西有可能来自非制度性或非正式的文化歧视或不平等关系。比如同性恋者缺乏在公共论坛上发表其政治性观点，既不是因为该社会没有言论自由的权利，也不是因为他们没有充分表达的自然能力，而可能是因为他们仅仅为了避免遭遇社会中隐蔽的对同性恋者的歧视。因此，与效用域和资源域相比，能力域的信息基础更为宽阔。[1]

综上所述，与效用域或资源域相比，能力域至少具有如下三点特征或优越性：一是能力域不像关注人的效用域那样过于主观，也不像关注

---

[1] Elizabeth Anderson, "Justifying the Capabilities Approach to Justice", In Harry Brighouse and Ingrid Robeyns (eds.), *Meansuring Justice: Primary Goods and Capabilities*, Cambridge: Cambridge University Press, 2010, p. 88.

外在于人的资源域那样过于客观,而是介于两者之间,兼具能动性与客观性的特征(因为它兼具前两者各自所注重的价值或者说它避开前两者各自具有的不足)。二是人的效用本身具有内在价值,但是其信息面过于狭窄以至于忽视像功能性活动和能力等这些人们有理由珍视的东西;而外在于人的益品只具有工具价值,因而对它的过分关注也会导致对具有内在价值的东西的忽视;能力域可以同时克服这两者的不足,即具有能力本身就是好的(内在价值),与此同时能力可以作为获取其他东西的有效手段(具有工具价值)。三是与作为成就的效用集合不同,能力集合能够表示自由;与作为手段物的资源集合不同,能力集合可以直接地表述自由的缺乏与充分。[①] 如果能力域的前两个优越性集中体现在元素评价上,那么其后一个优越性则集中体现在集评价上,甚至可以说是能力域的集评价所特有的。问题是,即便能力域具有如上三点优越性,但是当以它作为评价人们的处境的尺度(或指数或标准)时,它能否在综合性方面提供比效用域或资源域更为合理的评估报告?对这个问题的探讨,涉及能力尺度的不足以及在更合理意义上是否存在更优的尺度(见第六章)。

三 能力原则的正当性问题

即便能力尺度优越于资源尺度,但也不代表以能力信息为质料的原则优越于以资源信息为质料的原则。为了简化表述,做出以下技术性处理可能是必要的,即笔者将以评价域自身的差异来区分与之相应的原则,比如将以能力信息为质料的那些原则称为能力原则,将以资源为质料的那些原则称为资源原则,以此类推;在此基础上,依据原则的形式的差异而附加相应的限定词,比如依据平等形式、充分形式,相应地将能力原则进一步称为能力平等原则、能力充分原则,以此类推。本小节的主题是提出能力原则的正当性问题。以下,笔者将稍加考察当前已有的相关争论并以此切入本节主题。这个考察不仅有利于避免研究工作的

[①] 秦子忠、何小嫄:《关系性平等——对阿玛蒂亚·森的能力方法的一种解读》,载汪丁丁编《新政治经济学评论》第30期,上海人民出版社2015年版,第105页。事实上,能力方法蕴含着关注将人与物联系起来的关系,因而也应当允许从关系视角来进行相应的评估,但是如后面章节表明那样,森对该方法的具体化表述忽视或者遮蔽这个优越性。

重复，也为后文的展开提供相对理想的言说背景。

2010年出版的一本论文集——《测量正义：基本益品和能力》——收录了批评与捍卫能力原则的新近研究成果。批评性论文有博格的《对能力方法的一个批评》（A Critique of the Capability Approach）等，捍卫性论文有伊丽莎白·安德森的《捍卫看待正义的能力方法》（Justifying the Capabilities Approach to Justice）等，以及一篇森本人对这本书集所收录的论文的回应性论文《正义理论中能力的位置》（The Place of Capability in a Theory of Justice）[1]。大致来看，能力尺度的优越性得到博格等批评者的部分承认，比如，与效用尺度相比，能力尺度的客观性能够使之避免适应性偏好难题；与资源尺度相比，能力尺度的目的价值能够使之避免拜物教难题。他们的核心分歧在于，在提供识别和消除不正义的理论指导上，博格认为能力原则并不优越于资源原则，而安德森等人则持相反的主张。

博格对看待社会正义的能力方法的批评集中体现在两个方面。第一方面是能力方法尽管能够很好地关注到不同个人将资源转化成功能性活动的差异性，但是森和努斯鲍姆都没有表明能力方法能够提供最合理的社会正义的公共标准。博格如此说道，能力方法与资源方法的优越性问题"不能被孤立地回答，而只能通过与社会正义概念的关键因素相联系起来才能被合理地解决。我们不是问哪种方法是更优越的，而是问哪种方法能够提供最合理的社会正义的公共标准"[2]。第二方面是能力方法没有很好地区分导致不正义的制度因素（比如不合理制度）和自然因素（比如遗传病），因而它不能合理地处理制度因素导致的不正义。[3]

---

[1] Harry Brighouse and Ingrid Robeyns (eds.), *Meansuring Justice: Primary Goods and Capabilities*, Cambridge: Cambridge University Press, 2010.

[2] Thomas Pogge, "A Critique of the Capabilities Approach", In Harry Brighouse and Ingrid Robeyns (eds.), *Meansuring Justice: Primary Goods and Capabilities*, Cambridge: Cambridge University Press, 2010, p.17.

[3] 在其他文献中，博格、安德森等人频繁地使用"能力方法"这个术语。为此，补充说明这一点是必要的。一般而言，能力方法是更高层次的概括性的范畴，它包括能力域自身的运用，也包括能力域的外在性运用，并且它的应用范围也常常被限定在正义问题之中。因此，当博格、安德森等人做出如下判断——与资源方法相比，能力方法不具有优越性——时，他们的论证过程是系统性的，即它不仅包括尺度层面的论证，而且包括原则层面的论证。Harry Brighouse and Ingrid Robeyns (eds.), *Meansuring Justice: Primary Goods and Capabilities*, Cambridge: Cambridge University Press, 2010.

在其回应性文章中，森表明博格的批评并不成功。针对博格批评的第一方面，森阐明"最合理的社会正义的公共标准"对于推进正义事业而言，既不必要也不充分。森的这个回应实际上与他在《正义的理念》中对罗尔斯的先验制度主义的批评关联在一起。针对博格批评的第二个方面，森没有做出详细的回应，而只表明他赞同安德森对能力方法已经做出的捍卫性工作。安德森将其工作总结为四点，她如此说道：

第一，存在这样的假定，这个假定支持依据目的而非手段所具体化（articulating）的原则。因为争论两边都同意资源是获取功能性活动的手段，因此这个假定支持能力方法。第二，能力测量（capability measures）敏于结构性的和社会心理的不正义［例如，实际的种族隔离、污名（stigma）、回避（shunning）和其他不正义的非正式的社会规范］。这些不正义干预个人作为平等者所必需的功能性活动。然而，这些不正义却既非由资源的分配所构成（constituted）也非资源的分配所能纠正（remedied）。第三，在获取平等公民关系所必需的功能性活动中，个体多样性具有民主意义，因此恰当地包括进（figure in）正义的测量之中。与资源方法相比，能力方法能够更好地处理这些多样性。第四，民主体系很适合（well-suited）处理依据能力（这些能力被人们所承认并被用来表达他们的要求）而非仅仅依据基本善所产生的正义关注。[①]

这四个理由在安德森那里得到了非常翔实的论述。不过，公允而言，这四个理由早在安德森之前已经为其他能力主义者（如森和努斯鲍姆）所论及，安德森的贡献更多在于系统地将之叙述出来。就这四个理由来看，正面回应博格批评的是第二个理由，尽管其他理由也与此相关。然而，即便这四个理由都能够站得住脚，它也不足以支撑这个判断——在看待社会正义上，能力方法优越于资源方法。因为博格不仅可以同样给出几个支持资源方法的理由，而且也能够指出能力方法的不

---

① Elizabeth Anderson, "Justifying the Capabilities Approach to Justice", In Harry Brighouse and Ingrid Robeyns (eds.), *Meansuring Justice: Primary Goods and Capabilities*, Cambridge: Cambridge University Press, 2010, p. 88.

足。诚如博格所言,在比较两种方法的优越性问题上,我们任何一方都要尽量避免这样的论证方式,即以己方的理论优点攻击对方的理论缺点,而无视对方的理论优点。在这个意义上,博格重申或者呼吁双方在给出各自的论证过程时,需要遵循双方所共同接受的公共性条件,并且据此来比较各自理论的优劣。事实上,这些公共性条件在罗尔斯的作品比如《政治自由主义》中得到了详细的讨论,森本人也原则性地对此加以认可,或者说森只在某些条款上与罗尔斯存在分歧。(对此的专门讨论见第三章)以下,摘引森赞同罗尔斯一些观念的两段表述是必要的。森如此说道:

> 在公平(fairness)是一个帮助我们理解正义要求的基础性概念这点上我整个地被罗尔斯所说服,尽管我不相信由"原初状态"的反映装置所刻画的公正(impartiality)足以承载这个目的……[1]
>
> 我强烈赞同……罗尔斯的……这句话:"说一种政治信念是客观的,就是说,存在由合理的和相互承认的政治概念(满足这些要件)所具体规定的各种理由,它们足以使所有合理的人们相信该政治信念是合理的。"[2]

在以上引文中,就理念层面,"公平""客观性""相互承认"是双方所共同接受的公共性条件的基本要素,尽管他们在具体阐述这些要素上存在这样或那样的分歧。依据这些要素(或更确切地说依据第三章阐释的"正义原则的论证限制"),在看待正义的方法的优越性问题上,本书的系统性论述,在消极意义上支持能力方法而非资源方法,但是在积极意义上支持关系方法对能力方法的超越。在消极意义上,笔者会审查森为其能力原则所进行的正当性论证,并且表明森的论证并不充分(第五章第三节);但在此之前,笔者先考察能力原则的由来及其合理性(第四章),这个考察将表明,与笔者提及的那些原则相比,森的能

---

[1] Amartya Sen, "The Place of Capability in theory of Justice", In Harry Brighouse and Ingrid Robeyns (eds.), *Meansuring Justice: Primary Goods and Capabilities*, Cambridge: Cambridge University Press, 2010, p.241.

[2] Ibid., p.251.

力原则更具有合理性(第五章)。在积极意义上,笔者将表明,从更宽阔视角来看,森对能力原则的相关辩护支持比能力原则更具涵括性的关系原则,并且表明从能力原则转向关系原则并不违背森所支持的研究正义问题的比较方法(第六章)。

为了清晰和对照起见,笔者会论及资源主义的正义理论和能力主义的其他正义理论,并考察这些理论与森的正义理论之间的差别。这一论述策略已经体现在前文之中,它还将贯穿于下文。笔者的目标是清晰地呈现森的正义理论及其优势与不足,并在遵循研究正义的比较方法基础上,针对其不足,预备性地提出更可欲的正义理论的一般性内涵。

综上所述,与效用域或资源域相比,能力域作为看待不正义的信息基础具有相对而言的优越性。这个优越性表现在识别不正义现象或评估个人处境上,它遗失较少的有用信息。但这个优越性并不等同于以能力信息为质料的合理原则所具有的优越性,或者说,以能力信息为质料的合理原则并不一定就是正义原则,它的正当性需要进行另外的论证。用安德森的话说,"正义理论的具体化是一个问题,为它辩护是另一个问题"[①]。问题是,如何判断这个论证或辩护是否成功?对这个问题的回答涉及合理原则过渡到正义原则的论证限制问题。这些论证限制从某种意义上构成判断正当性论证是否成功的标准。因为评价域所指示的信息仅是合理原则的质料,因而当某个合理原则被证明具有更高的优越性时,不仅该原则的形式,而且构成该原则的资料,在优越性上都应当至少不差于其他原则。但无论是对能力域的优越性还是对合理原则的优越性的证明,都应当以争论双方所共同接受的一系列约束条件为其前提。

[①] Elizabeth Anderson, "Justifying the Capabilities Approach to Justice", In Harry Brighouse and Ingrid Robeyns (eds.), *Meansuring Justice: Primary Goods and Capabilities*, Cambridge: Cambridge University Press, 2010, p. 84.

第三章

正义原则的论证限制

任何正义理论都以某种方式依赖于一组限制性条件。这些限制性条件既为正义原则的构想和论证设定叙述性边界，也为该原则的正当性提供验证性标准。问题是：我们应当确定什么样的限制性条件？以及为什么要诉诸这样而非那样的限制性条件？这两个问题虽然密切相关，但是它们并不等同。以下笔者将通过考察罗尔斯的相关工作来切入本节主题。

第一节 中立性与对不平等的限制

一 中立性

正义原则是在平等的原初状态中被代表者一致同意的那组原则。罗尔斯将"这种看待正义原则的方式……称为'公平的正义'"[1]。尽管罗尔斯宣称公平的正义与平等的原初状态具有如此紧密的关系，但是公平的正义的原则一经被选择出来就具有相对独立性。用罗尔斯的话说，"公平的正义像别的契约理论一样包括两个部分：（1）一种对最初状态（the initial situation）及其选择问题的解释；（2）对一组将被一致同意的原则的论证。一个人可能接受这一理论的第一部分（或其变化形式）；但不接受第二部分，反之亦然"[2]。

森明确表示他拒斥（1）。在一篇论文中，森如此说道："在公平

---

[1] [美]罗尔斯：《正义论》（修订版），何怀宏等译，中国社会科学出版社2014年版，第9—10页。

[2] 同上书，第13页。

(fairness) 是一个帮助我们理解正义要求的基础性概念这点上我整个地被罗尔斯所说服，尽管我不相信由'原初状态'的反映装置所刻画的不偏不倚（impartiality）足以承载这个目的……"①

但是在该文以及之前作品中（尤其2009年的《正义的理念》），森并没有清晰界定他本人对"公平"的理解，或者说他只宽泛地阐述公平概念。因此，当森说自己"整个地被罗尔斯所说服"时，他是否承认自己持有与罗尔斯一样的公平概念？在回答这个问题之前，提及概念与观念的区分是必要的。

概念是比观念更为根本的术语，多种观念可以共享同一概念。于此考察一个与此相关的具体区分是有益的：正义的概念与正义的观念之区分。罗尔斯如此说道："我把意味着在竞争要求之间的一种恰当平衡的正义概念（concept）与正义的观念（conception）区别开来，后者是把决定这种平衡的有关考虑统一起来的一系列原则。……正义的概念就是由它的原则在分配权利和义务、决定社会利益的适当划分方面的作用所确定的。而一种正义的观念则是对这种作用的一种解释。"②

概念与观念的区分也同样适用于公平（fairness）。据此，对于以上问题，答案是肯定的，即森和罗尔斯一样持有同样的公平概念。森如此自问自答道："什么是公平？对这个概念可以有多种解释，但其核心要义必然是避免评价中可能产生的偏见，兼顾他人的利益与关注点，尤其避免受到自身既得利益、偏好、习惯或偏见的干扰。这可以广义地理解为需要具有中立性。罗尔斯关于中立的要求以其创造性的概念'初始状态'为基础，而这也是其'作为公平的正义'理论的核心。"③ 据此而言，在公平概念具有或要求中立性上，森和罗尔斯是一致的。但是对公平概念的阐述，两人存在分歧。这个分歧集中体现在森对罗尔斯倚赖的

---

① Amartya Sen, "The Place of Capability in theory of Justice", In Harry Brighouse and Ingrid Robeyns (eds.), *Meansuring Justice: Primary Goods and Capabilities*, Cambridge: Cambridge University Press, 2010, p. 241. 亦参见 [印度] 阿马蒂亚·森《正义的理念》，王磊、李航译，刘民权校译，中国人民大学出版社2012年版，第48页。

② [美] 罗尔斯：《正义论》（修订版），何怀宏等译，中国社会科学出版社2014年版，第8页。

③ [印度] 阿马蒂亚·森：《正义的理念》，王磊、李航译，刘民权校译，中国人民大学出版社2012年版，第49页。

原初状态的批评上。森认为从原初状态出发来阐释的公平概念，其中立性是封闭的。因为"在这一点上，'作为公平的正义'中封闭的中立性的程序设置可以被看作是'褊狭的'"①，因此，不仅这种封闭的中立性是应当加以避免的，而且原初状态也不应在关于公平概念的解释中被赋予唯一的或排他性的地位。森如此道："对于罗尔斯在初始状态中选择一套公正社会所需要的公正制度原则的唯一性，我深表怀疑。我们对于公正的理解，可能包含多种，有时甚至是相互冲突的关注。……事实上，我认为无偏见原则的多样性恰恰反映了中立可以有多种不同的形式和表现。"②

与罗尔斯不同，森从亚当·斯密理论传统出发所阐释的公平，其中立性是开放的。③因为，在对亚当·斯密的相关文本进行分析后，森如此写道："斯密式的推理不仅承认而且要求考虑来自远近各处的他人的观点。从这个意义上来说，这种实现中立的程序是开放的，而不是封闭的，只限于当地社区的视角与认识。"④从罗尔斯稍后的作品《政治自由主义》和《万民法》以及其追随者如博格等人试图将《正义论》中的正义理论拓展到全球范围的努力来看，争论双方都认可，开放的而非封闭的中立性，在处理全球正义问题上，更为合理。这里稍作说明。

在《政治自由主义》一书中，罗尔斯转向"重叠共识"来论证公平正义的正当性。重叠共识理念，承认世界范围内的多种完备性学说都有生产其正义理论的可能性，因而它所论证的是，公平正义是这些合理的正义理论的共同特征，因而在以公平正义作为兼容世界多种正义理论或制度的中立性框架上，会获得多种完备性学说的重叠共识。如果说《政治自由主义》主要是在世界范围内通过重叠共识来论证公平正义作为理论或制度的中立性框架的正当性，那么在《万民法》一书中，罗尔斯则进一步阐述了世界范围内中立性框架的基本内容及其边界。概言之，罗尔斯不仅从原先的一国视角转向全世界视角，也注重从多种不可化约的完备性学说来寻求其公平正义原则的正当性。就此而言，罗尔斯

---

① [印度] 阿马蒂亚·森：《正义的理念》，王磊、李航译，刘民权校译，中国人民大学出版社2012年版，第117页。
② 同上书，第51页。
③ 同上书，第115—117页。
④ 同上书，第117页。

并不拒斥开放的中立性,否则他会坚持《正义论》中的论证链条,或者说没必要借助《政治自由主义》和《万民法》等著作来构建新的论证环节。作为罗尔斯的批判性追随者,博格一方面坚持了罗尔斯的资源主义进路,另一方面他批判罗尔斯在《正义论》中的封闭性论证,并相应地将罗尔斯的公平正义拓展到全球范围。博格认为,如果罗尔斯的差别原则(公平正义原则的一部分)作为一国社会秩序是合理的,那么它在规范省、市等次级层面也是合理的,由此,它也应当在规范全球、区域等更高级层面是合理的,否则就存在逻辑上的双重标准。[①]

综上所述,就正义原则的论证限制而言,中立性是资源主义者和能力主义者所共同接受的一个限制条件。依据这个限制条件,如果一个候选原则被指出它不具有中立性,那么它的正义性或正当性就会受到质疑。并且,就中立性是否开放而言,新近的相关争论倾向于支持具有开放的中立性的那种候选原则。以下,笔者会阐述将对不平等的限制作为正义原则的要求之一,也是双方共同接受的一个限制条件。

二 对不平等的限制

在《正义论》中,罗尔斯给出了一个候选原则菜单,他着力刻画的两个正义原则就是该菜单中的候选项。关于两个正义原则,罗尔斯先后给出几种表述。这些表述以层层递进方式展开,直至给出最后的陈述。就其最后陈述而言,第一个原则是自由平等原则,第二个原则包括两个部分,一是机会平等原则,二是差别原则。[②] 没有理由认为森不赞同罗尔斯的第一个正义原则。该原则(即"每个人对与所有人所拥有的最广泛平等的基本自由体系相容的类似自由体系都应有一种平等的权利"[③])表达了自启蒙运动以来,平等价值在制度中的实现,或者说,反映了人类普遍摆脱人身依附的奴隶制度或封建制度的进步成果。这个成果的通俗表述是法律面前人人平等。就此而言,在现代社会尤其民主

[①] 参见[美]涛慕思·博格《道德普遍主义和全球经济正义》,载徐向东编《全球正义》,浙江大学出版社 2010 年版,第 157—186 页。Thomas W. Pogge,有不同译法,涛慕思·博格、托马斯·博格等。

[②] 最后的陈述,见[美]罗尔斯《正义论》(修订版),何怀宏等译,中国社会科学出版社 2014 年版,第 237 页,其他陈述见同上书的第 12、47、59—63 页,等等。

[③] 同上书,第 237 页。

社会中，这个原则并没什么新意，或者说这个原则作为人类社会的已有成果被罗尔斯接受下来。如果说森对第一个原则有什么异议的话，那么只是对该原则的自由优先性的强度表示担忧："将自由置于绝对优先的位置这一观点过于极端。"①

森与罗尔斯的分歧集中体现在如何处理程序平等与实质不平等之间的关系。就此而言，他们都反对诺齐克的正义主张。因为诺齐克的主张只要求保障持有正义原则所指向的纯粹程序性条件，但对满足此条件的那些不平等不施加任何限制，②而罗尔斯和森都承诺对不平等的限制。这点可以从两个方面来加以确证。一是罗尔斯对其两个正义原则的优先规则的表述。例如罗尔斯如此说道，"一种不够平等的自由必须可以为那些拥有较少自由的公民所接受""一种机会的不平等必须扩展那些机会较少者的机会"。③ 二是森对贫困、饥荒、不平等之考察及其正义主张。④

就对不平等的限制而言，森与罗尔斯的分歧更多地体现在细节上。以下，笔者将以森对罗尔斯的第二个原则的批评为例来加以说明。就该原则的质料而言，森主张以能力信息来替代基本善信息（对此前文已加以论述）。与此相关的另一个分歧是，森区分了自由的机会和过程两个方面，而自由的过程与能力的具体实现关联在一起，因而在森看来，罗尔斯的机会平等原则依然不能够精细地处理由能力缺失引起的自由减少的情况。由此观之，森对罗尔斯的批评更多是程度上的。换言之，当森基于能力信息而对罗尔斯的基本善信息提出批评时，他的批评是有限度的。森如此说道："在理解个体优势分配中的一般而言的平等和效率要

---

① ［印度］阿马蒂亚·森：《正义的理念》，王磊、李航译，刘民权校译，中国人民大学出版社2012年版，第58页。不过罗尔斯稍后也对此做了某些修正，从而使之看起来不那么极端。罗尔斯：《政治自由主义》（增订版），万俊人译，译林出版社2013年版，第8页。

② ［美］诺齐克：《无政府、国家与乌托邦》，姚大志译，中国社会科学出版社2008年版。

③ ［美］罗尔斯：《正义论》（修订版），何怀宏等译，中国社会科学出版社2014年版，第194—197、234—237页。

④ 与罗尔斯相比，森对不平等的限制表现得更为明显和直接。这不仅从其作品的题目中就能直接观察到，而且就其作品的主题来看，也直接表现为对不平等或不正义的识别与消除。参见阿玛蒂亚·森的《贫困与饥荒》（王宇等译，商务印书馆2014年版）、《论经济不平等/不平等的再考察》（王利文、于占杰译，社会科学文献出版社2006年版）、《以自由看待发展》（任赜、于真译，中国人民大学出版社2012年版），等等。

求上，在能力与基本善之间的选择是一个非常重要的问题。然而，我们不能充分地探讨这个问题，除非将该问题置于整个正义理论的更大背景中，其包括——以罗尔斯为例——自由的优先性（罗尔斯的第一正义原则）和程序正义中的平等的重要性（包括差别原则的第二正义原则的另一部分）。"①

综上所述，以罗尔斯的两个正义原则作为参照，森并不拒斥第一个原则蕴含的平等主义倾向，并且也认可罗尔斯的第二个原则蕴含的对不平等的限制的倾向。但是因为罗尔斯的第一个正义原则并没有什么新意，②或者说其主要贡献在于将第一、二个正义原则以及相关优先规则以一种融贯方式整合在一起；因此，就正义原则自身限制而言，森与罗尔斯之间的张力是对不平等的限制的共同承诺以及在细节上的分歧。这个分歧，不仅与他们阐释正义的出发点的差异相关，也与他们的政治目标的差异相关（见第四章第二节）。

第二节　客观性与可接受性

给定处理正义问题的备选原则菜单，当某组原则被全体成员一致同意选出时，这组原则就具有正当性。在这个选择过程中，起到赋予原则以正当性的限制条件，不仅有主体所基于的立场以及面对的备选原则菜单的范围，还有主体的推理方式以及主体的同意程度。在前文中，笔者已经论述前两个限制条件。以下，笔者将论述后两个限制条件。但在此之前稍微提及罗尔斯在《正义论》中的相关工作是有益的，即它会起到参照作用。

在《正义论》中，罗尔斯分别讨论了引向其两个正义原则和平均功利原则的推理，并给出导致平均功利原则不被接受的某些困境以及其两

---

① Amartya Sen, "The Place of Capability in theory of Justice", In Harry Brighouse and Ingrid Robeyns (eds.), *Meansuring Justice: Primary Goods and Capabilities*, Cambridge: Cambridge University Press, 2010, p. 242.

② 如德沃金和金里卡所宣称那样，当代任何可信的正义理论都会分享平等的价值。[美]德沃金：《至上的美德：平等的理念与实践》，冯克利译，江苏人民出版社2003年版，第1页。[加] 威尔·金里卡：《当代政治哲学》，刘莘译，上海三联书店2004年版，第7—8页（导言）。

个正义原则被接受的主要根据。在这个过程中,罗尔斯所展示的相关讨论都是在原初状态之中进行的。据此而言,偏向其两个正义原则的推理方式以及最终就该原则而达成的一致同意,都是以假想的原初状态为其前提或基础。但是,在假想状态中达成的一致同意不是真正的一致同意,毋宁说这种状态下达成的一致同意充其量是推理方式单一的结果,而非表示某种主张在道德上的可接受性。如森所言:"在研究一项道德主张的正确性时,尤其应该关注的是该主张所基于的推理,以及这种推理方法的可接受性。"① 因此,当确定推理的可接受性的"一致同意"萎缩成推理方式单一的结果时,这种一致同意就失去其应有的规范力量。从罗尔斯在《政治自由主义》中对理性多元事实的重视以及试图从公共理性和重叠共识来论证其两个正义原则的正当性来看,他有一种从假想的一致同意回归到真实的一致同意的倾向,并且以重叠共识来解释一致同意之内涵。

然而,问题是,存在多种推理方式,对之加以接受的理由也是理性多元的,因此,一致同意会不会是个不可能实现的限制条件?森和罗尔斯一样都没有回避这个难题,并且在这个难题的处理上他们也分享着许多观念。以下,笔者将着重勾画他们分享的两个关键观念,即客观性和可接受性,前者是公共性的推理方式的特征,后者是(一致的或多数的)同意的特征。

一 客观性

在进入本小节主题之前,有必要区分两种客观性。一种是外在性的客观性。比如,资源、能力等尺度就具有直观可见的特征,这个特征明显区别于具有内在性的或主观性的效用尺度。② 另一种客观性是由公共性所赋予的。这种客观性不具有外在性,它依赖于人们具有主观特征的理性以及人们基于理性而对它的认可。比如,当所有数学家都认同"质

---

① [印度] 阿马蒂亚·森:《正义的理念》,王磊、李航译,刘民权校译,中国人民大学出版社 2012 年版,第 112 页。

② Amartya Sen, "The Place of Capability in theory of Justice", In Harry Brighouse and Ingrid Robeyns (eds.), *Meansuring Justice: Primary Goods and Capabilities*, Cambridge: Cambridge University Press, 2010, p. 241. 或参见前文关于能力域的客观性的相关论述。

数是无限的"时,这个认同就具有这种客观性。① 这两种客观性存在联系,但将它们等同起来是错误的。对此,森和罗尔斯都作了相应的说明。② 以下笔者是在第二个意义上论述客观性的。

很显然,个人理性可以有多种运用方式,比如将之用于构造一套只有自己能够识别的密码,或者将之用于批评或支持某项在公共论坛中被讨论的政策。个人理性只有在第二个意义上才算是公共理性或者说理性的公共性运用。我们可以从两个层面来看待公共理性,一是公共理性的推理形式,二是公共理性的内容或者它指向的目标。这两个方面,森和罗尔斯都存在分歧,但是他们都承认推理形式和内容应当满足公共性要求。这种公共性要求,罗尔斯给出了很完整的论述。他从三个方面来概括公共理性的"公共性":一是作为公民自身的理性,它是公共的;二是它的目标是公共的善和根本性的正义;三是它的本性和内容是公共的,是由社会的政治正义观念表达的理想和原则所规定,并有待于在此基础上作为进一步的讨论。③ 从森的相关表述来看,他大致认同这三种公共性的客观性。森如此说道:

> 我依然深受影响于罗尔斯关于实践理性中的客观性的论点,尤其是他的这一论述:"一个根本要素是,一个客观性观念必须建立一个公共的思想框架,该框架足以使人们运用判断概念,并且足以产生基于理由而达成的结论和在讨论与恰当反思后提出的论据。"④

罗尔斯关于客观性与自由而信息丰富的公共推理(public reasoning)之关系的研究,彻底地(radically)影响我对在政治和实践

---

① [美]罗尔斯:《政治自由主义》(增订版),万俊人译,译林出版社2013年版,第111页。

② Amartya Sen, "The Place of Capability in theory of Justice", In Harry Brighouse and Ingrid Robeyns (eds.), *Meansuring Justice*: *Primary Goods and Capabilities*, Cambridge: Cambridge University Press, 2010, pp.241-251. [美]罗尔斯:《政治自由主义》(增订版),万俊人译,译林出版社2013年版,第101—115页。

③ [美]罗尔斯:《政治自由主义》(增订版),万俊人译,译林出版社2013年版,第197页。

④ Amartya Sen, "The Place of Capability in theory of Justice", In Harry Brighouse and Ingrid Robeyns (eds.), *Meansuring Justice*: *Primary Goods and Capabilities*, Cambridge: Cambridge University Press, 2010, p.241.

中的客观性的理解。①

但是森的这种认同或者说他所受到的影响只是抽象意义的。在具体阐述其公共理性时，森所诉诸的比较方法视角，显然区别于罗尔斯所诉诸的契约论视角。这两种视角所阐释的公共理性都能通过客观性限制，即都能够建立一个公共的思想框架（在其中，双方能够理解各自做出的判断，能够接受或拒绝某种判断，并给出彼此可理解的理由和论证），但是森基于两个相关但不同的理由而不接受罗尔斯所阐释的公共理性。②一是罗尔斯从契约论出发阐述的公共理性具有封闭性的推理形式。这种封闭性不仅体现在备选对象的范围上，也体现在选择主体的人数上。二是它过于关注绝对正义原则从而具有先验主义倾向。这种倾向对于消除明显的不正义而言，既不充分也不必要。由此，我们的论题过渡到另一限制条件，即推理方式的可接受性。

二 可接受性

当张三对李四的某个主张表示理性的同意时，这个主张所基于的推理，对张三来说，既是客观的也是可接受的。但是张三本人的同意，并不代表其他人也同意该主张，除非其余的每个人都明确表示自己对该主张的同意。其他人不同意的原因主要有两个方面的来源。一是因为支持某主张的推理不具有客观性比如其推理过程存在逻辑矛盾，推理所依赖的假设诉诸宗教信仰等。二是支持某主张的推理虽具有客观性，但却是不可接受的。比如该主张没能恰当地处理个人在事态中的责任问题。例如德沃金等人对罗尔斯的正义主张（由差别原则所表达）的拒斥，就因为该主张拒绝考虑个人责任，③ 或者，有损个人自主性培养甚至贬低

---

① Amartya Sen, "The Place of Capability in theory of Justice", In Harry Brighouse and Ingrid Robeyns (eds.), *Meansuring Justice: Primary Goods and Capabilities*, Cambridge: Cambridge University Press, 2010, p. 241.
② 罗尔斯总结了批评其公共理性或者重叠共识的四种意见，并加以一一驳斥。参见[美]罗尔斯《政治自由主义》（增订版），万俊人译，译林出版社2013年版，第134—156页。但这些是否成功，有待进一步考察。
③ [美]德沃金：《至上的美德：平等的理论与实践》，冯克利译，江苏人民出版社2003年版，第6页（导论）。

人的尊严①。由此观之，在正义理论中，当支撑某种主张的推理被指责为不具备客观性时，该主张被拒绝首先不是因为它不可接受，而仅仅因为它不可理解。若某种主张基于的推理具有客观性，那么该主张就是可理解的。只有可理解的主张才能探讨对它接受与否的问题。就此而言，森与罗尔斯之间的争论焦点，不是公共理性的推理方式是否具有客观性，也不是该推理方式的可接受性，而是该主张的可接受性的程度与范围。

从森对罗尔斯的批评来看，森不是说罗尔斯的正义原则不可接受，而是说生活在理性多元事实中的人们不可能就罗尔斯的正义原则达成一致同意。一致同意是一个合成范畴。"同意"是个道德概念，其核心是可接受性。"一致"是一个程度概念，它表示的是在一个给定的人数中，所有人对某项主张都表示同意，或者说给定人数中的每个人都认为支持该主张的推理不仅是客观的而且是可接受的。因此，当某项主张被指责为不能得到给定人数的一致同意时，指责者真正表达的意思可能不是说，该主张是不可接受的，而是说，该主张的可接受性只是得到给定人数中的部分人员而非全部人员的认可。②

面对这种情形时，如果严格按照一致同意来确立某种主张的正当性，那么可供选择的路径有以下几种。一是缩小给定人数的范围，比如说，将给定人数的范围局限在某一共同体之中，或者说将反对者剔除出给定人数的范围以便留下清一色的支持者，由此通过一致同意的检验。二是缩小备选主张的范围，比如说，通过设置严格的限制条件从而将某些主张排除在外，由此通过一致同意的检验。罗尔斯在《正义论》综合地使用这两种路径，比如所刻画的原初状态尤其是"正当概念的形式限制"③就是第二种路径的某种形式，而"最大最

---

① ［美］罗伯特·诺齐克：《无政府、国家与乌托邦》，姚大志译，中国社会科学出版社2008年版，第256—267页。

② "同意"是一个复杂的概念，它自身包含着多重维度，比如同意既可以是一种态度也可以是一种行动。因此就同意是一种态度而言，又可以进一步区分，明示同意、默认同意、假设同意等。但是态度和行动并不总是相一致的；对此的详细分析，请参见吕耀怀《同意的涵义及其中国式表达》，《上海师范大学学报》（哲学社会科学版）2015年第1期。

③ ［美］罗尔斯：《正义论》（修订版），何怀宏等译，中国社会科学出版社2014年版，第100—104页。

小值"推理①就是第一种路径的某种形式。然而，这两种路径存在某些困难。这些困难，森等人已经给予充分的揭示，并且罗尔斯的支持者博格在推进全球正义的过程中也承认这些困难，或者说也着力清理这些困难。这些困难在前文中已经有所论及，随着后文的展开，这些困难还会被论述。问题是，除了这两种路径外，是否还有其他路径来达到一致同意？对于这个问题，不仅《政治自由主义》时期的罗尔斯，而且森和哈贝马斯等人都给予了相应的解答。但这里不是详细考察这些解答的合适场所。不过顺带提及的是，在第五章第三节，笔者将探讨一种在笔者看来有前景的路径。

第三节　合理性与正当性：区分的根据与意义

在前文中，笔者已经阐明双方在对各自的正义原则进行论证时所共享的一些限制条件。在一个正义理论中，这些限制条件，以不同的方式镶嵌其中，并且共同规范着它的可欲性。粗略而言，这些限制条件各自具有如下的规范性作用：如果中立性是就看待正义的立场限制而言，对不平等的限制是就正义原则自身限制而言，那么客观性和可接受性是就正义原则的正当性限制而言。据此，当一个正义理论被指责其所基于的立场不具有中立性，或者其原则没有对不平等有所限制，或者其基于的推理不具有客观性或可接受性，那么这个正义理论就不具有可欲性，或者说，不会被人们普遍接受。当然，考察正义理论的可欲性还有其他限制条件，但是就本书主题而言，笔者将满足以上所述的限制条件。

因为这些限制条件，在整个论证过程，有着不同的规范作用，并且论证是一个渐进过程；因此，引入合理原则和正当原则的区分或许是必要的。这个区分由另外两个区分所导致，一是前件论证与后件论证的区分，二是部分同意与一致同意的区分。粗略而言，前件论证的主要功能是确定备选原则菜单并且选取其中的某组原则作为候选原则，后件论证的主要功能则是在理性多元事实的前提下由公共理性所达成的一致同意

---

① ［美］罗尔斯：《正义论》（修订版），何怀宏等译，中国社会科学出版社2014年版，第118—124页。

来赋予这个候选原则以正当性。① 从发生学角度来看，任何正当原则都先经由前件论证而后才是后件论证。在前件论证中，正当原则首先是作为合理原则，它作为候选原则而被某部分而非全体人员加以同意，它只有经过后件论证后，才能在全体人员的同意中由合理原则过渡到正当原则。从逻辑分析来看，任何合理原则都具有被全体人员同意或被前件论证的可能性，但某些合理原则最终不被全体人员同意或者不被后件论证所支持，是因为其所依赖的外在条件在现实环境中尚不具备。在这里，外在条件不是一成不变的，而是在短时期内具有相对稳定性但长时段来看处在变化过程之中，并且与人们的观念体系处在相互影响的变动关系之中。

尽管森本人没有明确区分出合理原则和正当原则，但是他的相关论述已经很好展示了这个区分。比如，他列举的长笛分配故事就很好说明了这点。② 这个故事表明，我们可以依据不同的原则来加以分配长笛，并且就单独考察每个原则自身而言，每个原则都有支持它的合理理由。但这点并不能否定我们最终做出某种选择的正当性，即便这个选择最终只能选择其中这种而非那种原则来加以分配。因为这个选择的做出不是原则自身的缘故（事实上每个原则不仅是合理的而且具有正当化的可能性），而是由于外在的不以人的意志为转移的条件所使然，在这个意义所导致的某些损失是令人遗憾的甚至是悲剧性的，但这不是不正义的。

最后，我想谈谈这个区分的主要意义。该区分将对那些尚未被正当

---

① 在这里，"前件"与"后件"之称谓，主要源自两种论证在分析上的先后，也源自笔者尚未想到合适的名称来分别表示它们。这个区分几乎蕴含在所有诉诸公共理性来获取原则之正当性的正义理论之中。因为，在理性多元事实下，人们必然会面对多个可供选择的对象，并且在这些备选对象中做出某种取舍。

② 这个故事的主要内容是，有三个孩子安妮、鲍勃和卡拉出于各自的理由来要求长笛的所有权。安妮的理由是，她是三个孩子中唯一会吹笛子的人（其他两人对此并未否认），因而若唯一会吹笛的人得不到长笛是非常不公平的。鲍勃的理由是，他是三个孩子中最贫穷的（其他两人承认自己更富裕且有很多好玩的东西），没有自己的玩具，而长笛恰恰成为他玩的东西。卡拉的理由是，她自己一个人辛苦了好几个月才制作了这支长笛（其他两人承认这点），但她刚刚制作完的长笛却被掠夺者抢走了。讲完这个故事后，森如此说道："听完上述三个人各不相同的理由，要做出决定真是一件难事。不同学派的理论家，如功利主义者、经济平等主义者，以及务实的自由主义者，可能都会认为公正的解决方案一目了然，但是他们各自认为正确的方案几乎肯定是各不相同的。"［印度］阿马蒂亚·森：《正义的理念》，王磊、李航译，刘民权校译，中国人民大学出版社2012年版，第11页（引言）。

化的原则给予宽容对待而非完全拒斥或忽视。支撑这个宽容的更深层观念是原则具有历史性和边界性，即在某一历史时段或某一边界内被正当化的原则，可能在另一个历史时段或另一边界仅仅是合理的原则。这需要做些说明。这里，笔者不是说应当默认那些带有歧视性的文化或生活方式，而是说：（1）在对正当原则（假定恰好存在正当原则）进行批判与挑战过程中，如果合理的原则自身尚且带有歧视性文化或生活方式的特征，那么这些特征将会被正当原则所识别和约束，或者合理的原则将通过自我反思和改善的形式去除这些歧视性特征。或者，（2）在与其他合理原则（假定正当原则恰好不存在）进行竞争成为正当原则的过程中，那些带有歧视性文化或生活方式的合理原则，除非不断去除其自身的这些歧视性特征，否则它们将不能获得那些被它们歧视的人们的理性同意。

  本书的论证所预设的背景是（2），即资源主义的合理原则和能力主义的合理原则尚且处在竞争成为正当原则的过程之中，而笔者以下的主要工作将力图阐明能力主义的合理原则如何走向正当原则，以及这个走向的成功需要做哪些理论工作。这个工作分两个部分来完成，一是考察能力主义的合理原则，并且推举森的能力民主原则作为候选原则；二是考察森的能力民主原则是否有走向正当原则的可能性。

第二编 理论

这部分由三章组成。第四章将考察森与罗尔斯之争，这个考察过程在某种意义上构成了对能力原则的由来之说明。第五章，将直接地考察能力主义者的能力原则及其合理性。在这个考察中，笔者将从能力原则的形式和质料两个层面来把握森的主张，并通过检视森为其主张所做的辩护是否充分，由此引出超越能力原则的必要性。第六章将阐述一种更具涵括性的原则，即关系对称原则，并表明能力原则仅是它的子原则。

第四章

森与罗尔斯之争

早在罗尔斯的著作《正义论》发表之前，森和加里·琅西曼（1965年）就对该著作的雏形（即罗尔斯的开拓性论文《作为公平的正义》）所描述的"原初状态"进行质疑。[①] 时隔四十几年，森（2009年）重申其这一质疑，并对之加以更精练的表述，森如此说道："如果不能产生一套唯一的既定原则，用以确立基本社会结构所需的制度，那么罗尔斯经典理论所提出的'作为公平的正义'的整套步骤都将难以推进。"[②] 因为，森在同一页继续说道："如果运用原初状态这个概念，并且从公平视角达成一组唯一的关于公正的原则，再由此建立起相应的制度，那么其唯一性的消失将会从根本上动摇这一理论的基础。"从森向"唯一性""完备性"展开的密集批评（或者说从森对多元性、部分完备性的辩护）来看，[③] 我们能够触及森的正义理论的一些属性，也能理解森为何迟迟不肯如罗尔斯那样给出他的正义原则的清晰性定义。在本章，笔者将阐明森没给出其正义理论的清晰定义的原因；这个阐明将有助于把握森在建构其正义理论时的一些考虑以及他希望其正义理论所应具有的相关品质。

第一节　不正义的识别

"如何识别不正义？"虽然是个老生常谈的问题，但对于正义理论而言，它并非可有可无。事实上，如何回答这个问题在某种意义上相关

[①] ［印度］阿马蒂亚·森：《正义的理念》，王磊、李航译，刘民权校译，中国人民大学出版社2012年版，第52页（第一个脚注）。

[②] 同上。

[③] Amartya Sen, "Well-being, Agency and Freedom: The Dewey Lectures 1984", *Journal of Philosophy*, 1985, Vol. 82, No. 4, pp. 169-180.

于正义理论的特性。在前文关于评价域的论述中，笔者已经论及识别不正义的部分议题。因为不正义的识别，不仅包括对个人处境的评价（涉及评价域的选取），也包括对对待个人处境的方式或原则的评价。以下笔者将集中考察两种识别不正义的路径，但在此之前，简要勾勒识别不正义的原始方式——直觉主义路径——是必要的。事实上，以下论及的完备主义路径和非完备性路径，尽管展现出某种精细化的倾向，但是它们都在这样或那样的方面反映或依赖一些道德直觉。在这个意义上，与其说它们偏离了直觉路径，不如说它们以各自的方式人为地防止面临道德直觉冲突时出现的束手无策或武断抉择。

一 直觉主义路径

直觉主义诉诸一系列被人们遵循的最初原则或道德情感，并据此将违背这些道德情感的现象斥之为不正义。这些道德情感或是与生俱来，比如孟子所言的恻隐之心等，或是社会习俗所赋予的，比如亚当·斯密所描述的尊严感，即"无羞耻地出现在公众面前"等。据此，当小儿不慎落入水中，某成年人从旁经过，其本应当给予施救，却无所作为以至于小儿淹死，这种见死不救现象将会因违背恻隐之心而被视为不正义。又比如，在一个富裕的共同体中，有一些人花天酒地，而另一些人则衣不遮体甚至饥寒交迫，那么这种贫困现象将会因违背人的尊严感而被看作不正义。很显然，在一些现象上，直觉主义路径很好地依据其是否违背道德直觉而做出正义与否的判断。但是，在另一些现象上，直觉主义路径的不足便凸显出来。其不足主要表现为，直觉主义路径所依据的道德情感的异质性不仅常常在同一现象上给出相互冲突的判断，而且不能对这些冲突的判断做出最终的取舍。对此，罗尔斯做了较为精练的表述。他如此写道，直觉主义理论一般而言具有两个特征，一是它由一组不能再追溯的最初原则构成，"这些最初原则可能是相互冲突的，在某些特殊情况下给出相反的指示"；二是"它们不包括任何可以衡量那些原则的明确方法和更优先的规则，我们只是靠直觉，靠那种在我们看来是最接近正确的东西来决定衡量"。[①]

---

① [美] 罗尔斯：《正义论》（修订版），何怀宏等译，中国社会科学出版社2014年版，第27页。

也正因此（以及其他理由①），罗尔斯主张放弃直觉主义路径而转向其他路径。为了便于讨论，暂且将罗尔斯所主张的那种路径称为完备主义路径，相应地，将森所主张的路径称为非完备性路径。完备主义路径和非完备性路径，在方法论上，分别对应于森所区分的先验制度主义方法和比较性方法。

这里稍微论及完备性与非完备性的区分，以便避免不必要的误解。我们可以在不同意义上区分完备性与非完备性，比如罗尔斯就在学说层面上做出这一区分，即将涵括宗教、哲学、道德等内容的学说称为完备性学说，以便区别于他的只限于政治一内容的理论。② 与此不同，本书是在表述层面上运用完备性与非完备性这个区分的，因而粗略地说，这个区分的意义是在政治所确定的边界之内，测量正义理论在理想（绝对）和现实（相对）所确定的光谱中的大致位置。此外提及这点也是必要的，即森区分两种非完备性，一种是内在的或固然的非完备性，"比如说无法就正义问题对 x 和 y 进行排序"；另一种是暂时的或操作的非完备性，"即由于需要更多的信息或进一步的考察或采用某种补充性的标准而有待或正在克服的非完备性"。③森表明，第一种非完备性是某种正义理论所得出的结论的不可或缺的部分，即便我们可以对这个理论本身进行进一步的审查与修正；至于第二种非完备性，我们也有充分理由将之纳入正义理论并赋予它具有促进反思的意义。

二 完备主义路径

与直觉主义路径不同，完备主义路径在识别不正义上诉诸一套完备

---

① 罗尔斯的正义理论是在与其他诸多正义理论的比照之中展开的，除了直觉主义之外，还有功利主义等。

② 关于完备性学说的详细说明，参见罗尔斯《政治自由主义》（增订版），万俊人译，译林出版社2013年版，第54—60页。罗尔斯正是在这个区分意义上批评森的能力方法诉诸的是完备道德学说，而他的资源方法则仅限于正义的政治观念。但这个批评是缺乏说服力的。Harry Brighouse and Ingrid Robeyns (eds.), *Meansuring Justice: Primary Goods and Capabilities*, Cambridge: Cambridge University Press, 2010, pp. 5-6; Amartya Sen, "Justice: Means Versus Freedoms", *Philosophy and Public Affairs*, Vol. 19, No. 2, 1990, pp. 111-121, pp. 112-114; Amartya Sen, *Inequality Reexamined*, Oxford: Clarendon Press, 1992, pp. 82-83.

③ ［印度］阿马蒂亚·森：《正义的理念》，王磊、李航译，刘民权校译，中国人民大学出版社2012年版，第96页。

的标准或原则。其完备性主要体现于以下几点：一是它所使用的尺度在某个维度上具有可分析性或同质性，比如它们都是具有工具价值的基本善；二是它诉诸的原则之间具有明确的优先次序以至于可以避免原则发生冲突时陷入无所作为的困境；三是它诉诸的原则及其优先次序基于一套审慎推理，而非仅仅凭借直觉来加以把握。就此而言，罗尔斯阐释的两个正义原则是完备主义路径的一个典范。

依据罗尔斯的第一个正义原则，如果/当一些人享有的自由权利体系不平等于（即大于或小于）其他人的相类似的自由权利体系，那么作为在人群间分配自由权利体系的社会制度就不是正义的；依据罗尔斯的第二个正义原则，如果/当一些人获取基本善的更大份额不是增加而是减少最少受惠者的基本善的份额，那么社会和经济的不平等就不是正义的。最后，当同时存在两个正义原则所识别的不正义时，那么优先纠正第一个正义原则所指示的不正义，而后纠正第二个正义原则中机会平等原则所指示的不正义，其次才是纠正由差别原则指示的不正义，否则就不是正义的。

然而，罗尔斯展示的看似完美的制度设计方案，实则蕴含着重重隐患。如本章开始处所言，森明确地表明他的忧虑或质疑。罗尔斯以多阶段并且环环相扣的推理方式铺展他的正义理论，但是如此严密的理论如果某个阶段被指出存在问题，那么后续阶段将朝着错误方向推进或者因前后缺乏连贯性而坍塌，犹如一道多步运算题，若某一步算错而不被察觉，那么由步步连续推进而得到的最终结果必定是错误的。不幸的是，森等人证伪了支撑罗尔斯整个正义理论的基础——原初状态（及其与正义原则之间的推导）——的合理性。并且，罗尔斯在后续著作中尽管没有放弃对原初状态的合理性辩护，但与《正义论》时期的辩护相比，已有所松动。[1]

三 非完备性路径

非完备性路径不是拒斥完备主义路径，而是保持某种审慎以便避免

---

[1] 对此，森和罗尔斯两人均有所论及，参见［印度］阿马蒂亚·森《正义的理念》，王磊、李航译，刘民权校译，中国人民大学出版社2012年版，第53页；［美］罗尔斯《政治自由主义》（增订版），万俊人译，译林出版社2013年版，第20—26页。

因过分追求完备性而导致其他困难。这不仅因为克服暂时的非完备性不是一蹴而就的,也因为内在的非完备性本身就是正义理论自身的不可或缺的部分。也正因此,这种路径往往以对已有路径的批判方式出场,并且在建构层面具有较大的不确定性。森持守这种不确定性并竭力为之辩护[1],但针对他的批评也不少见。不过,暂且将这些批评放在一边。我们先来考察一下森支持的非完备性路径。事实上,森主要是在批判罗尔斯的完备主义路径的过程中展开他的非完备性路径。因此,以下笔者将通过考察森的相关批评来勾画他主张的非完备性路径。在森看来,罗尔斯的完备主义路径至少存在以下几点问题。

(一)识别不正义并不需要制定出一个一致性的正义标准。通常说来,当某个人对某事件做出正义与否的评价时,这个评价确实依赖其所持有的某种正义标准。但这一现象并不支持在进行更大范围的正义与否的评价时需要事先制定出一个一致性的标准。我们可以从以下几个角度对此加以解释。

一是从人际相异性视角看,人与人之间存在的多重差异性使得在整体性评价上,人们可能在同一事件上得出相同的判断(正义或不正义),但是他们所依据的正义标准并不相同。[2] 比如,在评价"扶贫款被侵占"这件事上,人们基本上认为它是不正义的,但其评价所依据的标准,既可能是相关人员没有按照法定程序来使用扶贫款,也可能是扶贫款被侵占以至于导致那些待救济者的生活恶化,既可能是扶贫款被侵占本身就是道德败坏,即便在这个过程中它既符合法定程序、待救济者虽没得到这笔款但其生活也没有恶化,也可能是以上诸原因的综合。

二是从被评价对象的复杂性视角看,即被评价对象自身的多维度使得它对某些标准来说是正义的,而对另一些标准来说是不正义的,甚至对同样的一组标准来说既是正义的又是不正义的。例如,在评价"资本主义社会"这件事上,如果它较少征税甚至不征税,那么自由至上主义者会将它看成正义的,因为它过多征税会导致富人的权利受到侵犯,但

---

[1] 这点可从森直接将"不确定的荣耀"作为其书名这个举动中,得到些许佐证。[印度] 阿马蒂亚·森、[印度] 让·德雷兹:《不确定的荣耀》,唐奇译,中国人民大学出版社2015年版。

[2] [印度] 阿马蒂亚·森:《正义的理念》,王磊、李航译,刘民权校译,中国人民大学出版社2012年版,第1—2页。

平等主义者会将它看成不正义的,因为它过少征税会导致穷人的权利没有得到保障;与前两者不同,马克思主义者是从整体社会结构而非其某个部分来展开其评价,由此他们基于历史辩证法,就相对于封建社会而言,资本主义社会所具有的公平交易是正义的,但相对于社会主义社会,资本主义社会所固有的剥削属性是不正义的。

三是即便获得这样的一致性标准,它也无助于人们进行相关的评价。例如,"认定世界上最完美的画是《蒙娜丽莎》(即使你真的能做出这样的先验主义分析),这对于我们在一幅毕加索的画和一幅达利的画之间做出选择并没有什么帮助"①。这个例子虽过于简化,但它却清晰地表明,那种将各种选项按照它们与先定的正义标准的距离来做出评价或选择的观念只是一种不切实际的幻想。②

前两点表明,欲图在全体成员那里获得一致性的正义标准(几乎)是不可能的;第三点表明,即便获得这样的标准,它对社会正义的评价而言也是冗余的。但这不是说先验制度主义不涉及比较方法。"诚然,他们在发展各自的先验主义理论时,有些人提出的论证恰好涉及比较方法,但总体而言,在对任意两个非先验性的选项进行比较时,先验主义方法是无能为力的。"③ 与完备主义路径以先验制度主义为其核心不同,非完备性路径是以比较方法为其核心,但两者的另一个重要不同是在排序问题上,前者欲求排序的完备性以便一劳永逸解决相关问题,后者则在承认排序的非完备性的基础上探求如何让局部性排序在解决相关问题上发挥更大效力。据此而言,非完备性路径允许从多个标准来识别不正义,并且对那些被多重标准指示的不正义赋予相对重要的权重。这不仅因为这类不正义更为明显或急迫,也因为纠正这类不正义的社会力量较为强大。④

(二)定义和比较个人优势的尺度(即基本善)具有拜物教倾向,因而依此尺度进行相关的识别工作和补偿工作会导致一定程度的道德盲目性。比如容易导致对那些能力缺失者的忽视,因而对作为工具价值的

---

① [印度]阿马蒂亚·森:《正义的理念》,王磊、李航译,刘民权校译,中国人民大学出版社2012年版,第13页。
② 同上。
③ 同上书,第14页。
④ 同上书,第86—99页。

基本善的规定越完备，它反而偏离人们的目的性价值，除非它含糊地运用基本善这个概念。据此，我们有充分的理由将视线从基本善尺度转向能力尺度，即便这个转向"并不构成对罗尔斯本来理论的本质偏离，而仅仅是对其实践理性策略的调整"[①]。不过，对森的正义理论而言，这个转向具有重要意义（下章会论及）。接下来叙述的几点问题即（三）、（四）、（五），是罗尔斯正义理论自身难以克服的，或者说，要克服这些问题所需要的那种理论在本质上偏离了罗尔斯的正义理论。[②]

（三）缺乏与实际行动的相关性。借由契约主义、反思平衡等方法，罗尔斯首先确定一套正义原则，其次分几个阶段建构相应的社会基本结构，最后论述支持其正义原则及其基本社会结构的行为方式，以及两者因相互支持而获得社会结构的稳定性。但是在整个建构过程中，罗尔斯的聚焦点是正义制度而不是社会现实（正义制度只是其中的一部分）。因为即便它关注到行为方式，但这个关注也是在支持或维持其正义制度的意义上得以实现的，因此罗尔斯论述的行为方式与现实社会中的实际行为相去甚远或者说缺乏相关性。[③]然而，任何正义理论的实际应用都依赖于实际行动而非吻合其所描述的正义制度的"合理的（或正义的）行为"。缺乏与实际行动的相关性构成了罗尔斯的正义理论的一个缺陷。对于这一缺陷，森做了很好的概括，"尽管罗尔斯的方法构建得很连贯性，也很有技巧性，但它的确过于模式化，并过度简化了许多甚为复杂的大问题，即如何把正义原则的运作与人们的实际行为结合起来，而这正是对社会正义进行实践理性思考的核心。这一缺陷的确令人遗憾，因为社会制度与实际而非理想的个人行为之间的关联，对任何致力于引导社会选择走上社会正义道路的理论而言，都是非常重要的"[④]。与此不同，非完备性路径直接关注社会制度和实际行为及其关系，并且"在多种视角与优先排序的基础上为社会选择提供总体判

---

① ［印度］阿马蒂亚·森：《正义的理念》，王磊、李航译，刘民权校译，中国人民大学出版社2012年版，第59页。
② 罗尔斯在一定程度上接受这些缺陷。在《政治自由主义》中，罗尔斯放弃《正义论》第三部分的论证转而诉诸公共理性、重叠共识等论证，似乎也与此相关。
③ ［印度］阿马蒂亚·森：《正义的理念》，王磊、李航译，刘民权校译，中国人民大学出版社2012年版，第60—61页。
④ 同上书，第61页。

断",由此它很好地避开这种缺乏与实际行动的相关性的缺陷。

(四)推理方法的封闭性。罗尔斯所使用的契约论的确可以避免功利主义的推理方法的缺陷,但因为契约论受到缔约者人数与候选原则范围的双向限制,以及受一致性同意的卢梭-康德式理解①的限制,因而其推理方法具有封闭性。这种推理方式的封闭性使之产生的正义理论不仅简化或扭曲复杂的社会现实,也可能遗漏一些明显的不正义。与契约论的推理方法相比,森主张的中立旁观者的推理方法很好地做到以下几点:"(1)关注比较性的评价,而非仅仅确立一种先验主义解决方案;(2)关注社会现实,而非仅仅关注制度与规则的要求;(3)允许社会评价不完整,但依旧对重要的社会正义问题提供指导,包括敦促消除明显的不正义;(4)听取契约缔结者以外的声音,或者是为考虑其利益,或者是为避免我们自身陷入地域的狭隘性。"②

就允许不完整的排序或评价而言,在稍后的作品中,森如此强调道:"这里,基本问题是认识到一种正义的完备理论产生某种非完备排序的必要性。这并没有什么矛盾。在这个视角下,与寻找那种比较备选物的每个方面并且产生对所有可能备选物无意义的完备排序的路径相比,以某种可信的路径去进行有实质意义的比较,更为重要。"③事实上,允许这种排序的不完整性在比较方法中具有核心的地位。因为允许不完整性的存在与该方法的推理方式的开放性是密切相关的。

(五)缺乏全球视角。在《正义论》中,罗尔斯所采用的社会契约方法将追求正义的参与者局限在某个既定的民族—国家之内。在罗尔斯那里,原初状态的设置是就某国家的社会契约而言的,并且最终促使身居其中的代表者选取一套正义原则(即罗尔斯的两个正义原则)作为规范该国家社会基本结构的基础。因此当博格希望将罗尔斯的原初状态

---

① 这种理解,赋予一致同意以普遍主义形式,并且就同意的焦点而言,有且只有同样的一个或一组原则。因而这种理解,就焦点而言,是非多元主义的。在本书第五章,笔者将对一致同意提供一种多元主义的理解,这种理解不是卢梭—康德式的。

② [印度]阿马蒂亚·森:《正义的理念》,王磊、李航译,刘民权校译,中国人民大学出版社2012年版,第62页。

③ Amartya Sen, "The Place of Capability in theory of Justice", In Harry Brighouse and Ingrid Robeyns (eds.), *Meansuring Justice: Primary Goods and Capabilities*, Cambridge: Cambridge University Press, 2010, p. 245.

扩展至全球时，除非从寻求一国家的社会契约转向寻求全球性的社会契约，否则，原初状态的设置会让人们几乎没有进行选择的余地。这是因为原初状态的设置与罗尔斯的两个原则（在无知之幕、反思平衡等作用下）具有人为性的必然联系，这种必然关系严重地压缩人们的选择空间，或者说排除近乎一切可能合理的选择项。此外，当寻求一国的社会契约转向寻求全球性的社会契约时，也就意味着将罗尔斯建立正义制度的步骤运用到全球社会，而这要求一个世界政府。这无疑是有问题的。[1] 事实上，罗尔斯本人也不支持全球范围内存在一个世界政府。[2] 在处理国际正义问题上，罗尔斯在其后期作品《万民法》中，也仅仅是对诸多国家施加（包括各人民要尊重人权在内的）万民法的约束，而非诉求于一个世界政府。[3] 由此看来，罗尔斯的社会契约方法存在这样的张力，即将之运用于一国内时它依赖或产生一个维持国内秩序的国家政府，但将之推至全球时它并不依赖或产生一个相应的政府。但社会契约方法所遭遇的这一不足，并不意味着我们不能超越国家边界来评价一国内的正义问题。相反，我们不仅需要而且能够超越国界来评价一国内的正义问题，而与之相应的推理方法，既非契约论方法也非功利主义方法，而是比较性方法，比如曾被亚当·斯密阐发的中立旁观者就是这种方法的一种具体运用。

在展示（罗尔斯式）完备主义路径的几点缺陷之过程中，笔者也大致地勾勒了（森式）非完备性路径的基本轮廓。综合来看，非完备性路径具有几点特征：一是它的评价域是能力而非资源或效用[4]；二是当能力作为正义原则的内容而具有评价作用时，对它的评价不仅关注实际行为也关注社会制度，即关注社会现实；三是因为社会现实自身的复杂性，它所使用的推理方法是亚当·斯密意义的中立旁观者而非契约论意义的代表设置；四是因为以上特征，该路径的评价对象之范围可以拓展

---

[1] ［印度］阿马蒂亚·森：《正义的理念》，王磊、李航译，刘民权校译，中国人民大学民出版社2012年版，第63页。
[2] ［美］罗尔斯：《万民法》，陈肖生译，吉林出版集团有限责任公司2013年版，第12—13、16—17页。
[3] 同上书，第120—123页。
[4] 于此顺带说明的是尺度与评价域的区分。尺度是评价域的精细化表达，或者说，评价域指示的是某类信息空间，而尺度则是某类信息空间的一个有序的或核心的信息束。

至全球。非完备性路径的这些特征,从理性多元事实视角来看,确实体现为优势。但这并不是说,非完备性路径没有任何缺陷或者不足。事实上,博格等人对森的相关批评已经揭示出非完备性路径的一些不足。但问题不在于它是否存在不足(事实上任何路径或理论都存在这样或那样的不足),而在于它所存在的不足在比较意义上是否可以接受,并且其优势是否也不差于其他路径或理论。① 同样地,我们不能认为,罗尔斯选取这样而非那样的研究方法是缺乏考虑的,更不能认为森的相关批评足以表明罗尔斯的研究方法没有什么可取之处。这不仅因为本节所展示的相关论述仅仅是就不正义的识别而言,也因为罗尔斯的研究方法确实具有其可取之处。实际上,森本人已从几个方面阐释"罗尔斯方法的积极意义":该方法将"公平是正义的核心"这一观念引入正义理论的分析框架之中;确立"思考客观性必须有一个公共的思考框架"这一理念;指出人的道德力量与人具有正义感和善观念的能力有关;将自由置于优先地位;丰富社会科学中关于不平等问题的研究,并将人们的注意力引向了社会中贫困之人的处境;等等。②

由此,值得重视的问题是,为什么罗尔斯或者森会采取这样的路径(在本节主要体现为识别方式)?对这个问题的探讨,将涉及俩人更深层分歧。以下小节,笔者将着重论述两人在政治目标上的分歧。但在此之前,我将依据以上勾勒的非完备性路径的基本特征来探讨它对不正义的识别。

---

① 在识别和消除不正义的问题,博格借助于一个简单的世界模型区分九种可以运用的社会正义的标准(criteria)。在进行相关的讨论后,博格如此总结道:"我已经描述了一个在其中仅有两个相关的参数(食物和工作)并且所有人都有大致相同的精神和生理构造,即同样的禀赋、需要和转化能力。并且我已经区分了关于这个世界的九种纯粹的社会正义标准,每种标准都由两个部分组成,一是某种人际加总函数(an interpersonal aggregation function)(平等主义的,优先主义的,或者充分主义的),另一是某种定义和比较个人份额的尺度(a metric defining and comparing individual shares)(收入,收入/工作时间,或者收入/贡献)。这九种标准代表了支持能力方法和资源方法的基本观点。" Thomas Pogge, "A Critique of the Capabilities Approach", In Harry Brighouse and Ingrid Robeyns (eds.), *Measuring Justice: Primary Goods and Capabilities*, Cambridge: Cambridge University Press, 2010, pp. 36-37。博格认为能力方法(大致相当于本书所论及的非完备性路径),即便以其中最有可能的一种标准出现,它也因为存在这样或那样的缺点而不能得到辩护或者说不能被证明是优越于资源方法(大致相当于本书所论及的完备主义路径)的方法。

② [印度]阿马蒂亚·森:《正义的理念》,王磊、李航译,刘民权校译,中国人民大学出版社2012年版,第57页。

以能力信息而非资源或效用信息来界定和比较个人的优势，那么当个人处于劣势时，他可能不是因为缺乏资源，而是因为其能力遭遇严重缺失。能力遭遇缺失有两个基本根源：一是由于先天性因素比如遗传基因引致的能力缺失；二是由于制度性因素比如分配方式引致的能力缺陷。尽管这两个根源存在如此区分，但它们常常关联一起并互为前提，比如某种导致能力缺失的遗传基因之所以得以代代延续是由于分配方式导致相关人群过于贫困，以至于不能有效地预防和阻止这种遗传基因对其后代的影响；另外，这种不合理的分配方式依然存续是由于相关者遭受先天性因素的影响，以至于受到这种分配方式的不合理对待，并且无力改变这种分配种方式。问题是，能力缺失本身是否就是不正义的，或者更准确地说，能力缺失达到何种程度就应当被视为不正义的？对这个问题，前文已经有触及，后文笔者还会加以专门论述。于此，笔者将结合非完备性路径对不正义的识别来探讨这个问题。

依据能力信息，当某能力清单被正义理论所确立时（能力清单的确定本身，就相应地给定了衡量能力缺失是否正义的"程度"），不能保障人人享有对该清单的可及性的制度体系就是不正义的，或者毁损、破坏能保障该能力清单的制度体系的那些行为方式就是不正义的，不管这些制度体系或行为方式在一国家之内还是在世界范围之内，都是如此。据此而言，对非完备性路径而言，那种认为引致能力严重缺失的制度体系或行为方式在这个国家是不正义的而在另一个国家不是不正义的观念或推理方法，都应当加以摒弃。因为在森看来，或者说依据非完备性路径，任何导致能力严重缺失的因素都是正义原则应当予以减轻（如果不能根本清除的话）的对象。

第二节　政治目标的分歧

从上节论述来看，罗尔斯和森都同时触及制度层面和行为层面的不正义（从不同路径），区别在于，在消除不正义问题上，前者诉诸的是寻求绝对正义原则及其制度，其目的是一劳永逸地维持正义或者消除不正义（如果存在的话），后者诉诸的是相对而言的正义原则及其制度，其目的是消除（明显的）不正义。就此而言，两人的正义理论的差异在更深层的意义上相关于他们在政治目标上的分歧。当然，消除不正义所诉诸方式的差异不是他们的政治目标的分歧的全部。但基于主题原因，本节主要从消除不正义这点上来考察他们在政治目标上的分歧。①这个考察从某种意义上构成了对能力原则的由来的部分性说明。以下笔者将从几个方面来说明两人在政治目标上的分歧。

一　目标的视域：狭窄与宽阔

在《正义论》中，罗尔斯详细地刻画了绝对正义社会的面貌。但是这个面貌仅仅在罗尔斯的想象中呈现，它不会自动在现实社会中获得其现实性。尽管罗尔斯以逐步释放信息的方式来弥合其想象社会与现实社会之间的鸿沟，但是罗尔斯的做法看起来低估了这个鸿沟。也许正因这个鸿沟的存在，人们或许能够明白正义的两个原则在原初状态中会被一致选择出来，但是当信息从无知之幕释放到接近或等同现实社会时，全体人员的行为是否会始终遵循正义的两个原则，就不是一个清晰的问题。细而言之，不仅全体人员的边界不够清晰，实际行为也异于罗尔斯所谓的支持其正义原则的"合理行为"。②

---

① 政治目标的形成与理论者的多重体验、认知之间具有相互影响的关系，即当理论者的体验和认知发生变化时其政治目标也随之而改变，反之亦然；但政治目标一旦确立下来，它就具有相对明确的指向性。正是在指向性这点上，笔者将森的政治目标概括为致力于推进不正义的消除，而将罗尔斯的政治目标概括为致力于寻求绝对正义的刻画。因为政治目标在正义理论中占据更深层的基础地位，因此由政治目标的分歧引起的差异是体系性的。在此，不宜考察森和罗尔斯的个人经历（包括生活体验、理论学习等）如何影响乃至构成他们各自的政治目标的性质。很显然，这类考察将涉及与正义理论密切相关的心理学分支。事实上，森不仅在有关其采访文章中也在其作品中，多次提及其个人经历，尤其经常提及其早年在印度所亲身经历的饥荒，这不由让人联想到其后来所关注的贫困、饥荒等问题。与此稍有不同，罗尔斯极少在其作品中提及其个人经历，但是从有关他个人的传记性文章那里，我们得知其经历过因感染疾病几近丧生体验、经历零和博弈性质的战争体验等，让人不禁联想到其后来构建的具有钝于运气且具有正和博弈性质的差异原则。笔者不否认这类考察的趣味性，也不否认个人经历会或多或少影响个人的思考方式以及其相关的理论写作。这类考察涉及当前流行的文献——它们的主题是探讨道德心理学与政治哲学之间的关系。参见慈继伟《正义的两面性》（修订版），生活·读书·新知三联书店2014年版；[美]乔纳森·海特《正义之心》，舒明月、胡晓旭译，浙江人民出版社2014年版；等等。但在笔者看来，这类涉及个人经验的考察，追问的是这个问题，即"他们为什么会持有不同的政治目标？"与此不同，此处笔者所关注的问题是："他们的政治目标的差异性体现在哪几个方面上？"

② [印度]阿马蒂亚·森：《正义的理念》，王磊、李航译，刘民权校译，中国人民大学出版社2012年版，第71—72页。

当罗尔斯将全体人员界定为一个国家之所有公民时（在前文已经说明它缺乏全球视角），他的政治目标所呈现出来的视域仅仅是消除一国家之不正义，而难以关注到世界其他地方的不正义。并且国家存在民主政体与非民主政体之分，因此如果罗尔斯所谓的国家仅仅是民主国家，那么对于那些非民主国家而言，罗尔斯的政治目标的落实只能寄希望于一个高于其人民之上的实际上仅由小部分人组成的统治者的仁慈或自我革命。果真如此，罗尔斯的政治目标在非民主国家那里极有可能仅仅是书斋中的摆设。即便罗尔斯的政治目标在民主国家那里具有实现的可能性，即在全体公民的选举下，罗尔斯的正义原则及其制度体系作为蓝图在现实社会得以实现，[①] 我们也无法评估它在比如移民、难民等外来因素的相关作用下如何保持其稳定性。[②]

再者，注意实际行为与合理行为的区别是十分关键的。在现实社会中，存在制度层面的不正义，也存在行为层面的不正义。就实际行为的不正义而言，可以区分两种类型，一是实际行为选择性地违背正义制度，二是实际行为不能够纠正不正义制度。由此观之，就不正义的消除而言，不能仅仅专注于正义制度的刻画（并想当然地将行为假定为"合理"），还应关注行为的实际情况，以便能够有效遏制那种选择性的不正义行为，也能够察觉并提高那种由于能力缺失而导致的不正义行为或制度。事实上，在《政治自由主义》中，罗尔斯承认他在《正义论》中从合理行为视角来论证由其正义原则支持的社会结构的稳定性所存在的问题，比如忽视或不够认真对待理性多元事实，并转而在承认理性多元事实下从重叠共识来论证其正义原则会得到来自持有不同的完备性学说的人们的支持。但是罗尔斯的这个做法，依然忽视了实际行为的不正义问题，或者说它仅仅关注到选择性的实际行为。

与此不同，森的政治目标是以全球范围为其视域，并以消除其中明显的不正义为其理论出发点。这点可以引述森的系列作品来加以佐证。

[①] ［美］罗尔斯：《政治哲学史讲义》，杨通进等译，中国社会科学出版社2014年版，第1—20页。

[②] 罗尔斯显然注意到这个问题，其后续作品比如《万民法》的工作就是处理这个问题，或者用其话说，"《万民法》希望表明，一个自由和正派人民组成的世界是如何可能的"。但这个工作是否成功依然有待考察。［美］罗尔斯：《万民法》，陈肖生译，吉林出版集团有限责任公司2013年版，第48—52页。

在《贫困与饥荒》《饥饿与公共行为》《不平等的再考察》《以自由看待发展》等作品中，森所研究的主题都相关于人类社会当前亟待解决的问题，其所考察和使用的相关数据也不局限于某个国家。问题是，"贫困与饥荒""饥饿""不平等"等问题在森那里如何与不正义关联一起，并非十分清楚。但暂且将这个问题放在一边（下节会论及）。这里，笔者要集中论述森的政治目标与其能力方法之间的联系。

二 目标的焦点：顶点与过程

与罗尔斯的政治目标相比，森的政治目标不仅具有更宽阔的视域，而且具有注重目标实现的过程性。在正义理论中，这个过程性不仅拓展了社会正义的议题，也为能力方法作为一种竞争的方法论提供了得以立足的研究对象——关注和消除不正义的现象（包括行为和制度），而非（仅仅）关注和刻画绝对正义制度。但为了避免误解，笔者需要先对这个过程性做些限定性说明。

这里有必要区分两种过程性，一是理论自身演绎的过程性，二是理论走向实际应用的过程性。就第一种过程性而言，森和罗尔斯的正义理论都具备，尽管在论述的清晰性上后者比前者更好些。就第二种过程性而言，罗尔斯的正义理论不具备，或者说，它致力构建的仅是完美的正义图式，这种图式在这个过程中可能没有席位，至多只是顶点性的存在。森如此说道："可以确定的是，任何人都可以想象，从一种社会状态进入另一种完全公正的理想社会，将会出现多么庞大且彻底的重组。在这个意义上，一个坚定的先验主义理论可以成为一个伟大革命者手中的'速成手册'。但是当我们真正参与到公正问题的辩论中时，很少会用到这样的手册。关于如何减少世间各种不公正的问题，已逐渐占据公正问题分析和应用的主流，而先验主义所描绘的一下子就达到的完美境地则不属于这个范畴。"[1] 与此不同，森则努力展示理论走向实际应用的过程性。森的这个努力不仅体现在他以正义为直接主题的作品如《正义的理念》中，也体现在与正义主题相关的其他作品如《饥饿与公共行为》《不平等的再考察》中。

---

[1] ［印度］阿马蒂亚·森：《正义的理念》，王磊、李航译，刘民权校译，中国人民大学出版社2012年版，第90页。

粗略考察森自1979年至2009年这段时间中的相关作品，我们会发现森的主要工作不是构建一个完备的正义理论，而是通过考察和研究全球范围内毁损人类生活质量的问题比如贫困、饥荒、传染病等，并据此提供相应的应对方案。森的这种研究工作与其政治目标是一致的，即从识别和消除现实社会中的不正义现象出发来推进正义事业。森注意到，"对一个存在大规模饥饿、文盲或缺乏基本医疗卫生服务的社会而言，对其缺陷的明确诊断，可以与各种在其他方面绝对公正的社会安排并存"[①]，因此在他那里，与对绝对公正制度的追求相比，消除饥饿、文盲、疾病等毁损人类生活质量的现象不仅更为必要，而且紧迫。尽管更合理的制度环境也是提高人类生活质量的因素之一，但是它自身并不具有内在价值，并且就消除不合理或不正义的制度而言，需要人类具有相应的行为能力。换言之，行为能力不仅直接构成生活质量的要素，而且就消除毁损生活质量的外在条件而言，行为能力也是人类可以依赖的主要力量（暂且不论好运气，比如由于某种地壳运动而导致地球资源极其丰富）。就此而言，以能力域而非资源域作为正义的信息基础至少具有这样的方法论优势：一是人们有理由珍视的能力的缺失就构成对不正义的评估（见前面第二章第二节）。二是提升人们有理由珍视的能力，不仅涉及对能力缺失的相关主体进行直接的援助，而且也涉及对造成这些能力缺失的不正义制度环境进行改善或变革；而得到提升的能力反过来又进一步促进制度环境的完善。这第二个优势在森的《以自由看待发展》中得到非常详细的讨论。[②]

以上所述表明，就政治目标在实现层面上的分歧而言，森更直接地注重其实现的过程性，在这个过程中，人类能力的提升与正义事业的前进存在一种相互促进的复杂关系。与森注重目标实现（或不正义的消除）的过程性不同，罗尔斯的政治目标更侧重于刻画具有阿基米德支点

[①] ［印度］阿马蒂亚·森：《正义的理念》，王磊、李航译，刘民权校译，中国人民大学出版社2012年版，第90页。

[②] 这里需要注意，森是从能力视角来理解自由的，或者说将人的能力视为自由的实质。因此以自由看待发展，在森那里，实质上就是以能力看待发展。在《以自由看待发展》这本书中，森的核心思想是，发展的最终目的不是财富的增长，而是人的能力或自由的提升，反过来，人的能力或自由的提升成为发展的手段；简言之，能力或自由既是发展的目的也是发展的手段。

作用的绝对正义原则,用其本人的话来说:"尽管公平的正义具有个人主义的特点,正义的两个原则却是提供了一个阿基米德支点,来估价现存制度和它们所产生的欲望和追求。这些标准提供了一个指导社会变革过程的独立标准,而无须借助一种至善论的或有机论的社会观念。"①

三 目标的属性:绝对与相对

据此而言,以"绝对性和相对性"而非以"理想主义和现实主义"来加以称谓两人的政治目标的属性,可能更恰当。因为,与理想主义和现实主义(或者形而上学与非形而上学)相比,绝对性与相对性可能更具有涵括性。事实上,罗尔斯本人明确宣称,其正义观仅亲缘于而非等同于理想主义,并且虽具有康德式的解释但已经剥离了后者所具有的形而上学倾向。罗尔斯如此说道:

> 公平的正义的特征表现在对最初状态的描述,亦即在其中显现出形成一致意见的条件的那种背景时所采用的方式上。既然对原初状态能够做出一种康德式的解释,那么这种正义观就的确和理想主义有着亲缘关系。康德为卢梭的普遍意志观念寻求一种哲学基础。正义论试图依次把康德关于目的王国、自律和绝对命令的观点呈现为一个自然程序。以这种方式,我们把康德学说的潜在结构从形而上学的氛围中分离出来,从而使这个结构更清楚地被理解,并相对地免受反对意见的诘难。②

依据以上所摘引的论述,以理想主义来称谓罗尔斯的政治目标可能不够恰当。但是,即便我们承认罗尔斯正确地论述他的正义观与理想主义、形而上学之间的关系,我们也不能据此宣称,森将罗尔斯方法称为先验制度主义是错误的。这里,需要对"先验主义"这一术语做些解释。

森显然不是在康德意义上而是在比较意义上来使用"先验主义",

---

① [美]罗尔斯:《正义论》(修订版),何怀宏等译,中国社会科学出版社2014年版,第411页;相关论述亦可见第203—208页。
② 同上书,第207—208页。

这点贯穿于其《正义的理念》一书。在森看来，罗尔斯尽管摆脱康德学说的形而上学或先验性，但是他对原初状态的刻画依然是"康德式的解释"，并且其两个正义原则在其中一经被全体一致同意地选出来就具有评价社会制度的"阿基米德支点"之作用。这个阿基米德支点显然超越于现实社会中的任何原则或规则，或者说后者的正义与否是以前者为其标准，并且这个标准不依赖任何现存的需要和利益；它是绝对独立自足的。因此，与那种在相互比较中产生的更为正当的正义原则相比，它显然具有先验主义特征。

当然，两个正义原则在原初状态中确实与其他原则存在某种比较，但是这种比较对罗尔斯的正义理论而言不具有根本意义。据此，当罗尔斯如此表述（即"公平的正义可以说不受现存的需要和利益的支配。它为对社会制度的评判建立了一个阿基米德支点，而没有诉诸先验根据"①）时，他所谓的"没有诉诸先验根据"不是就比较意义而言，而是就康德意义而言。换言之，当罗尔斯说公平的正义"不受现存的需要和利益的支配""没有诉诸先验根据"之时，他想表达的是，公平的正义是一个绝对独立自足的阿基米德支点。据此，将罗尔斯的政治目标的属性（即追求先验主义标准或阿基米德支点的刻画）称为（追求正义的）绝对性，可能更为恰当。

尽管森批评罗尔斯正义观的先验主义在社会正义评价过程中"既不必要也不充分"②，但是，森从未否定正义原则具有不断完善之可能性。森强调相对而言的正义原则，不是说要满足于此，而是说就消除明显不正义而言，它可以取得较大成果。如果我们将理想主义理解为对现状（包括现存的相对而言的正义原则及其制度）的不满或超越，那么森的正义观（尽管没有给予明确定义）不能说不具有丝毫理想主义因素。因此，若以与理想主义相对照的现实主义来称谓森的政治目标的属性，也是不恰当的。据此，笔者倾向于将森的政治目标的属性（追求对不正义的渐进式消除）称为（追求正义的）相对性。但是，关键的问题不是以哪个术

---

① [美]罗尔斯：《正义论》（修订版），何怀宏等译，中国社会科学出版社2014年版，第205页。

② 对此笔者在前文已有论述。或者直接参见[印度]阿马蒂亚·森《正义的理念》，王磊、李航译，刘民权校译，中国人民大学出版社2012年版，第88—91页。

语来概述森的政治目标的属性,而是我们如何阐述这个属性。以下笔者将通过对"相对性"的解释或限定来切入对这个属性的说明。

相对性是比较范畴。依据前文论述,我们可以区分两种比较。一种是标准性比较,这种比较需要事先给定一个理想的模型,然后,待比较的那些东西在与该模型的对比中获得相应评价。例如在服装行业中,衣服的批量生产就是以某标准或模特身形作为其原本。另一种是相互性比较,这种比较不需要事先给定一个理想的模型,而是待比较的那些东西之间进行比较而获得相应评价。比如就两座山峰的高度比较而言,无须先定标准,就能对它们做出高低之评价。森拒斥第一种比较的理由是,这种比较是先验主义的,因而在社会正义评价中既无必要也不充分。由此,先验主义标准在社会正义评价中的作用,就可以从相对性视角来加以解释,即因为待比较东西之间的相对性自身具有产生评价的功能,即高低、长短等是相对而生,因此,第二种比较直接地依赖相对性,而第一种比较的相对性则是延伸意义上的。这种解释可能比森斥之为"既无必要也不充分"更为恰当,尤其当第一种比较确实有助于简化一些不必要的评价的时候。

再者,注意相对性与相对主义的区分是必要的。一般而言,相对主义的产生是人的主观意识忽视或者否定客观性的结果。例如就两座山的高度比较而言,当做出"A 山峰高于(或者低于、等于)B 山峰"这样的判断时,相对性已经发挥了其作用。这个论断显然区别于这样的相对主义的论断,即"A 山峰既高于又低于 B 山峰"。这个例子可能不够恰当,但是它已能够表明,相对性不否定客观性。这里,困难的问题是,在人际比较中涉及主观意识层面的相对性,比如就 A 和 B 两个人的快乐或幸福而言,我们可能不能通过两人的快乐的相对性而判断出哪个人更为快乐或幸福。这类问题依然是当代正义理论所共同遭遇的困难。这类困难不是人际的快乐没有相对性,而是说快乐这类高度主观性的信息使得相对性作为自己评价自己的客观性难以体现。解决的方法是用其他评价域比如资源域、能力域来替换效用域(包括偏好满足、快乐、幸福等因素),这类解决方法有着避开纯粹主观性的特征。[①]

[①] [印度] 阿马蒂亚·森:《集体选择与社会福利》,胡的的、胡毓达译,上海科技出版社 2004 年版,第 2—6 页。

综上所述，从相对性视角，森的政治目标在进一步的阐释中，不仅与其能力方法（或者更宽泛地与他注重的比较方法）具有内在的相互关系，而且展现出一种从现实出发、注重目标实现过程性的特质。由此，在面对全球范围的正义问题上，森的政治目标既不是如内格尔那样保守即要求"最低人道主义道德"（minnimal humanitarian morality），也不是如后期的罗尔斯那样致力于构筑"绝对正义的全球社会"，而是要求更全面地消除明显的不正义。森如此说道："当世界各国人民呼吁更全面的全球公正时，注意此处的'更'，他们其实并不是在要求某种'最低限度的人道主义'。他们所要求的也不是绝对公正的全球社会，而只是像亚当·斯密、孔多塞或玛丽·沃斯通克拉夫特在他们的年代所倡导的那样，要消除无法容忍的不公正制度以推动全球公正"[①]。

第三节　不平等与能力缺失

不平等和能力缺失一样，当它们只是自然事实时，无所谓正义或不正义。正义或不正义是社会处理这些事实的方式。在前文关于"不正义的识别"中，笔者已经部分论及这一问题。粗略而言，从罗尔斯视角来看，当不平等被识别为违背其两个正义原则，它就是不正义的；从森视角来看，当不平等导致严重的能力缺失，它就是不正义的。

对不平等的考察是森关注的主题之一，并且在他那里，该主题与贫困、饥荒等主题密切联系一起。这种联系相关于森的政治目标。如上节所述，以罗尔斯为参照，森下移政治目标，从而使之着眼于对（明显的）不正义的消除而非致力于对绝对正义的刻画。问题是如何识别以及如何消除不正义？在本章第一节，笔者已经阐明森识别不正义的路径，第二节则阐明森着眼于消除不正义的原因。但是，笔者尚未说明森消除不正义的路径。因为消除不正义的路径涉及相应的正义原则及其基本社会结构。因此，对此的相关说明是下面诸章要处理的论题。在本节，笔者将论述不平等、能力缺失与不正义的关系，并由此引出下面章节的论题。

---

① ［印度］阿马蒂亚·森：《正义的理念》，王磊、李航译，刘民权校译，中国人民大学出版社2012年版，第22页。

在森看来，贫困和饥荒是不平等在资源层面的体现，但是贫困和饥荒真正让人难以忍受的不是资源分配的不平等，而是它们对相关者享有良好生活质量所必需的能力集的严重毁损。这里不是说资源分配的不平等不重要，而是说它所以重要的深层根源是它导致了其他群体面临诸基本能力丧失甚至挨饿至死的处境。在这个意义上，就看待不平等而言，森的能力视角显然比罗尔斯的资源视角更为根本。因为依据罗尔斯的资源视角，资源分配的不平等能够促进最少受惠者的利益时，这个不平等就是正义的。但这种视角存在这样的不足，即它没能充分地防止贫困。例如，尽管 A 从基本善或资源来看并不是最少受惠者，但其多病体质却严重地阻止他对良好生活质量的享有。这种阻止从某种意义上通过资源剥夺来实现，即他的部分资源不得不额外地用于支付各种医疗费用。

与此不同，能力视角则很好地处理这类潜在的资源剥夺问题。因为在其他条件相同下，资源剥夺最终都反映为相关者的能力缺失。这点并不难理解。想想迷失在沙漠的人。如果迷失者所携带的食物、水等必需品不足，那么他将面临营养不良乃至维持生命机体的诸能力的丧失。再者，就影响个人生活质量而言，能力层面的不平等或剥夺显然严重于资源层面的剥夺。假定 A 的财富高于 B（即资源层面的不平等），但是 A 有肾病因而需要购买透析机，这将花去很多钱。假定 A 购买透析机后，其财富恰好等于 B。在这种情况，如果从资源视角来看，A 的生活质量无差别于 B。但是稍加做实证性考察，我们都很难将经常做肾透析的 A 的生活质量与各方面健康的 B 的生活质量画上等号。这是因为透析过程对个人身体机能及其生活计划的影响。这些影响是客观存在的，对此的忽视是不合理的。对此，森本人做了非常充实论述。这里引森的一个例子来说明是有益的，即"考虑这样的一个人，他具有较高新陈代谢率，或较大体型，或需要消耗大量营养的寄生虫疾病。与没有这些劣势的人相比，在相同收入水平下，他更不能（less able to）满足最低限度的营养要求。虽然两个人拥有相同的收入，但是如果说他比后者更贫困，那么支持这种说法的理由是他遭遇更严重的能力缺失（greater capability failure）"[1]。

---

[1] Amartya Sen, *Inequality Reexamined*, Oxford: Oxford University Press, 1992, p. 111.

如果以上的分析是合理的，那么纠正不平等的直觉力量主要是它使得相关者遭受营养不良、诸基本能力丧失。因为即便 A 群体的财富不平等于（多于或少于）B 群体，但是如果 B 群体中的每个人都生活富足或者享有良好的生活质量，那么这个不平等可能是无关紧要的，尤其当它并不违背人们的正义观念的时候。据此，在不平等问题上，真正让它值得关注或与正义相关联的根源是，它是否导致贫困或饥荒，或者用森的话说，是否导致人们有理由珍视的诸多基本能力的丧失。由此，正义的聚焦点应当从资源的不平等转向能力的不平等以及如何构想相应的正义原则来处理后者上来。

第五章

能力原则

在前文中，笔者已经表明，将原则的质料落实在哪种信息空间并非是无关紧要的事情。它的选取本身在元理论层面规范着相应的正义理论的属性。与此具有同等规范作用的是原则的形式。以下，笔者将着重论述以能力为质料的原则的形式，即能力原则的形式。在当前文献中，能力原则的形式主要有三种，一是平等形式，二是优先形式，三是充分形式。就森的作品而言，其早期作品支持平等形式，而其后期作品则表现出对平等形式的疑虑或者说对其他形式的包容。如何看待这种前后看似矛盾的主张，是本章的首要议题。本章的结论之一是，尽管森在能力原则的形式上，其表述前后存在含糊性，但是这个含糊性对森而言可能不是正义理论上的不足，而是理论为实践预留余地而允许的不确定性。在笔者看来，理论为实践预留余地而允许不确定性确实是可以辩护的，问题是，不确定性的范围是多大？在这个问题上，笔者认为森的回答并不令人满意。不过，这并不意味着笔者就认可那些对森的正义理论的不确定性所做的批评。这里，有几个关于不确定性的问题需要加以辨析。

一是正义理论要不要允许不确定性，二是作为规范评估个人优势的尺度的原则之质料（即能力清单）要不要允许不确定性，三是作为规范能力清单在人际分配的原则之形式要不要允许不确定性。这三个问题密切相关，但是并不意味着区分它们毫无必要。森在第一个问题上，区别于罗尔斯等人；在第二、三个问题上，区别于努斯鲍姆、安德森等人。在上一章中，笔者已经从不正义的识别、政治目标两个方面较为系统地阐明森和罗尔斯在第一个问题上的分歧。在本章第一节，笔者将主要论述森在第三个问题上与其他能力主义者的分歧。至于第二个问题,笔者将放在本章第二节来加以论述。这不仅是因为在前文中笔者已经触及关于它的一般问题,即能力域与其他域的区分,也因为关于它的尺度化涉及合理性与正当性的问题。以下,笔者将从分析森1979年提出的"基本的能力的平等"这一主张开始。

第一节 原则形式:平等、优先与充分

"基本的能力的平等"这一主张,有两个限定词,一是"基本的",二是"能力的"。但在当前争论中,"基本的"这个限定词常常被忽视,而这不仅对森而言是不公平的,而且不利于我们深入地探讨相关问题。尽管森最初阐释"基本的能力"时存在含糊性,但是这种含糊性不能成为忽视"基本的"这个限定词的理由。不过,必须承认,如何界定"基本的"确实不仅仅是个操作性难题(见下节)。以下,笔者将阐明,如果忽视"基本的"之限定作用,那么森的平等主张会遭遇难以克服的困难;如果凸显"基本的"之限定作用,那么森的平等主张,实质上已经滑向优先论或优先主张。优先主张作为一种推理,其侧重从处境差者视角来看待正义分配问题。据此而言,优先主张,不仅相容于某种平等主义,也可以相容于其他主义。事实上,在后期作品中,森从民主理念来阐明能力原则的形式就具有这样的意图,或者说,森既没有抛弃基本能力平等的主张(不过对其适用范围施以严格的限制),也没有拒斥安德森阐释的以能力为质料的充分主张。以下,笔者将分别考察平等、优先、充分三种形式,以及它们各自的合理性。

为了便于论述,做出以下简化是必要的。设想一个简单世界,所有人都认肯以能力信息为正义原则的质料,以及就能力项目的局部性排序达成共识,令该排序为(A,B,…),其中A优于B。现在,我们来看看指导处理这些能力项目的分配的原则形式。不过为了避免误解,提及这点也是必要的。以下这些形式尽管都是针对能力的分配而言,但是,因为人类生理构造(比如维持新陈代谢必须一定量的资源)等原因,因此在实践层面必然涉及资源的分配。例如,就能力原则的平等形式而言,为了将某些缺失能力提到给定的相同水平上,其间必然涉及资源的

分配，但是资源的分配形式就不一定是平等的。① 能力原则的其他形式，亦是如此。

一 平等形式

按照平等主义，应当给予那些缺失能力 A 或 B 的人以一定补偿，以便使他们的能力恢复到以前水平，或者恢复到平等主义者所能接受的水平。② 但是平等形式的具体阐述，由于人类的生理构造（比如新陈代谢的需要、舒适生活的需要等），它势必涉及资源承载力的问题。由此，这种形式有三种可能的方式。一是某方面向上同一，即将能力缺失者的处境提高到和健全者的处境一样好的水平。给予那些缺失能力 A 或 B 的人以足够的补偿性资源，以使他们恢复到和其他健全人一样的水平。二是某方面向下同一，将健全者拉低到和能力缺失者一样差的水平上。三是某方面局部同一，即同一地对待某一群体而与另一群体无关。③

问题是，森的平等主张会是以上三种方式中的哪一种？如果忽视"基本的"这一限定作用，那么森的平等主张就是第一种方式。但是这种方式极容易遭受否定。因为这种途径，不仅明显遭遇当前资源承载力

---

① 对此，姚大志给予较为详细的说明。姚大志：《能力平等：第三条道路》，《浙江大学学报》（人文社会科学版）2014 年第 6 期。事实上，森在多部作品中都对此有说明。参见［印度］阿马蒂亚·森《正义的理念》，王磊、李航译，刘民权校译，中国人民大学出版社 2012 年版，第 274—275 页。为了深化理解，此处需提及姚洋主张的"能力指向的平等"是必要的。该平等是"针对能力供应物的平等，即社会给每个人提供相同数量的能力供应物。在这里，能力供应物指的是那些对提高或保护个人能力至关重要的东西，如教育、职业培训、医疗、养老保障、失业保障、贫困救助等"。姚洋：《论能力指向的平等》，载姚洋《中国道路的世界意义》，北京大学出版社 2011 年版，第 244—245 页。据此来看，姚洋的能力指向的平等，至少在两个层面不同于森的能力平等，一是前者指的是能力供应物的平等，后者指的是（基本）能力的平等；二是在分配环节上，前者主张给每个人提供相同数量的供应物，后者主张为让能力缺失者获得相同的基本能力而提供相应的而不一定是相同的资源（食物、教育、医疗等）。

② 暂且不考虑参照系的难题。因为这里不是探讨这个难题的恰当场所。此外，这里也暂且忽视这个难题，即缺失能力 A 或 B 的人，有各种各样的缺失方式，有一些缺失方式可能不能通过获得更多的补偿性资源的方式得以弥补，比如四肢瘫痪者，即便他获得更多的资源以便具有和正常人一种的活动功能，但是由于这样或那样的原因，这个活动功能没有他原先健全时候的同样功能让他满意，这个差异既可能是主观性的，也可能是客观性的。

③ 秦子忠：《如何更好地对待弱势群体？》，《西南大学学报》（社会科学版）2015 年第 5 期。

不足之问题，而且给予能力缺失者以充足的补充性资源，以保证所有人具有同样的能力水平，看起来也是不必要的。①

如果凸显"基本的"限定作用，那么森的平等主张就会避开这种否定。这种避开有两种可能情形。一是严格缩小"基本的"范围，以便比如说只能确保能力 A 在当前资源承载力允许的前提下得以在所有人那里获得同样的满足，至于能力 B 则被排除在外。在这种情形中，向上同一的平等形式依然在某种程度上得以保持，但是在严格意义上它已经失去其内在价值的规范性，因为它允许人们在能力 B 上的不平等。二是直接采用第三种方式，即将有限的补偿性资源无差别地分配给那些能力缺失者，以便将他们的能力提高到某个给定的水平，而不管这个水平是否和健全者的能力水平一样。在这种情形中，平等的内在价值完全丧失。换言之，这种局部同一的平等形式，其价值不在于平等本身就是好的，而在于平等作为一种分配的方式能够促进其他价值（如人类的尊严）。

如果考虑到森的政治目标（如前文所述），那么第二种平等形式（即向下同一），就会被直接排除。因为依据这种平等形式，资源的运用不是去提高能力缺失者的处境，而是促进健全者丧失相应的能力项目以便所有人处在同样的能力缺失的水平上。② 这显然违背贯穿森作品始终的一个主张，即消除导致能力缺失的各种根源以便提高人们享有的生活质量。

以上的分析表明，对于森的"基本的能力的平等"主张，就其形式要求而言，合理的解读应当是严格限定"基本的"的第一种平等形式，或者，只要求局部同一的第三种平等形式。有趣的是，这两种形式在森后期作品《正义的理念》中，不是二选一，而是二者兼容于一个笔者

---

① ［印度］阿马蒂亚·森：《正义的理念》，王磊、李航译，刘民权校译，中国人民大学出版社 2012 年版，第 276 页。
② 对于"向下同一"这种平等形式的缺陷，帕菲特给予详细的论述，并且提出一个非常著名的反驳，即拉平反驳。拉平反驳揭示这样的荒谬性，即如果某类事情发生，A 群体的财物将全部消失以至于他们与 B 群体一样贫困，那么这类事件将不仅不被防止反而被促成，即便在这个事件中没有人受益。Derek Parfit, *Equality or Priority?* The Lindley Lecture, University of Kansas, 1991, pp. 16-17.

稍后论及的更具涵括性的"民主形式"之中。① 不过，我们暂且将这个问题放在一边。我们继续探讨，当"基本的"这一限定作用被强调时，它会产生的其他问题。这个探讨同时表明，处理这些问题会把森的平等主张拖到优先主张、充分主张的方向上去。

一般而言，平等论的推理方式是直接关注处境之间的比较，以及对（与处境好相对而言的）处境差进行相应补偿，即对处境差的补偿是以处境好作为其参照。与此不同，优先论的推理方式，按照帕菲特的经典解释，是直接关注绝对差处境，以及针对绝对差处境给予相应的补偿，其中无关处境之间的比较。据此，当能力清单被进一步区分为"基本的"与"非基本的"时，平等论便滑入优先论的推理方式之中。换言之，就森的"基本的能力的平等"主张而言，当强调"基本的"（或者强调平等的工具价值）时，它便表现出某种优先论的倾向。② 说明如下：

就严格限定"基本的"第一种平等形式而言，尽管它依然保有处境好与处境坏之间的比较，但实际上，它的关注焦点是识别那些缺失的"基本的"能力，或者说，消除导致这些基本能力缺失的根源。这种关注的焦点不是将处境差者的能力水平提升到处境好的能力水平上，而是确保处境差者缺失的被识别为基本的能力项目提高到和其他处境者的基本能力项目一样的水平。就第三种平等形式而言，它直接关注这些能力的缺失并且给予相应的补偿，而无关与其他处境的比较。尽管第三种平等形式严格看来还算不上直接关注处境的绝对差，但是，它的关注焦点在方向上显然是朝向绝对差（而非绝对好）；并且相应的补偿也不是在绝对的好与差意义上做出的，而是在能力缺失对个人优势的严重程度之排序上做出的。为了更清晰地阐释这两种平等形式的差异，我们将前文提及的那个例子作如下拓展，并以此作为说明的事例。

---

① ［印度］阿马蒂亚·森：《正义的理念》，王磊、李航译，刘民权校译，中国人民大学出版社 2012 年版，第 276—294、299—314 页。

② 博格等人也许正是在这个意义认为，不仅资源原则而且能力原则，就其形式而言，既可以是平等主义的，也可以是优先主义的，或充分主义的。Thomas Pogge, "A Critique of the Capabilities Approach", In Harry Brighouse and Ingrid Robeyns (eds.), *Meansuring Justice: Primary Goods and Capabilities*, Cambridge: Cambridge University Press, 2010, pp. 36-37.

令李四的能力集为（A，B，C，D），张三的能力集为（…，B，C，…），其中"…"表示张三缺失的能力项目，并且这些能力项目的优先次序为A>B>C>D。按照第一种平等形式，它的关注焦点在方向上是从A指向D，并且强调张三和李四在A、B、C、D上的平等。当第一种平等形式做如下修正，或者说，按照严格限定"基本的"第一种平等形式，它的关注焦点在方向上是从D指向A，并且强调张三和李四至少在A上的平等。按照第三种平等形式，它的关注焦点在方向上也是从D指向A，但是它不强调或无关于张三和李四的比较，而只是给予张三以补偿性对待，以便张三至少对给定程度的（而非与李四具有等同程度的）A享有可及性，或者说它只强调与张三（而非李四）类似的那些能力缺失者同等地对给定程度的A享有可及性。

由此观之，从严格限定"基本的"第一种平等形式到第三种平等形式，优先论倾向表现得更为明显。因为尽管它们都保持平等形式，但是它们的推理实质上滑向或支持优先主义。为了简化表述，笔者将平等主义的分配理论所涉及的那些方式，简称为平等形式。同理，笔者将以下即将论及的优先主义、充分主义的分配理论所涉及的那些方式，分别简称为优先形式、充分形式。

二 优先形式

假定就缺失能力A或缺失能力B而言，缺失能力B的人的处境已经绝对差，但在程度上缺失能力A的人的处境还稍差于缺失能力B的人。据此，按照优先主义，应当给予缺失能力A的人以直接的补偿性资源。问题是，我们应当如何对待缺失能力A的人群？对这个问题的回答，涉及优先主义的分配理论。

如果我们认为给予处境差者以无差别的对待，那么这种对待没能合理地处理个人的责任问题。假定王五、赵六同样缺失能力A，如果王五缺失能力A是由于自然灾害，而赵六缺失能力A是由于一次本可以避免的冒险活动，那么在其他条件相同下，给予两人以平等的对待，即将两人的处境提升到平等地享有能力A的水平，就是不合理的。因为这种优先主义的平等对待，实质上就是上述第三种平等形式的某种阐释，因此前者所遭遇的问题也适用于后者。[1]

如果我们认为给予处境差者以敏于个人责任的对待，那么这种对待就会较为合理地处理个人责任问题。因为这种（借用阿尼森的术语）"迎合责任的优先主义"（responsibility-catering Prioritarianism），可以通过引入敏于个人责任的次序概念而有差别地处理处境差者的责任问题，即比如说，在最大化处境差者的能力时，首先给予提高那些处境差者的能力以优先性，其次在这些处境差者中间，根据他们先前的行动，给予提高那些对其状况不负有实质性责任的人的能力以优先性。[2] 这种迎合责任的优先主义，其分配方式不是给予最大化（基于能力域而被识别出的）处境差者的能力集以平等分量，而是依据这些处境差者对其状况的负责程度的差异给予他们各自的能力集以不同分量。这种迎合责任的优先形式确实比非迎合责任的优先形式，更合理地处理个人责任问题。

然而，当我们考虑那些由社会压迫关系所引起的能力不平等或者说由社会性因素引起的能力缺失时，优先论的理论缺陷便凸显出来。因为优先论本质上只关注处境绝对差的个人而不关注个人身处其中的社会关系，因而它难以充分地关注和处理由压迫关系所引起的能力不平等。尽

---

[1] 这里需要做些说明。在森看来，当代正义理论都分享平等的价值，区别在于它们所强调的平等方面的不同，比如罗尔斯主义者主张的基本善或资源方面，功利主义者主张的效用方面，森本人主张的能力方面，等等。但森宽泛的论述留下这样的模糊性，即他的基本能力平等主张是在平等的目的价值维度上，还是平等的工具价值维度上做出的。如果它是前者，那么他的主张可能就是前面所采用的第一、二种平等形式，如果是后者，那么他的主张在实质上就可能滑向帕菲特所阐释的（区别于目的论平等的）义务论平等。在这个意义上，森的平等主张，与这里采取对处境差者群体自身进行无差别对待的优先论没有实质性差别。据此而言，优先论是个大家族，在这个家族中，帕菲特阐释的优先论只是其中的一员。有趣的是，帕菲特本人也确实将森的平等观置于其批评之外。他如此说道："尽管这些平等观具有重大意义，但它们不是我的主题。我关注的是那些处境同样好的人们。" Derek Parfit, *Equality or Priority*? The Lindley Lecture, University of Kansas, 1991, p. 3.

[2] 阿尼森在幸福主义而非能力主义框架内，完整地表达这个次序观念。他如此说道：按照这个优先论，"正义要求最大化人类幸福的函数，这个函数给予提高那些处境差者的幸福以优先性，在这些处境差者中间，根据他们先前的行动，对其状况不负有实质性责任的人又享有优先性"。See R. J. Arneson, "Luck Egalitarianism and Prioritarianism", *Ethics*, Vol. 110, No. 2, 2000, p. 340. 事实上，科恩也提出类似的主张，即"我们并不是要在真正选择的存在与缺失之间做出绝对的区分，而是承认选择中的真正性数量是个程度的问题……这个程度是几个东西的函数，并且在一个人的情境中没有任何方面能够完全归于真正的选择……因此……我们需要说的一切只是，从平等主义正义的观点看，他具有的相关信息越多，那么他对现在所有的能够抱怨的理由就越少"。G. A. Cohen, "On the Currency of Egalitarian Justice", *Ethics*, Vol. 99, No. 4, 1989, p. 934.

管优先论可以通过拓展处境差者的范围而将一些明显由压迫关系引起的能力不平等或缺失纳入其关注之中,但是,当它做如此拓展时,支持它的那些理由会将我们引向充分主义。

也许因为意识到这点,就能力原则的形式而言,能力主义者如安德森在发展能力原则的形式方面,采用的不是优先形式,而是充分形式。对于安德森的工作,从森对哈里·法兰克福(Harry Frankfurt)阐释的充分理念的部分认可①和多次正面引用安德森的论述来看,②森本人至少不会拒斥从充分理念来构想能力原则的形式。以下,笔者将探讨一般而言的充分形式,并结合其他能力主义者如安德森的相关理论来探讨能力原则的充分形式。

三 充分形式

充分是相对于某个基准线或门槛而言的。据此,我们可以从两个视角来阐述充分理念,一是如果既定的门槛水平被满足,那么这个满足本身就是充分的;二是如果既定的门槛水平被超过而非仅仅被满足,那么这个超过本身就是充分的。这两个视角通过门槛水平的确定而关联一起,但是它们的关注点并不完全一致:前者只关注事态中的能力信息,而后者同时兼顾事态中的个人责任信息。但是,如何确定门槛的水平并不是一个毫无争议的问题。显然这个问题的复杂性不仅与社会的总物资水平有关,而且与当时社会文化对体面生活的理解或界定有关。不过,暂且将确定门槛水平的问题放在一边(下节会对此加以探讨),而是直接假定只有保障人们有理由珍视的那些能力项目的分配原则,其形式才算是充分形式。令这些能力项目为(A,B)。③

按照第一个视角阐释的充分形式,它会将能力门槛界定为恰好保障能力 A 和 B 上。这样,比如说当一部分人同时缺失能力 B 时,社会保障体系会给予他们以补偿性资源以便恰好将他们能力提高到门槛水平。问题是,第一个视角所阐述的充分形式没能合理地处理事态中的个人责

---

① [印度]阿马蒂亚·森:《正义的理念》,王磊、李航译,刘民权校译,中国人民大学出版社2012年版,第275页。

② 同上书,第246页。

③ Jeremy Moss, *Reassessing Egalitarianism*, New York: Palgrave Macmillan, 2014, pp. 28-29.

任问题。比如，假定缺失能力 B 的人有 10 个，并且每个人维持能力 B 至少需要 5 个单位资源，总资源 58 个单位。按照门槛水平（即相当于每个人 5 个单位资源），会剩余 8 个单位资源，但对于这些资源，谁应当是幸运的获得者？显然，第一个视角阐释的充分形式不合理地处理这一涉及道德因素的问题。

从第二个视角来看，充分形式允许在满足既定门槛水平之后还有一个浮动区间。通过将这个浮动区间设计成敏于个人责任（比如说，将能力门槛按照个人对事态负责的程度而区分三种梯度逐渐上升的门槛，第一种针对的是完全可责备的成员，第二种针对其中部分可责备的成员；第三种针对其中完全不可责备的成员），那么在同样情况下，与第一种视角相比，第二个视角阐释的充分形式能更合理地处理这个问题。①

有趣的是，努斯鲍姆（1992 年）、安德森（1999 年），从不同方向出发构想能力原则，但在原则的形式上两人殊途同归，即都主张充分形式而非其他形式。当然，在细节上，两人对充分形式的理解并不完全相同。在后期作品中，也许为了回应阿尼森等人的批评，努斯鲍姆有从第二个视角阐释充分形式的倾向。这种倾向体现在她对能力清单所做的二阶区分之中。努斯鲍姆（2000 年）从人类功能的内在本质主义出发提出了正义国家应当加以满足的"能力清单"（即所谓的能力门槛）。因为低于第一阶能力清单的人的生活不能算是人类生活，高于第一阶但低于第二阶能力清单的人的生活不是美好生活，因此，国家应当对能力低于第一阶能力清单的人们进行救助使之达到能力门槛之上。不过，对于介于第一、二阶之间的人们，努斯鲍姆言说含糊，大体有让个人承担相应责任之意，即个人应当自行去追求自己想要的美好生活，因而理应对自己不够满意的生活承担相应责任。在她看来，保障由第一阶能力清单所确立的门槛是绝对的，无关于个人是否对其状况负有责任。如果因为各种原因而不能加以保障该门槛，那么这不是不正义的而仅仅是人类的悲剧（比如说，由于资源绝对匮乏以至于不管怎样必然有些人的能力低

---

① 第二个视角阐释的充分形式，笔者在其他文章做了较为详细的论述。秦子忠：《如何更好地对待弱势群体?》，《西南大学学报》（社会科学版）2015 年第 5 期。

于第一阶能力清单所确立的门槛）。①

与努斯鲍姆不同，安德森（1999年）从人过自由生活的条件——平等的社会关系——出发提出了她的民主平等主张。该主张在自由空间而非效用或资源空间中确定每个人有效可及的善，并且从森的能力视角来诠释这些作为自由的善②，以及保障每个人终其一生（而非仅仅某个时刻点）都能够享有对作为社会平等者而言是充分的善（即能力集）的有效可及性（effective access）。③ 换言之，该主张不是确保每个人都具有平等的能力集合，也不是确保每个人都享有对平等的能力集合的有效可及性，而是确保每个人都享有对作为社会平等者而言是充分的能力集合的有效可及性。④ 据此，如博格所注意到的那样，尽管安德森的民主平等主张带有"平等"的身影，但其实质上是充分主义的，或用博格的英文原话说，"Anderson is, despite the somewhat misleading injection of the word of 'equal', a sufficientarian"⑤。

这里，"充分的能力集合"是相对社会平等者身份而言的，其充分之程度是以确保所有人免于陷入压迫关系或处于平等的社会关系之中为界限。因为在安德森看来，如果缺失对这个充分的能力集合之有效可及性，那么缺失者就会生活在或滑入压迫关系之中，从而会遭遇被奴役、被边缘化、被歧视等处境，因此不管个人对其行为是否负有责任，只要他的能力集合低于这个"充分的能力集合"所确立的门槛水平，那么国家就有权利和义务将他救助到门槛之上。与此相应，在该门槛之上的能力不平等，安德森认为，那才是与个人责任相关的问题，或者说，国家对此不做任何承诺或约束。⑥

---

① Martha Nussbaum, "Aristotle, Politics, and Human Capabilities: A Response to Antony, Arneson, Charlesworth, and Mulgan", *Ethics*, Vol. 111, No. 1, 2000, pp. 102-140.

② Elizabeth S. Anderson, "What is the Point of equality?" *Ethics*, Vol. 109, No. 2, 1999, pp. 316-318.

③ Ibid., pp. 314, 318.

④ Ibid., p. 318.

⑤ Thomas Pogge, "A Critique of the Capabilities Approach", In Harry Brighouse and Ingrid Robeyns (eds.), *Meansuring Justice: Primary Goods and Capabilities*, Cambridge: Cambridge University Press, 2010, p. 47.

⑥ Elizabeth S. Anderson, "What is the Point of equality?" *Ethics*, Vol. 109, No. 2, 1999, p. 326.

综上所述，尽管努斯鲍姆和安德森在具体阐述能力原则的形式时有所差异，但是在这两点上两人是一致的，处理能力信息的原则形式是充分主义的；并且只对其能力低于给定门槛水平的个人表示敏感，既不对该门槛水平之上的能力不平等进行任何限制，也不对个人的自主行为进行干预（除非犯罪）。论述至此，笔者已经阐述了能力主义者在构想其能力原则的形式上，可能采取的三种形式，平等形式、优先形式与充分形式。也许是由于论辩缘故，与罗尔斯构想其原则相比，在森等人的作品中，不仅这三种形式面目不够清晰，而且与之相应的作为原则之质料的能力清单也是如此。以上的论述显然是在清晰化层面上梳理这三种形式。下节笔者则集中梳理能力清单。为了论述的清晰性，这种分步论述是必要的。作为本节的结尾，笔者想对其主题再做点补充性说明。

第一种平等形式，是以处境好者享有的能力清单作为参照系，因而基于它的推理不仅要求补偿那些缺失的能力，而且要求所有人在能力方面（区别于资源方面）上具有同样的水平。但是这种推理产生的正义性要求不仅遭遇资源承载力不足的困境，也是不必要的。对此森在评估能力平等的缺陷时给予了相应的说明。森的说明不仅限定了能力平等的适用范围，同时承认作为一元平等观的能力平等的局限性，用森的话说，"对于从单个方面来认识平等的要求（这里指的是能力视角），我深表疑虑，而这只是对一元平等观更广泛的批评的一部分"[①]。

对能力平等的适用范围的限定，有两个维度：一是从原则的形式层面限定平等的适用范围，以便为其他形式的采用留出空间；二是从原则的质料层面限定能力清单的范围，如前文对第一种平等形式所做的修正那样，即强调"基本的"能力清单。在第一个维度上，笔者更愿意将优先形式和充分形式看作在一个涵括性更大的原则下，与平等形式是互补关系而非取代关系。在第二个维度上，笔者以为，这构成了后期森承认能力平等的缺陷的一个根源。因为"无论是经济优势、资源、效用，还是生活质量或能力，哪一个方面都不能代表平等的全部内涵"[②]。也因为就评估社会正义的实现水平而言，以能力尺度为例它不仅相关于社

[①] ［印度］阿马蒂亚·森：《正义的理念》，王磊、李航译，刘民权校译，中国人民大学出版社2012年版，第277—278页。

[②] 同上书，第277页。

会不同个人的能力的平等水平,也相关于社会不同个人的总体能力的提升程度。据此,"能力的平等,或者更现实的是能力不平等的减少,当然值得我们关注,但是社会全体成员的总体能力的提升同样值得关注"[①]。这样,如果允许能力的某种程度不平等的那种原则形式能够提升社会全体成员的总体能力是可以辩护的,那么不仅优先形式而且其充分形式就是可以辩护的。

问题是,平等、优先、充分这三种形式如何融贯起来?因为不论能力原则的形式是何种形式(或混合形式),其都必然以某种能力清单作为其质料。因此,另一个相关的问题是,我们应当如何构想能力原则的质料或能力清单?尽管森没有直接提出这两个问题,但这两个问题不仅内含在其对能力平等的批判性论述中,而且他勾勒的社会选择理论和比较性框架也为解决这个问题提供了启发性思路。依据这个思路,森的核心思想是:不仅能力原则的形式,而且能力原则的质料,都需要在民主论辩过程中得到确立。在这个意义上,笔者将森真正主张的原则称为能力民主原则。这个原则中的"民主"有双重含义,一是作为选择能力原则形式的民主形式,二是作为选择能力原则质料的民主形式。事实上,以上的分析已经部分地表明森在能力原则的形式上的民主倾向,或者说开放性倾向。然而,笔者之所以将森的能力原则称为能力民主原则,还因为笔者被森这段话所说服:

> 鉴于人类价值与社会理性的复杂特点,常常难以用精确的公理来表达上述内容,然而对于清晰性的要求,如果这是可以实现的,又必然具有对话的价值。在公理化的道路上能走多远,很大程度上只能在权衡以下两方面的诉求后才能作出判断:一方面是精确性,另一方面则是需要考虑到难以公理化的一些重要和复杂的问题,以及在多大程度上可以通过更一般的,也可以说是更松散的方式对这些问题进行有益的讨论。在这一互动的过程中,社会选择理论可以

[①] [印度]阿马蒂亚·森:《正义的理念》,王磊、李航译,刘民权校译,中国人民大学出版社2012年版,第278页。

发挥重要的澄清作用。①

事实上，以上的论述已经为森的能力民主原则之合理性的出场准备条件。其合理性不是由于它给出了合理的具体原则，而是因为它给出了可以产生多种合理原则的社会选择框架。民主原则持有这样的主张，以能力为质料的具体原则，应该由民主辩论来产生。接下来的这一节，笔者将着重探讨第二个问题（即我们应当如何构想能力清单），并且部分地涉及森本人对第一个问题（即三种形式如何融贯起来）。本章最后一节，笔者将探讨能力民主原则的一般性不足。第六章，笔者从关系性视角试图对第五章的内容进行整合，并提出一个在笔者看来更具涵括性的关系对称原则。

第二节 能力清单：哪种路径？

在进入本节主题之前，有必要重提前文已经做出的相关区分。笔者区分信息空间在元理论层面的选取与信息空间在原则层面的运用。基于信息空间的选取而产生的效用域、资源域或者能力域等，都具有这样的规范性特征，即在将一些价值信息包括进来的同时，也将另外一些被视为无关的价值信息排除出去。因此，对为何要选取这个而非那个信息空间所进行的说明或争论，依然是元理论层面的。但是，当我们运用某个特定域（比如能力域）所指示的那个信息空间来分析和评价社会正义问题和构造相应的正义原则时，我们所做的说明或争论，便从元理论层面下移到原则层面的应用。在原则层面，笔者区分了原则的形式和原则的质料（这个区分主要是在能力主义框架内做出的）。原则的质料是就识别和评估个人优势而言，原则的形式是就其质料在给定群体中的分配而言。对此，森在回应 Kelly 的批评时，做了较为清晰的论述。森如此说道：

---

① ［印度］阿马蒂亚·森：《正义的理念》，王磊、李航译，刘民权校译，中国人民大学出版社 2012 年版，第 98 页。

Kelly 似乎遗漏这个重要的区分，(1) 适合于一种分配正义理论的恰当信息要素（appropriate informational ingredients）（这是能力和基本善的区分所在）和 (2) 我们基于这信息视角而推荐的特定形式（particular formula）。正如罗尔斯对他的适合于分配的词典式最大化准则的特定使用不同于他对基本善的一般关注（基本善的使用可以与分配这些善的其他准则相结合），能力视角的不同使用者在处理能力的分配时也可以推荐十分不同的优先次序（priorities）。[1]

在上节，笔者已经阐述三种不同的原则形式，并且提出这三个形式如何融贯起来的问题。对这个融贯问题的处理，势必涉及"优先次序"在这些形式中的运用。但本节的主题不是探讨这个问题（这是第六章的主题之一），也不是探讨信息空间的选取问题（第一、二章对此已经做了详细的论述），而是探讨作为原则自身的质料的能力清单问题。与能力域指示的信息空间不同，能力清单指示的是这个空间在正义原则层面的尺度化。因此，在严格意义上，与罗尔斯的基本善处在对称位置上的不是能力域，而是尺度化的能力清单。努斯鲍姆构想能力清单的工作让我们清楚地看到了这一点。在她看来，作为一种竞争性正义理论，能力主义者不能止步于对能力视角的宽泛论述，而是应当模仿罗尔斯，也构建出在清晰性或确定性上与基本善旗鼓相当的能力清单。然而，问题是，我们应当如何构建这样的能力清单？在这个问题上，诚如伯纳德·威廉姆斯[2]、理查德·阿尼森[3]等人所批评那样森留有太多的不确定性。但这是否意味着，我们需要制定出一套固定的能力清单，以供使用呢？笔者很快就探讨这个问题。

此外，稍微提及能力域、能力清单、能力方法这三个术语的辨析问

---

[1] Amartya Sen, "The Place of Capability in theory of Justice", In Harry Brighouse and Ingrid Robeyns (eds.), *Meansuring Justice: Primary Goods and Capabilities*, Cambridge: Cambridge University Press, 2010, p.249.

[2] ［英］伯纳德·威廉姆斯：《生活水平：利益与能力》，载［英］杰弗里·索恩编《生活水平》，沈国华译，机械工业出版社 2014 年版。

[3] Richard Arneson, "Equality and Equal Opportunity for Welfare", *Philosophical Studies*, Vol. 56, No. 1, 1989.

题。能力域指示的是一种正义理论所依赖的信息基础,而能力清单则指示的是能力域在正义原则层面的尺度化,它直接作为原则的质料,就像罗尔斯的基本善直接作为差别原则的质料一样。与前两者不同,能力方法具有较高的概括性。它不仅指称能力域自身,也指称以能力视角来分析各种问题的路径。因而能力方法在运用的范围上都大于能力域和能力清单。也许正因此,在森的支持者或批评者的作品中,能力方法通常被放在与资源方法相对照的位置上,作为森等人的正义理论与罗尔斯等人的正义理论相区别的一个通俗称谓。在本书中(包括之前与之后的论述),笔者都尽量依据语境的差异而加以选用某一术语。

对于"我们应当如何构建这样的能力清单?"这个问题,存在三种回答路径,一是努斯鲍姆(1992年、1993年)的内在本质主义路向,[1] 二是安德森(1999年)的平等社会关系路向,[2] 三是陈晓旭(2010年)的权利依赖关系路向。[3] 这三种路向都以这样或那样的方式批评森的工作,而森本人只对努斯鲍姆的批评有所回应,对后两者缺乏具体的评述。但缺乏评述,不代表森本人完全认同这些批评。在本书中,笔者将考察森是否会认同这三种路向中的任一种;如果森都不认同,那么其理由会是什么呢?

一 努斯鲍姆的能力清单

亚里士多德的文本富含关于人类的功能、能力和美好生活的理论资源,对能力主义者而言,更为珍贵的是亚氏还从人类的功能和能力视角来阐述人类繁荣或美好生活。对这些文本资源的挖掘与呈现,努斯鲍姆的工作可谓令人瞩目。努斯鲍姆就是从亚氏传统出发构想了其著名的能力清单并且规范其中的 10 个能力项目。这些项目包括人的生命完整、交往能力、独立能力、友爱能力,等等。在努斯鲍姆看来,只有具有或者确保这 10 个能力项目的生活才能称为人类的美好生活,否则,要么不是人类的生活,要么不配成为人类的生活。也许基于现实的考虑,也

---

[1] Martha Nussbaum, "Social Justice and Universalism: In Defense of an Aristotelian Account of Human Functioning", *Modern Philology*, Vol. 90, 1993, pp. 46–73.

[2] Elizabeth S. Anderson, " What is the Point of Equality?" *Ethics*, Vol. 109, No. 2, 1999.

[3] Xiaoxu Chen, *Can Sen's and Nussbaum's Capabilities Approach be Justified as an Approach to Social Justice*? PhD. Thesis, Cambridge University, 2010.

许为了回应来自理查德·阿尼森等人的批评，努斯鲍姆将能力清单区分为两个位阶。一阶清单表征的是人类生命的形式（the shape of the human form of life），共有 10 项。二阶清单表征的是基本的人类功能的能力（basic human functional capability），也共有 10 项。[1] 努斯鲍姆在不同论文中都论及这两阶清单，并且在表述上稍微有点出入，以下摘录的引文的翻译主要以 1993 年论文为原本（同时参阅 1992 年的论文），但已经做了相当的概括。这两段引文分别对应一、二阶清单：

1. 必死性（mortality）；2. 人类身体（the human body）；3. 认知能力（cognitive capability）；4. 早期婴儿发展（early infant development）；5. 实践理性（practical reason）；6. 与人为善（affiliation with other human beings）；7. 与其他物种和自然相关性（relatedness to other species and to nature）；8. 幽默和玩耍（humor and play）；9. 独立性（separateness），比如每个人只能感知自己而非他人的快乐与痛苦；10. 强独立性（strong separateness），比如每个人所处的特殊背景和处境（目标、地位、性纽带等）使得他不同于别人（1992，pp. 216-220；1993，S56-S57）。

1. 能够过完整人生的能力；2. 能够保持健康的能力；3. 能够避免不必要痛苦和有快乐的能力；4. 能够使用五种感官以及想象、思考、推理的能力；5. 能够关爱我们自身之外的事物和人的能力；6. 能够形成善观念和进行批判性思考的能力；7. 能够参与共同体活动的能力；8. 能够与动植物、大自然和睦相处的能力；9. 能够笑、玩和从互动中享受的能力；10. 能够过个性的生活，并能在自己的环境和背景中过自己生活的能力（1992，p. 222；1993，S58-S59）。

在笔者看来，一阶清单更侧重在功能性活动（functioning）上加以界定，而二阶清单则在获取功能性活动的能力上加以界定。因此，严格而言，只有二阶清单才可能是与稍后提及安德森等人的能力清单处在对

---

[1] Martha Nussbaum, "Social Justice and Universalism: In Defense of an Aristotelian Account of Human Functioning", *Modern Philology*, Vol. 90, 1993, pp. 46-73.

称位置上。

据此，努斯鲍姆主张，低于第一阶位清单的生活，不算是人类的生活；高于第一阶但低于第二阶清单的生活，算是人类的生活，但不算是美好的人类生活；而只有落在第二阶清单及其之上的生活才是人类的美好生活。这里，有两个问题需要加以追问：一是应当保障第一阶还是第二阶能力清单？二是亚氏的内在本质主义是构想能力清单的唯一路径吗？森只是明确对第二个问题表示异议。但由于这两个问题在努斯鲍姆那里关联在一起，因此笔者先简要讨论第一个问题后再来讨论第二个问题。

在努斯鲍姆给出最初的能力清单的作品中，她显然没有很好地考虑来自两个方面的批评。一是在资源有限条件下，她的能力清单不能被满足；二是如果一视同仁地保障每个人处在相同的能力清单上，即便资源允许，也是没能很好地处理个人责任问题。为了回应这两个批评，努斯鲍姆明确提出保障每个人都处在第一阶能力清单上，因为低于这个清单所确定的门槛的人类生活将滑向非人类生活。努斯鲍姆进而指出，如果因为各种原因而不能保障这点，那么这不是不正义而仅仅是不可避免的悲剧。在此门槛上，所有人都必须通过自己的努力去争取获得或占有由第二阶能力清单所确定的美好生活。努斯鲍姆做出的这个修正，显然比之前版本更好地回应这两个批评。

然而，当努斯鲍姆做出如上的修正时，另一方面的问题也随之出现，即比如如何确定人类生命形式问题。由这个问题而来的系列问题，比如植物人是不是人，受精卵是不是人，相应地，植物人、受精卵的生命活动算不算人类的生活，在当前依然是热度不减的争议性问题。由此观之，在努斯鲍姆那里看似确定的能力清单实质上并非确定。但这并不能算是一个反对努斯鲍姆如此构想其能力清单的有力论据。因为任何理论都会遇到实际操作上的困难，并且为了避免更大的困难而选择忽视某些更小困难所造成的损失，也不是什么令人尴尬之事。真正的困难是，当努斯鲍姆试图着手解决而非搁置这些困难时，她必将面临文化多元主义问题，或者说，她必将会诉诸外在文化而非内在本质主义本身才能解决这些困难。但这会让她放弃或者松动原先对第二个问题的那种坚持（即坚持亚氏的内在本质主义是构想能力清单的唯一合理途径）。笔者以为，森可能是在这个意义上对努斯鲍姆构想能力清单的方法表示异议。森如此说道：

> 我承认这确实是一种消除能力方法的不完备性的系统方法。无疑我不反对任何人沿着这条路线走下去。但我难以接受这是前进的唯一路线的原因，部分在于这样的关注，即这一人性观（对于人类的好生活而言只要唯一的一系列功能性活动）可能被惊人地规定得过于具体了，同时也在于我试图为这种方法所涉及的客观类型的性质与重要性进行论辩。但事实上，我之所以不愿妥协主要是由于这个考虑：能力方法本身的运用并不要求这条路线，能力方法审慎的不完备性允许采取也有某种合理性的其他路线。①

森的这个明确表述以及其他表述，② 也支持将森本人的能力原则称为能力民主原则。依据这个原则的民主形式，安德森从平等社会关系构想能力清单的路径，陈晓旭从权力依赖关系构想能力清单的路径，都能与之兼容。

综上所述，森认可了努斯鲍姆在这方面所做出的贡献，但是他并不认为努斯鲍姆的能力清单是能力主义者前进的唯一路线。③ 在他看来，能力清单不应当被严格规定，如此规定的理由也不应当是单一化的，而是在民主协商环境下被构想、被选出、被修改。事实上，稍后论及的其他能力清单佐证或强化了森对努斯鲍姆的批评的合理性。但是森的这种做法，并没有消除能力清单所具有高度的不确定性。会不会出现这种情况：在某次关于能力清单的民主决议中，能力清单的内容过于稀薄，以至于，依此，生活其中的某些人无法维持基本的生活水平？以下，笔者

---

① ［印度］阿玛蒂亚·森：《能力与福祉》，载［印度］阿玛蒂亚·森、［美］玛莎·努斯鲍姆主编《生活质量》，龚群等译，社会科学文献出版社2008年版，第54页。

② 森在晚近的一篇文章重提他与努斯鲍姆的分歧，他如此说道："她和我在能力方法上的不同是，她认为，一个特定的最低限度所必需的能力清单是可以直接建立在基础理论上，而不是作为参与性公共辩论的结果。" Amartya Sen, "The Place of Capability in theory of Justice", In Harry Brighouse and Ingrid Robeyns (eds.), *Meansuring Justice: Primary Goods and Capabilities*, Cambridge: Cambridge University Press, 2010, p. 248.

③ ［印度］阿玛蒂亚·森：《能力与福祉》，载［印度］阿玛蒂亚·森、［印度］玛莎·努斯鲍姆主编《生活质量》，龚群等译，社会科学文献出版社2008年版，第54页。

将通过考察陈晓旭的能力清单来切入这个问题。基于论述策略上的考察，延迟对安德森的能力清单的考察。

二 陈晓旭的能力清单

陈晓旭[①]在其博士学位论文中对森和努斯鲍姆在能力方法的应用问题上提出了富有启发性的批评，并提出自己的修正性方案，即"脆弱性方法"（vulnerability approach）。该方法一方面批评，努斯鲍姆的能力清单过厚（它包括一些比如友爱动物等这类不必要的能力项），以至于不可能在全球范围获得认可；另一方面批评，森的能力方法过于不确定，以至于它几乎没有为全球范围内的人们提供判断正义问题的公共标准。但是，单纯从陈晓旭所构想的能力清单来看，它是努斯鲍姆的能力清单的某种收缩版本，即它只包括4项能力，即身体完整（physical integrity）、物质生存（physical subsistence）、基本教育（basic education）、基本政治自由（basic political freedoms）。[②]

与努斯鲍姆从亚里士多德的内在本质主义来构想其能力清单不同，陈晓旭是从权力依赖关系（power-dependence relation）来构想其能力清单（或其脆弱性方法）。陈晓旭自称她对能力方法进行这样的内部性批评，原因之一是想去回应博格对森的能力方法所进行的两个批评：一是森的能力方法不能给社会正义提供一个公共标准；二是森的能力方法没有对由不正义制度引起的脆弱性和由其他方面（例如自然基因）引起的脆弱性进行区分，因而不能恰当地处理制度层面导致的脆弱性。[③]然而，问题是，博格的两个批评都对能力方法构成威胁吗？

在笔者看来，博格的第一个批评并没有对森的能力方法构成真正的威胁。主要理由有二：一是在理性多元事实前提下，人们有可能从不同

[①] 陈晓旭在剑桥大学取得博士学位，师从昂诺拉·奥尼尔（Onora O'Neill）。其硕、博学位论文都研究森的能力理论。这里，笔者要感谢陈晓旭博士。因为这部分内容的相关问题，笔者曾请教她，并在与她多次的邮件交流中受益匪浅。

[②] Xiaoxu Chen, *Can Sen's and Nussbaum's Capabilities Approach be Justified as an Approach to Social Justice?* PhD. Thesis, Cambridge University, 2010, p. 118.

[③] Xiaoxu Chen, *Can Sen's and Nussbaum's Capabilities Approach be Justified as an Approach to Social Justice?* PhD. Thesis, Cambridge University, 2010, pp. 166–167. 这两个批评被集中表述于博格的这篇论文之中，即 Thomas Pogge, "Can the Capabilities Approach Be Justified?" *Philosophical*, Vol. 30, No. 2, 2002.

的角度出发而在某个事态上指向同一判断,即所谓的"殊途同归"。这种殊途同归现象,并不要求人们事先在公共标准上达成共识(对此在第四章叙述"森与罗尔斯之争"已经做了较为详细的相关论述,尽管并非直接针对博格)。二是森只要求人们在确定和消除明显不正义(而非绝对正义)上尽可能达成更大范围(而非全体)的共识,并允许人们从不同进路指向或支持这个共识。

博格的第二个批评是说服力的,但是可以通过修正森的能力方法所吸纳。比如陈晓旭自己的脆弱性方法就是这样一个很有吸引力的修正版本。笔者对这个版本持保留意见的原因之一是它被博格的第一批评引向了康德主义道路。事实上,还有其他道路可选。比如以下提及的由安德森阐发的路径,就可以很好地解决博格的第二个批评。

三 安德森的能力清单

安德森从人过自由生活的条件——平等的社会关系——出发来构想广泛而非完备的能力清单(或用安德森的术语,能力集合)。尽管安德森没有对其能力清单进行清晰化说明,但却给出了相应的限制条件。这个限制条件有两个条款:一是就保障社会平等者身份或地位而言是充分的"广泛的"能力清单,二是就保障这样的社会平等者身份或地位而言,这个清单是非完备的。这个非完备,可以做两个方面的阐释:一是在能力项目的定量上,它不要求其能力清单包含所有的能力项目;二是在能力项目的定性上,它不要求像努斯鲍姆那样对能力清单进行完备性的说明。据此,如果保障社会平等者身份或地位所需要的能力项目上超过了由努斯鲍姆阐释的 10 个能力项,那么安德森的能力清单就厚于努斯鲍姆的清单;反之亦然。[1] 不过,从安德森对歧视性关系的重视来看,她的能力清单可能厚于努斯鲍姆的能力清单。比如,如果一个人虽然具备努斯鲍姆意义的 10 个能力项,但是其长相极其丑陋以至于被其他人所疏离或歧视,那么保持外表美丽的能力就会被纳入安德森的能力

---

[1] 有趣的是,在这个问题上,博格认为,安德森的能力清单比努斯鲍姆的能力清单更为狭窄。Thomas Pogge, "A Critique of the Capabilities Approach", In Harry Brighouse and Ingrid Robeyns (eds.), *Measuring Justice: Primary Goods and Capabilities*, Cambridge: Cambridge University Press, 2010, p. 47.

清单中，以便为类似的丑人提供相应的补偿，以便他们可以支付外形整容费用。

此外，需提及的是安德森的民主平等主张。与民主平等主张相结合的既可以是资源清单（比如罗尔斯的基本善），也可以是能力清单，抑或其他清单。但是，在安德森看来，民主平等主张与能力清单相结合具有如下这样的优越性。

> 能力测量（capability measures）敏于结构性的和社会心理的不正义［例如，实际的种族隔离，污名（stigma），回避（shunning）和其他不正义的非正式的社会规范］。这些不正义干预个人作为平等者所必需的功能性活动。然而，这些不正义却既非由资源的分配所构成（constituted），也非资源的分配所能纠正（remedied）。①

这个优越性，在一定程度上，很好地回应了博格的第二个批评。因为那些带有歧视甚至压迫关系的非正式社会规范，完全可以与程序上公正的社会规范并存。在这个意义上，即在处理这些不正义的非正式社会规范上，与资源主义的正义原则相比，能力主义的正义原则更具有优越性。比如如果保障每个人都享有对作为社会平等者而言充分能力的有效可及性，那么这个保障会同时消除或改变那些压迫性的非正式社会规范社会，或者由压迫性制度所造成的个体的脆弱性；反过来，一个存在各种不平等或者支配性关系的社会不可能实现每个人都享有这样的有效可及性。不过，需要注意的是，当安德森如此阐释民主平等主张时，民主平等好像不是一个程序上的已经存在的东西，而是一个有待争取的东西。就此而言，她阐释的原则不是完整的原则，而仅是其中的一部分。

综上所述，努斯鲍姆从内在本质主义出发阐释了保障人类生命形式的一阶能力清单，该阶清单所列举的 10 个能力项规定了人之所是（因为比如没有必死性，可能是神，但一定不是人；比如没有实践理

---

① Elizabeth Anderson, "Justifying the Capabilities Approach to Justice", In Harry Brighouse and Ingrid Robeyns (eds.), *Meansuring Justice: Primary Goods and Capabilities*, Cambridge: Cambridge University Press, 2010, p. 88.

性，可能是动物或精神病者，但一定不是通常意义上的正常人），并结合外在于人的环境条件阐释了二阶能力清单，该阶清单是人类维持和保障对美好生活的有效可及性所必需的 10 个基本的能力项。与努斯鲍姆不同，陈晓旭和安德森直接从关系性视角来构想她们各自的能力清单。陈晓旭从权力依赖关系出发阐释了 4 个能力项。陈晓旭认为，在考虑能力清单在全球范围能被普遍认可的公共性约束下，就保障人们免于权力依赖关系而言，她的 4 个能力项是恰当的（相较而言，森的能力清单过于不确定，而努斯鲍姆的能力清单过厚）。安德森从平等的社会关系出发阐释了广泛而非完备的能力清单。安德森没有告诉我们她的能力清单包含多个能力项，但是她给出了对"广泛而非完备的"限制，即它（能力集合）对确保平等的社会关系是充分的，或者说对每个人作为社会平等者而言是充分的。在构想能力清单的路径上，陈晓旭强调免于权力依赖关系，安德森强调获取或保障平等关系，但都共享关系性视角。据此，她们不仅在路径上也在能力清单的薄厚上都区别于努斯鲍姆，即以努斯鲍姆的能力清单为参照，如果说安德森从其膨胀方向构想其能力清单，那么陈晓旭则是从其收缩方向构想其能力清单。

四 森的主张

森会同意哪个能力清单版本呢？森也许不认为这是个恰当的问题。因为这种多种能力清单竞争的情形，用森的话说，就是能力方法在看待社会正义问题上允许不完备性的意义所在。如果我们承认理性多元事实，或者说承认世界各国在文化、经济、政治、社会、生态等方面都存在差异性，人们在思维、身体和目标等方面也存在差异性，那么企图制定出一个适用于全球的固定的能力清单，若不是无视或压制这些差异性，就是内容过于稀薄以至于它对任何国家都没有任何实质性效果。因此，在看待社会正义上，我们不应当事先给定一个固定的能力清单，而是将确定这类能力清单的决定权交给各个国家或地区的民主协调程序。问题是，在某次民主协商过程中，一个过薄的能力清单会不会被通过，以至于它无法保证人们最低限度的生活水平呢？这个问题可以转换这样的问题，即在能力清单问题上，森的主张所允许的不确定性自身或不确定性程度是否站得住脚？

为了便于审查这个问题，区分两种观念是必要的。一是"不确定性本身是坏的"，二是"过度不确定性是坏的"。如果坚持"不确性本身是坏的"，那么不仅森的主张而且几乎与民主理念相关的所有主张都是坏的。基于主题原因，笔者搁置"不确性本身是坏的"之相关讨论。与"不确定性本身是坏的"不同，"过度不确性是坏的"所意味着的是，不确定性是否是坏的，仅仅取决于不确定性的程度大小。以下，笔者将考察陈晓旭基于"过度不确性是坏的"而提出的一个批评。这个批评在陈晓旭博士给笔者的回复性邮件中得到非常明确且集中的表述。其相关的部分原文如下：

> 方法论的不确定性是优点还是缺点的问题。这个我在那篇中文论文中处理得比较集中，大体批评是说不确定可以，但是过度不确定就不行了。然后指出他的实质自由概念是过度不确定的，以至于都缺少了必要的区别力。什么意思呢，自由与正义、自由与平等肯定是不同的，不管怎么将自由的概念给宽泛化，也得是能反应自由之内核的概念。如果这个批评成立的话，森的不确定性是缺点。[①]

陈晓旭博士的这个批评，可以概括这样的问题，即就看待社会正义而言，能力方法的不确定性在什么范围内不是优点？

在陈晓旭的博士学位论文的第六章第三节，她展开了对能力方法的四个批评：一是它没有提供区分必要和非必要的能力的指导，二是它没有提供处理能力之间冲突的指导，三是它的自由概念过于不确定，四是它没有为义务的分配提供指导。这四个批评相对完整地概括了英美学者

---

① 这段话，摘自2015年4月29日的邮件，笔者以为该段话中的"反应"一词是笔误，正确的词语应是"反映"。阅读陈晓旭博士的论文并与她的邮件交流中，笔者的许多观点不仅得到启发也得到修正。这段话中的"那篇中文论文"，应是这篇论文——《阿玛蒂亚·森的正义观：一个批判性考察》（《政治与社会科学评论》，2013年9月，转自http://www.doc88.com/p-4941067564446.html）。这篇论文的核心思想在其博士学位论文中得到了更为翔实的说明，前者可以视为后者的缩略版。因此以下，笔者依然以其博士学位论文的内容为讨论的文本依据。

对能力方法的批评[①]并将它们整合到罗尔斯式的分析路径之中,从而使它们也均带有陈晓旭风格。换言之,尽管这四个批评具有相对独立性,但是它们有一个共同的指向点,即能力方法没有提供一套可起到指导作用的评判社会正义的公共标准,而缺乏这样的公共标准是该方法具有不确定性特征的一个重要(如果不是核心的话)原因。

笔者将表明,森也会认可这个维度上的不确定性,但森也许会很快地补充一句,在已有的以及正在形成的宪政民主社会中,这方面的不确定性,实质上给予宪政民主社会中的具有不同信念的人们的自主性以充分的活动空间。简言之,对于这方面的不确定性问题,社会选择理论所荐举的民主原则,会加以解决。但是在此之前,重申森的这个区分是极其关键的。

森在《正义的理念》区分能力方法的两个方面,即它指向的信息空间,与这个信息空间的被运用(在与比如平等、优先、充分等其他价值相关联下)。[②] 这个区分对应于上文已详细论述的区分,即(作为信息基础的)能力域自身与(产生相应原则的)能力域的运用。在该方法论的信息基础层面,我认为它还是相对确定的,因为它所指向的信息空间,明显区别于资源信息空间,也区别于效用信息空间。当然,由于能力的双重特性(即作为状态的能力,能力主体可以运用它也可以不运用它;作为能动性的能力,能力主体使用它来达到某种目的或更进一步的成就),因此它依然具有一定的不确定性,但是这个不确定主要不是由于方法本身的模糊性所致,而是由于客观现实的复杂性所致。因此,在这个意义上,森的能力方法在信息基础层面上保持一定程度的弹性或者不确定性,至少不是个缺点,如果算不上是优点的话。

在笔者看来,陈晓旭似乎没有注意到这个区分,因而不仅以上所提及的经由她整合的四个批评,而且她自己提出的批评,因为混淆这个区分而缺乏说服力。能力方法只涉及正义理论的信息基础,它自身不能对

[①] 分别做出这四个批评的主要批评者,粗略而言,分别是威廉姆斯、阿尼森、科恩、博格等人,当然这些主要批评者有的同时做出了不止一个批评。从陈晓旭的征引文献来看,她确实援引这些人物的精彩论断来支持自己的主张。

[②] [印度] 阿马蒂亚·森:《正义的理念》,王磊、李航译,刘民权校译,中国人民大学出版社 2012 年版,第 215 页。

能力进行排序，也不能处理冲突的能力，更不能指导义务或能力的分配，除非它与其他价值比如平等、优先等相关联。但是，当能力方法与其他价值相结合时，它不是能力方法自身而是能力方法的运用。说明如下：

陈晓旭认为森的能力方法具有不确定性的理由大致有两个：一是森的自由概念（以能力集合为其实质）几乎涵盖人们方方面面的改进，因而过于宽泛；二是它缺乏一个权衡自由价值的标准，或者用其英文原话说，these two problems with Sen's conception of freedom (viz., over breadth and lack of a criterion for weighing) leave it largely indeterminate。①

如果这两个理由所针对的是能力方法在信息基础层面上的过度不确定性，那么这两个理由所展示的批评即便不是攻击稻草人，也是缺乏说服力的。在《能力与良态》一文中，森如此自问自答道："为什么我们应当从功能性活动转移到能力来拓展我们的关注点呢？"② 因为如果"自由对于一个人的良态成就（well-being achievement）具有内在重要性"③，那么从功能性活动视角拓展到能力视角以便能够度量自由就是一个可以辩护的拓展。设想有两个人，A 和 B。A 有理由珍视的能力的集合记为 $C_a(a_1, a_2, \cdots a_n)$，B 有理由珍视的能力的集合记为 $C_b(b_1, b_2, \cdots b_m)$。这样，当 n>m 时，并且，$a_1 = b_1$，$a_2 = b_2$，$\cdots a_{n-1} = b_m$，那么我们就能够合理做出这个判断，即 A 比 B 具有更多的自由去实现自己的人生。在这里，个人"有理由珍视"，并不必然要求一个客观的给自由价值进行排序的标准，实际上，个人"有理由珍视"指向了一个多元的标准体系。但是，这个排序的标准的多样性，并不意味着不存在局部性重叠的排序。就此而言，与资源方法或效用方法相比，能力方法具有这样的宽信息特征至少在评价个人优势上不是缺陷。

如果这两个理由所针对的是能力方法在应用层面上的过度不确定性，那么这两个理由所展示的批评指向的就是本节主题，即作为原则的质料，森的能力清单过于模糊或者说过于不确定，因此我们无法获得一个

---

① Xiaoxu Chen, *Can Sen's and Nussbaum's Capabilities Approach be Justified as an Approach to Social Justice*? PhD. Thesis, Cambridge University, 2010, p. 160.
② Amartya Sen, "Capability and Well-being", In Amartya Sen and Martha Nussbaum (ed.), *The Quality of Live*, Oxford: Clarendon press, 1993, p. 38.
③ Ibid., p. 39.

可供度量自由价值的公共性标准。从陈晓旭的文本来看，这应更吻合其对森批评的本意。果真如此，那么她也忽视了森在《正义的理念》中关于基本人权的论述。而建立在这种忽视上的批评对森本人而言并不公平。

通过对森的文本的分析，尤其对《正义的理念》的分析，笔者认为，森可能不会接受以上产生于三种进路之一的某个能力清单作为其原则的质料。森不接受的理由是，如前文所述，即在能力清单问题上，他的主张将之交给民主协商来加以确定。因为在民主协商的环境中，多种能力清单的竞争不仅可以避免思想的僵化，也可以避免制度僵化所衍生的各种问题。这也许是直到《正义的理念》这部总结性作品中，森依然没有给出他的具体的能力清单的主要原因。不过，毋庸置疑，森还是提倡某种人权理论，或者用其话说，"由于公共审思是本书所采用的方法的核心，这也就是人权主题与本书的议题产生紧密关联之处"[①]。就此而言，在确立能力清单问题上，森的主张所允许的不确定性是有一定限度的，即以人权要求为其下限而以资源承载力为其上限。但是需要强调的是，人权要求和资源承载力，都不是从能力方法本身推导出来的，它们作为其他方面的合理考虑，相容于并且制约着能力方法在应用层面的限度（主要指作为原则质料的能力清单的限度）。笔者认可这个限度，或者说它所允许的不确定程度，在笔者看来，至少不是缺点。但从更优的角度来看，笔者并不满足于这一点——森所界定的这个限度就是对能力原则在质料层面的恰当说明。笔者的理由如下：

假定世界只有两个国家，但是两个国家的经济发展水平，一个极其发达，一个极其贫困，相应地，发达国家的人权概念所保障的生活水平远高于贫穷国家；不仅如此，贫困国家人权概念所保障的生活水平是在任何人看来都是不体面的。这样，存在以下两种可能：一是各国按照自己的人权标准保障其国民的体面生活，但是贫困国家无法保障其国民的体面生活。二是考虑在富国的帮助下，或者以富国的人权标准来资助贫困国家的人们，保障他们与富国人们一样的体面生活；或者富国按照自己的人权标准保障其国民的体面生活，但是按照相对低的却按照贫困国

[①] ［印度］阿马蒂亚·森：《正义的理念》，王磊、李航译，刘民权校译，中国人民大学出版社2012年版，第336页。

家文化来看已经足够体面的标准资助该国保障其国民的体面生活。按照森自己的阐释，能力民主原则所允许的不确定性程度，它既可以是第一种可能，也可以是第二种可能；因为能力民主原则在实践中既可以以能力优先原则的样式出现，也可以以能力充分原则或能力平等原则的样式出现。按照笔者即将做出的阐释，能力民主原则所允许的不确定性程度，它只能是在第二种可能所界定的范围内滑动。因为在笔者的阐释中，能力仅是关系中的元素之一，即它与资源、效用等元素之关系将得到同等重视，因此具有优先论倾向的能力优先原则在理论上将不被推荐。据此，在确定能力清单问题上，笔者所允许的不确定性范围比森所允许的范围要小。

综上所述，与对待能力原则的形式一样，森在对待能力原则的质料上，也持有一种开放包容的立场。事实上，以上阐释的原则形式和能力清单在某个维度上具有合理性，因此如同森所阐述的三个小孩争夺长笛故事一样，让我们直接选取某个原则形式和某个能力清单（或者它们的混合）作为正义的原则，都不是一件容易的事情。以上的文本分析表明，森自觉地防止自己在原则的形式和质料方面滑向某种可称为独断论的倾向，或者说，森倾向于将这两方面上的最终决定权交给基于充分论辩的协商民主制度。如前文所言，笔者以为森的正义理论的这种特征（区别于罗尔斯的正义理论的主要根据之一），不仅根源于对理性多元事实的承认，也根源于对民主价值的实践维度（或者说更一般地说，理论要为实践预留余地）的重视。笔者基本上认同这个论断（即理论为实践预留余地是合理的），笔者所不认同的是，无论如何，这个余地都不能使得理论自身成为一种正确的但却宽泛的说教。就此而言，森的正义理论在避免成为宽泛说教上所做的工作并不充分，或者说，他的正义理论至少在正义原则层面缺乏清晰可辨的轮廓。

笔者不否认，以上展示的工作就是力图依据森的文本来发展森的正义原则，并将之（即笔者阐释出来的那个原则）称为能力民主原则。当然，能力民主原则仅仅是一种阐释，它是否违背森的意愿，则不是本书的主题（这应是评论者的任务）。但必须承认的是，至此，笔者依然只是在一般意义上来阐释森的能力民主原则，并将之看作一种基于公共理性的社会选择框架，在其中，以能力清单为质料的合理原则，都有可能被选择作为消除社会不正义或者规约社会正义的正当原则。但是，能力民主原则的内涵是什么，或应当是什么，是个有待清晰化的问题，或者说，作为其可能性内涵的能力平等原则、能力优先原则、能力充分原则抑或其他合理原则，尚未得到清晰化的规定（至少与罗尔斯的得到公理化表述的两个正义原则相比，是如此）。

然而，如果我们接受罗尔斯的这个区分，即由其两个正义原则所分别规定的政治领域和经济社会领域，那么能力民主原则的适用范围至多相当于罗尔斯的第二个正义原则。换言之，森的正义理论在正义原则层面是不完整的，除非他承认罗尔斯的第一个正义原则是其理论的另一正义原则。因为能力民主原则中的"民主"，它仅仅是基于公共理性的社会选择，而非保障程序性平等的权利体系。[①] 就森是否承认罗尔斯的第一个正义原则而言，笔者在前文第三章已经给予了相应的说明，即罗尔斯的第一个正义原则所传达的程序性平等是自启蒙运动以来的人类进步，没有理由认为森会拒斥这个进步。事实上，森本人对此也有明确的论述，即"平等不仅是18世纪欧洲和北美革命运动最重要的诉求之一，而且其重要意义自启蒙运动之后也获得了全世界的一致认同"[②]。问题是，就森的正义理论而言，它的程序性平等原则与能力民主原则如何融贯起来？对于那些其非正式社会规范依然存在歧视甚至压迫关系的社会（包括民主或非民主社会），这个问题的探讨将具有非凡的意义。

最后需提及的是，致使笔者试图拓展森的正义理论的一个动因是，以能力域为正义的信息基础依然狭窄，或者说，在笔者看来，以社会关系域为正义的信息基础才能合理地消除森后期表现出的种种疑虑，比如森的这一疑虑，即"无论是经济优势、资源、效用，还是生活质量或能力，哪一个方面都不能代表平等的全部内涵"[③]。与此相关的另一个动因是，由同一性规定的平等形式只是平等的一种形式，它或许是最重要的一种，但是我们不应当忽视平等的另一种形式，即由对称规定的平等形式。在笔者看来，平等的对称性形式有着深厚的学理传统，它与适

[①] ［印度］阿马蒂亚·森：《正义的理念》，王磊、李航译，刘民权校译，中国人民大学出版社2012年版，第300—304页。

[②] 同上书，第272页。

[③] 同上书，第277页。

度、应得等理念亲缘（如亚里士多德的文本所阐释的那样），即都关注元素之间的关系或者关系中的元素，而非元素本身（对此的详细论述将出现在第六章）。以下，笔者将探讨能力民主原则的正当性。

第三节 能力民主原则如何是正当的？

在《正义的理念》中，森在评述哈贝马斯和罗尔斯关于公共理性的本质和结果的争论之后声明，自己的如下主张并不受两者之间差别的影响。

> 我在这里要阐述的主要观点不受这些差别的影响。更重要的是，所有这些新贡献有助于形成这样一种普遍认识，即对于民主更广泛理解的核心问题是政治参与、对话和公众互动。公共理性在民主实践中的关键作用将民主的所有主题与本书的核心主题，即正义，紧紧联系起来。如果只有通过公共理性才能评价正义的要求，并且如果公共理性在其建构上就与民主理念相联系，那么正义和民主之间就都具有协商的特征，从而存在密切的联系。①

在摘引的这一大段话中，森实际上已经为证明其能力民主原则的正当性埋下很好的伏笔。在森看来，哈贝马斯的基于协商而阐释的公共理性过于广泛，而罗尔斯的基于重叠共识而阐释的公共理性过于严格。②与此不同，森提倡的作为中立旁观者的公共理性，既有协商特征，也有重叠共识特征。如此，基于森提倡的公共理性，共识将是从现实的协商辩论行为中产生，但共识并非一定要求全体达成共识，它允许不完备的社会选择。问题是，这种不完备的社会选择如何能够支撑能力民主原则向正义原则的过渡呢？对此，森的论证富有启迪性，但就论证本身是不够充分的。

---

① ［印度］阿马蒂亚·森：《正义的理念》，王磊、李航译，刘民权校译，中国人民大学出版社2012年版，第304页。
② 罗尔斯与哈贝马斯在公共理性上的分歧，罗尔斯本人也进行了评述。参见［美］罗尔斯《政治自由主义》，万俊人译，译林出版社2011年版，第九讲"答哈贝马斯"。

就其启迪而言，在其论证过程中，森以中立旁观者来阐释公共理性，以公共理性来阐释民主，以民主来阐释正义。据此，中立旁观者、公共理性、民主与正义这几个理念之间建立了紧密的并且相互支持的联系。这个联系，将社会正义从抽象的思辨场域拖向具体的实践场域。就其不充分而言，这个联系在森那里仅仅是概述式的，并且在其中起着基础性作用的中立旁观者可能遭遇的问题，森也缺乏具体的评估。以下，笔者将结合能力民主原则的正当性问题来考察森的相关论证，并揭示其不充分的几个原因。

一 森的辩护及其不充分

当我们说 A 得到辩护时，我们可能说的是：（1）A 得到我们所有人的一致同意，或者（2）A 自身产生足以支持它存在的效果，而这与我们是否一致同意 A 的存在无关。尽管在现实社会中，（1）和（2）常常关联一起，但对它们加以区分是必要的。[①] 为了简化表述，笔者将基于（1）而进行的辩护称为正当性论证，基于（2）而进行的辩护称为证成性论证。以下，笔者将侧重考察森对能力民主原则的正当性论证。但在此之前，笔者将扼要叙述森对其能力民主原则的证成性论证。事实上，前文的论述已经部分地展开这种论证，即与其他原则相比，能力民主原则更有效地消除紧迫的不正义。具体而言，资源原则也许在刻画绝对正义原则上具有优越性，但是就指导消除紧迫的不正义而言，它并不优越于能力原则；与其他能力原则相比，能力民主原则更有效地避免文化多元障碍因而能够消除更大范围内的不正义。

依据前文的论述，能力民主原则至少有三个备选项，即能力平等原则、能力优先原则和能力充分原则。这三个原则在理论上都具有相对的优势或不足，因而都在某个维度上具有合理性，或者说任一个原则都没有绝对优势，以至于在理论上就能得到所有人的一致同意，从而具有正当性。这样，原则的正当性，便有待于人们结合自身的现实环境以及公共性推理的运用来加以确认。比如说，假定世界只有三个国家，A、B、

[①] 显然，这个区分是粗陋的，关于它的精细论述，请参见周濂《现代政治的正当性基础》，生活·读书·新知三联书店 2008 年版。笔者意识这个区分的重要性，得益于周濂老师的提醒以及与他的交流。

C，因为人们生活环境存在国别性的差异，因此即便所有国家的人们都运用同样的推理方式，即选择那种与其生活环境相适合的能够产生最大化利益或最小化损失的原则，最终的结果可能是某个国家选择能力平等原则，而另一个国家选择能力优先原则，第三个国家选择能力充分原则。在这个过程中，如果依据一致同意来界定原则的正当性，那么就所有国家的人们而言，任何一个原则都不具有正当性，除非我们将表达一致同意的主体范围严格限制在某个国家或更小区域之内。

这个例子很好地表明外在环境的差异性在原则的正当性论证中的关键作用，但是该例子依然没有很好考虑到公共理性的差异。从森的论述来看，外在环境的差异与公共理性的差异尽管密切相关，但是两者并不相同。在现实社会中，人们的推理方式是复杂的或者混合式的。这样，当我们同时引入外在环境的差异和公共理性的差异，那么欲图在备选原则菜单中一致同意地选择出某组或某个原则的期望，将是难以实现的。

从森对公共理性或民主的解释来看，森一方面期望在全球范围内推进正义，另一方面期望他所推荐的正义理论能够获得更多人们的支持。① 但是以上的分析表明，这两个欲求，在理性多元事实下，将难以同时实现，除非森也重释一致同意的内涵。以下，笔者将阐明森为其正义理论（主要是正义原则）的辩护所遭受的困难。而这类困难与森没有放弃严格意义的一致同意相关。

早在1971年出版的《集体选择与社会福利》中，森对一致同意进行了非常翔实的论述。在该书中，森以为，就集体选择的实践意义而言，寻求在完备排序上的一致同意可能是不必要的。这不仅因为信息缺乏或不够充分而导致完备排序难以达到，也因为在一些重要的或急迫的问题上，我们并不需要等到制定完备排序后才能有效地解决问题，事实上人们只需要在部分完备排序上达成共识就能在解决重要的或急迫的问题上产生非常可观的效果。但稍加注意，我们会发现森事实上并没有放弃对一致同意的追求，而仅仅是强调非完备排序的重要意义，并将一致同意落实在人们在部分排序所产生的交叠序上。这里借助符号式说明可能是有益的。

---

① ［印度］阿马蒂亚·森：《正义的理念》，王磊、李航译，刘民权校译，中国人民大学出版社2012年版，第四部分"公共理性与民主"。

令能力平等原则为 a，能力优先原则为 b，能力充分原则为 c，这样，备选原则菜单记为 {a，b，c}。假定对于张三，他对 a 的偏好强于 b，记为 a>b，而对 b 的偏好无差别于 c，记为 b=c，这样，张三给出的排序是 {a>b，b=c}，其最终选择的是 a。同样，对于李四，他给出的排序是 {c=a，a>b}，其最终选择的是 a 或者 c。对于王五，她给出的排序是 {a>c，a>b，c≤b}，其最终的选择是 a。

以上的分析表明，三人对 {a，b，c} 的排序并不相同。因此如果我们追求 a、b、c 在排序上的完备性，那么三个人不可能达成一致同意。但是如果我们放弃排序的完备性，转而寻求局部完备排序，那么他们就可以在选择 a 上达成一致同意。对他们三人而言，a 就是所谓的交叠序，即都认为 a 无差别于或强于 c、b。

当然，这仅仅是个简陋的例子。[①] 但这个例子却清晰地让我们看到，当交叠序引入时，正义原则的正当性，依然可以诉诸严格意义上的一致同意来加以确认。由此观之，森与罗尔斯的真正差别，并不在于是否诉诸一致同意，而是在于前者强调排序的非完备性。这样，罗尔斯等人只要强调他们所说的完备排序不是全体意义的而是局部意义的，即仅仅是交叠序的同义表达，那么在正义理论上，他们与森的差异并没有我们想象得那么大。因此，如果罗尔斯阵营经过这样的调整，那么他们与森的差异，可能仅仅在于森强调在正义理论中给予不可排序性的价值以空间，而罗尔斯等人则强调排序的完备性，并在正义理论中将排序的完备性进行原则化。不过，暂且将两方的差异放在一边。接下来，笔者将考察，就能力民主原则的正当性而言，森从交叠序来阐释一致同意在分析上能否获得成功。

二 强弱同意的区分

很显然，笔者不否认引入交叠序的做法所具有的积极意义。笔者所不满的是，这样做法在正义理论或者同意理论上可能显得过于保守。事实上，当我们将视线从关于原则菜单的排序转向关于选择主体的范围时，这种通过交叠序而达成的一致同意，依然面临着选择主体的范围的

[①] 更专业的论述，参见 [印度] 阿马蒂亚·森《集体选择与社会福利》，胡的的、胡毓达译，上海科学技术出版社 2004 年版。

限制。可以设想,如果选择主体不是三个人而是全世界范围的人们时,以上所获得的交叠序可能仅仅是众多个类似的交叠序之一,即它丝毫不具有大范围内的一致同意的意义。森注意到这点,尤其在他批评罗尔斯的契约论所具有的封闭性时,表现得更为明显(参见前文的论述)。①但是,在笔者看来,除非森同时放弃严格意义的一致同意,否则,他的正义理论难以在全球范围获得广泛的支持。这里,区分一致同意的两种形式是必要的。借助这个区分,以上所谓的"严格意义的一致同意",即是与下文即将提及的与弱同意相对的强同意。为了简化表述,笔者以事例性说明来切入这个区分。

看以下例子。假定选择主体有效边界为 10 个人,备选原则菜单为 {A, B, C},这 10 个人要在这个菜单中选出作为处理他们利益关系网络中事物的原则。当 10 个人都完全同意任一个(组)原则,那么这个同意,即是强同意。当对于任一个(组)原则,10 个人并非完全同意(即有一部分人不同意),那么这个同意,即是部分同意。依据强弱同意的区分,相对于强同意而言,这个部分同意允许少数人的合理主张被淹没于多数人的主张之中,而相对于弱同意而言,则情况并非总是如此。假定备选原则中三个原则的关系属性是部分构成性兼容,即比如尽管作为单个原则的 A 和 B 互相对立,但是 A、C 或者 B、C 却是非相互对立。② 因此如果 10 个人中的 6 人同意选择 A、C,而另外 4 个人恰好同意选择 B、C,那

---

① 事实上,对非完备排序的强调是森的一贯主张。例如在评估尺度时,森也说过类似的话,即"在评估能力和基本善的比较优势(comparative)时,我以为,核心问题是基于公共推理而被广泛同意所达成的排序的正确性(correctness),而不是所产生的排序是否必然是一个完备次序(complete ordering)的形式(form)"。Amartya Sen, "The Place of Capability in theory of Justice", In Harry Brighouse and Ingrid Robeyns (eds.), *Meansuring Justice: Primary Goods and Capabilities*, Cambridge: Cambridge University Press, 2010, p. 246.

② 这里做出以下区分或界定是必要的。就两个原则之间的关系而言,它有可能是如下三种形式之一:一是构成性兼容,二是互不兼容,三是相互对立。构成性兼容,是指这两个原则处于相互依赖的关系中,它们不仅在概念层面而且在现实化层面,要么同时并存,要么同时不并存,即不能是一个存在而另一个不存在。互不兼容,是指这两个原则处于相互竞争的关系中,两者在概念层面可以同时并存,但在现实化层面其中一个原则的现实化使得另外一个原则的现实化变成不可能。互相对立,是指这两个原则处在相互敌对的关系中,两者不仅在概念层面而且在现实化层面都不能同时并存,否则出现(理论上)矛盾或者(实际上)战争。后两种关系,托马斯·内格尔在评述以赛亚·伯林的价值多元主义时,给了了精练的概括。[美]托马斯·内格尔:《多元主义与一致性》,载 [美] 马克·里拉、罗纳德·德沃金、罗伯特·西尔维斯编《以赛亚·伯林的遗产》,刘擎、殷莹译,新星出版社 2006 年版,第 78—79 页。

么这里就不存在合理主张被淹没的情况,这个同意,即弱同意。从统计学来看,弱同意也算是完全同意的一种。

以上这个例子表明,强同意与弱同意的区别主要在于前者依然具有本质主义倾向,而后者寻求多元。但是,作为强弱同意的区分的一个不易被察觉的根据是,理解或者构想一致同意的路径差异所导致的进一步差异。粗略而言,强同意的本质主义倾向使得备选原则菜单的信息面趋于狭窄,而弱同意的多元主义倾向使得备选原则菜单的信息面处于开放性拓展之中,因而与前者相比,后者更能支持或者促进选择主体个体的价值体系或信念体系的多样性拓展。具体而言,在关于原则的正当性问题上,弱同意在以下几个方面区别于强同意。第一,弱同意寻求的是组合型而非单一型的正义原则,并注重寻求对组合型原则的关系属性的可接受性(而非仅仅认知式的理解)。第二,弱同意接纳选择主体个体的价值体系的多样性,因而不追求多样性价值体系的完全同质的任何可能性,但是不排斥多样性价值体系的局部性重叠。第三,弱同意对一致性的理解是离散型而非整体型,离散型的一致性是聚合化概念,而整体型的一致性是同质化概念。

基于强弱同意的区分,我们能看到,罗尔斯在《正义论》中展示的正义两原则的选择过程或者正当性论证,就是诉诸强同意。在《政治自由主义》中,尽管罗尔斯也强调"在一个达到这种共识的政治社会中,存在着好几种在政治上相互对立的正义观",但我们有充分理由认为罗尔斯并没有真正对待这些相互对立的正义观,因而他在论述达成重叠共识的步骤时,几乎也诉诸强同意。这里至少可以给出两个理由:

一是在确定共识焦点时,罗尔斯将之局限在一个非常狭窄的范围内,即"重叠共识的焦点乃是一类自由主义的观念,这类自由主义的观念在某种多少较为狭窄的范围内发生着改变"[1]。二是罗尔斯本人承认他确实没有时间来考查这个范围,即"我没有时间去考查这些高度思辨的问题了。我只是猜想,当自由观念正确地建立在民主的公共文化中那些根本性政治理念之基础上时,那么,这些自由观念之间的差别愈小,在由它们所规导的稳定的基本结构中支持着它们的各种基本利益愈具有

---

[1] [美]罗尔斯:《政治自由主义》(增订版),万俊人译,译林出版社2013年版,第152页。

相容性，则规定着该共识之焦点的自由观念的范围也就愈小"①。

与罗尔斯相比，森对其正义原则的相关论证是含糊的，这不仅是因为其正义原则本身不够清晰，也因为他所使用的"民主"理念虽然具有如罗尔斯的"重叠共识"理念那样的正当性论证功能，但是前者却不等同于后者。在前文中，笔者已经清晰化了森的正义原则，并暂且将之命名为能力民主原则。以下，笔者将从弱同意视角来发展森的相关论证。但在此之前，笔者阐明森辩护不充分的几个原因。

三 辩护不充分的原因

如上所述，在为其正义原则辩护上，森首先为我们勾勒了其辩护或论证的基本思路，即以中立旁观者阐释公共理性，以公共理性阐释民主，而后以民主阐释正义，由此建立了一个紧密关联的论证。但这个论证在《正义的理念》那里依然是粗线条的，或者说森看起来更侧重给出指导其论证的基本思路而非具体的论证，因而就其辩护功能而言很难称得上是充分的。

其次，尽管森强调非完备排序在正义理论中的重要意义，②并且也专题式地探讨交叠序与一致同意的关系③，但是基于强弱同意的区分，森的相关论述至少具有这样的误导性，即他依然在强同意框架内来探讨正义原则的正当性问题。换言之，森依然不放弃在交叠序上寻求全球范围内一致同意的欲向。森对罗尔斯主义的超越主要体现两个方面：一是从强调排序的完备性转向强调排序的非完备性，二是重释民主理念。就第一方面而言，森并非真正像弱同意的支持者那样扩展备选原则菜单的范围，而仅仅是降低排序的完备性强度。在这个意义上，森并不排斥全球范围内的人们在某个交叠序上达成一致同意的可能性。但是如果强弱同意的区分是合理的，那么这个可能性要么是虚假的，要么不够尊重理性多元事实或者是不可欲的。

---

① [美]罗尔斯：《政治自由主义》（增订版），万俊人译，译林出版社2013年版，第155页。

② [印度]阿马蒂亚·森：《正义的理念》，王磊、李航译，刘民权校译，中国人民大学出版社2012年版，第368—370页。

③ [印度]阿马蒂亚·森：《集体选择与社会福利》，胡的、胡毓达译，上海科学技术出版社2004年版，第1—6页。

就第二方面而言，森批评契约论的民主观念过于严格以至于在全球范围内难以实现，并相应地诉诸一种将民主看作"协商式治理"的观念。① 森的这个重释工作确实能够避免罗尔斯等人的契约论的民主观念所面临的问题（即，基于民主或公共理性的一致同意要求要么在全球范围内不能实现，要么局限于某个极其有限的共同体中而过于封闭）。但是，森所认同或阐释的作为协商式治理的民主观念，依然可能面临着问题。其中，一个重要的问题是，协商式治理是否具有普适性？森注意到这个问题，并将对这个问题的回答，与反对"民主专属于西方的观念"关联在一起。在森看来，当前鼓吹民主和公共理性仅仅适合于西方国家或者不适合于非西方国家的那些人，在解释现实发生的事情时，缺乏智识上的真诚。对此，森的一段评论可作为旁注，即"对伊拉克在遭受军事打击之后所面临的巨大困难和问题，有时并没有归咎于2003年因信息不畅和缺乏足够理由的军事打击，而是归咎于一些臆想出的困难，即认为民主和公共理性不适合于像伊拉克这样的非西方国家的文化与传统"②。与此相对，在森看来，如果以公共讨论作为民主的根基，那么民主在全球范围内就是普适性的，因为"世界各地都能找到公共讨论的传统"。③

然而，当森如此阐释民主观念时，森仅仅说明协商式治理在全球各个国家传统中存在的普适性，但这并不意味着备选原则菜单中的某个原则获得世界范围内的普适性。如果这两个普适性的区分是合理的④，那么就完全存在这样的情况，即在各个国家或地区的民主活动中，最终所选取的正义原则并不相同，并且这些原则在世界范围内有可能是互不兼容的甚至是互相对立的，或者说没有一个原则在全球范围内是被一致同

---

① ［印度］阿马蒂亚·森：《正义的理念》，王磊、李航译，刘民权校译，中国人民大学出版社2012年版，第301页。
② 同上书，第300页。
③ ［印度］阿马蒂亚·森：《身份与暴力：命运的幻象》，李风华等译，中国人民大学出版社2014年版，第43页。
④ 森将民主与正义关联起来。他如此说道，"从本书前面几章可以清楚地看出，理解公共理性对于理解正义是多么重要。这种认识使我们把正义观念和民主实践联系起来，因为在当代政治哲学中，认为最好是将民主看作'协商式治理'的观点获得了广泛的支持"。［印度］阿玛蒂亚·森：《正义的理念》，王磊、李航译，刘民权校译，中国人民大学出版社2012年版，第301页。但是，这种关联并不意味着民主与正义是同一东西的不同名称。

意的。很显然,森对这类情况的关注并不充分。与此不同,由弱同意展示的那种分析思路则能够充分关注这类情况(稍后会论及)。

与此相关的另一原因是,作为阐述公共理性的中立旁观者可能遭遇时间和空间上的难题。如前文所述,就分析社会正义问题而言,中立旁观者不仅具有中立性,而且确实具有从远近位置来观察的开放性。这个开放性是罗尔斯基于契约论视角所阐释的代表设置所不具备的。但是,这个中立旁观者可能遭遇时空难题。比如,就共识而言,当中立旁观者注重文化、习俗、地理等地域性因素时,"共识"的重叠面积可能相对过小,以至于对整体利益而言缺乏必要的关注与洞察能力(如果存在这类整体利益的话)。与此相对,如果做出"重叠共识"的这代人,与后代人相隔的时间越长,或者与他国者的生产、生活方式等相异越大,那么这种"共识"的重叠面积就在整体上越趋向于无。共识的重叠面积过小或趋于无,在实践上具有某种相关性,但都导致在全球范围内缺乏普适性的正义原则。这种缺乏对于强同意而言是一种挫败,但对于弱同意而言,则是一种在理性多元事实下应当予以承认的事实,因此算不上挫败。

最后,森的论证显得不够充分的原因还在于它为之辩护的能力民主原则仅仅是完整正义原则的一部分。以罗尔斯的两个正义原则作为参照,能力民主原则只是相当于其中的第二个正义原则甚至是其中的差别原则。就此而言,能力民主原则,需要相当于罗尔斯第一个正义原则的原则与之相结合,并需要对其中的优先性给予说明。但在森那里,这方面的说明也是不够充分的。

四 弱同意的可欲性[①]

事实上,当森引入交叠序来寻求更大范围的一致同意时,他的相关论述尽管没有放弃强同意的那种吸引力,但是在实质上他的某些论述(比如关于非完备排序、民主观念、正义理念等的论述)已经可以引之来支持弱同意。我们可以设想,世界范围内存在三大交叠序,但是就这

[①] 本小节内容,吸收了笔者两篇拙文的研究成果。秦子忠:《最高阶原则的正当性:一致性同意》,《海南大学学报》(人文社会科学版)2018年第1期。秦子忠:《交互共识理念——达成共识的困境与出路》,《上海交通大学学报》(哲学社会科学版)2017年第6期。

三大交叠序而言，它们之间完全没有进一步的交叠部分。就此而言，如果依据强同意，那么寻求在某个交叠序上的全体的一致同意要么不可能，要么存在某种压迫。与此不同，如果依据弱同意，那么当每个人的同意都恰好落在某个交叠序上时，这种统计意义的一致同意是可能的，也是可欲的。在社会科学领域，为什么我们应当要追求唯一一个而非多个在某个条件下可兼容或可共存的原则呢？

以下笔者将通过寻求语言体系的一致性来探讨弱同意的可欲性。以语言体系而非本书的相关原则作为这一探讨的切入点可能更具有客观性和一般性。当然如此探讨还有其他方面的考虑，比如语言体系本身的价值性以及它对正义原则存在某种影响。这个探讨所展示的由弱同意所规范的那种论证，在笔者看来，在一般意义上可能比森所做的那种辩护或论证更能支持其正义理论。

在当前世界上生活着诸多族群，由于生活环境、历史文化等原因，各个族群都有自己一套成熟却彼此不同的语言体系，因此如果隶属于不同族群间的人们要想进行有效的沟通，那么语言体系的一致性是必要的。但问题是，如何寻求语言的一致性呢？通常的做法是，将参与竞争的诸多语言体系制作成备选语种菜单（显然这个菜单区别于正义原则菜单），令这个菜单为｛A，B，C，D…｝，然后，让选择主体从备选语种菜单中最终选出作为一致性语言体系的语种。

以下笔者将基于强弱同意的区分来阐明，就尊重人的自主选择而言，与强同意路径提供的方案相比，弱同意提供的方案更具有可欲性。因为弱同意处在与强同意相对照的位置上，并且基于前文已经正面地阐述弱同意的特征，因此，这个阐明过程，主要是通过详细展示强同意提供的方案的不可欲性来达到说明弱同意的可欲性的目的。

按照完全意义的强同意路径，那么不管是当前使用范围广阔的英语，还是使用人数庞大的汉语，更别说其他语种，都不可能在全世界范围内获得作为一致性语言体系的正当性。这样，强同意可以通过两个维度的修正来实现有限的正当性。第一个维度是引入驱逐异己者理念，即将那些完全不同意的人群排除在外。比如，坚定以英语作为世界通用语的人群，将那些坚定以其母语作为世界通用语的汉语者、日语者、德语者等构成的人群驱逐出去。但是这势必造成世界至少在物理层面的分离，即认同者与非认同者的分离以及由此而来的压迫和反压迫。这种做法是在追求内部一致性的同时造成外部性冲突，或者说，以边界间的冲突来换取边界内的和平。第二个维度是引入人数占优理念，即它不仅不将非认同者排除在外，而且允许当不认同者具有相当数量时，他们的竞争性主张也有被理解或接受的可能性。这种做法是强同意的一种变体，即从全体人的一致性同意蜕变到大多数人的一致性同意。因此，与第一维度不同，第二维度不是排除而是宽容异己者，因而它在有效边界问题上或者维持原状，或者拓张，但不论是维持原状还是拓张，冲突都不可能被解决，即边界内的冲突只是在宽容框架下被缓解，而边界间的冲突则取决于其他有效边界的选择主体的修正方式。这样，边界间的冲突就有两种基本类型：第一种是冲突双方各自的修正方式是不相同的，即一方采用人数占优理念，另一方采用驱逐异己者理念。第二种是冲突双方各自的修正方式是相同的，即或（a）均为采用驱逐异己者理念，或（b）均为采用人数占优理念。

当边界间的冲突双方以第一种类型出现时，只要人数占优理念的一方能够持续吸纳来自另一方的被驱逐出来的异己者，那么冲突依然可以缓解。但是，当异己者的积累量达到相当程度时，冲突或者在吸纳的一方内部爆发（假定异己者永远不被同化），或者在吸纳方与驱逐方之间爆发（假定异己者至少保持中立）。例如，希特勒执政时期的德国所进行的种族清洗，或者冷战时期资本主义阵营与社会主义阵营的对峙，作为真实的历史事例，对此，可以提供近似的事例性说明。

当边界间的冲突双方以第二种类型的（a）出现时，当世界还有足够的空间与资源留给异己者去过其想过的生活时，双方的冲突，乃至他们与异己者的冲突，暂时因为地理上的隔离与资源上的丰裕而得到缓解，否则，冲突将不仅在边界内而且在边界间爆发。例如，宗教问题上的审判与迫害，实质上，就是语言体系的内容（而非形式[①]）的分歧，即真主或上帝在同一种语言体系中被叙述的形象的差异，作为真实的历史事实，对此，可以提供近似的事例性说明。但是，当冲突双方意识到即将爆发的冲突若不被控制便会导致两败俱伤时，那么从（a）过渡到

[①] 语言体系在形式上的不同，是语种的不同。语言体系在内容上的不同，不是语种的不同，而是共享同一语种的人们看待事物的思想观念的不同。

(b) 便是可能的。这个可能性至少可以从两个方面加以说明：一是异己者为了生存而策略性学习或接纳已被多数人通用的语种，二是有效边界内的人数占优群体允许掌握其视为通用语的语种的异己者生活在其控制范围内。这两个方面是相互依存的。

就尊重个体自主选择而言，在世界空间和资源有限的前提下，强同意在第一个维度上的变体（即采用驱逐异己者理念），在尊重程度上，显然弱于其在第二维度上的变体（即采用人数占优理念）；并且在全世界范围内，就边界间的冲突而言，(b) 比 (a)，从程度上，更能尊重个人自主选择，或者说，更能避免压迫。但是，当强同意的变体从第一维度退回到第二维度，在冲突问题上从 (a) 退回到 (b)，那么强同意的变体在全世界范围内，已经滑向弱同意。

因为按照 (b)，在语言体系的一致性问题上，已经具有潜在的聚合化（而非同质化）特征。当前，英语、汉语、日语等国家官方语言，相对于各自国内的方言，它们已经实现了局部的一致性，并且在世界范围内，这些官方语言的并存局面，可以视为若干个有限的一致性的聚合局面。但是，正如人们所看到的那样，(b) 具有强同意的痕迹（本质主义倾向），使得采用它（即人数占优理念）的民主国家如美国、日本，都明显地展示出将其官方语作为全世界通用语的努力。

按照弱同意路径，备选语种菜单 {A, B, C, D……}，将以组合方式出现，因而它将不会驱逐或拒斥而是宽容或理解异己者，因而冲突或互不兼容也许可以长久存在。因为组合方式为缓解冲突提供各种条件和途径。比如，在语种 A 获得弱同意的有效边界内，选择主体基于偏好不同而选择不研习或者研习不同的语种，这样，一个人可能只掌握 A，而另一个人可能同时掌握 ABC，另一个人则同时掌握 ABD……同理，在语种 B 获得弱同意的有效边界内在，选择主体也存在类似的情况。假定世界上存在若干个这样的有效边界，那么这些有效边界将以网状关系联系在一起。这些以网状关系联系起来的有效边界将产生或者生长出新的有效边界，比如由同时掌握 AB 的人群构成的有效边界，或者由同时掌握 BC 的人群构成的有效边界，等等。这些新的有效边界的产生，将会避免强同意路径具有的不尊重个人自主选择的特征，因而也将更好地消除或者缓解冲突。不过，如果冲突在任何意义上都是存在的，那么在处理冲突问题上，弱同意将处理的成本落实在选择主体对异己者的宽容能力或学习能力上，与此不同，强同意则将处理的成本落实在选择主体对异己者的消灭能力或者同化能力上。

当然，如果存在一种新的语言体系，它独立于现存的所有语言体系，那么它是否有可能被开发并且被发展成为一致性的语言体系呢？笔者不打算回答这个问题，而只想指出如果这个问题的答案是肯定的，那么它的价值性是非常可疑的。因为它所谓的"新"与"独立"使之失去了赋予价值自身以价值的历史文化传统。退一步说，如果旧的历史文化传统长出的新的一致性文明能够赋予它的"新"与"独立"以价值，那么这个价值性是否一下子（即短时间内）足以支撑这个新的语言体系呢？对此，笔者的态度是悲观的，即除非借助持续性的暴力镇压，否则这个微弱的价值性不足以支撑这个新的语言体系。对此，可引历史事实作为佐证。比如当前的英语之所以获得如此高程度的一致性，是因为它曾经借着殖民运动而强迫性地同化其殖民地的人们。相对于未来人，现在到界定未来人的那个时间点之间的这段时期，即包括我们这代人在内的时期，在追求语言体系的一致性问题上，如果我们以强同意路径来寻求作为一致性的语言体系的正当性，那么在未来人看来，我们与更早的祖先并没有多大区别，或者说，我们所使用的方式只不过是在程度上少些明显的压迫或暴力；如果我们以弱同意路径来寻求作为一致性的语言体系的正当性，那么在未来人看来，即便我们收获甚微，但是我们（至少就尊重个人自主性而言）走在正确的道路上，或者走在遵循理性多元主义的道路上。

综上所述，就能力民主原则的正当性问题而言，森的辩护颇具启发性，但其辩护在笔者看来并不充分。得益于其启发性，笔者区分了强弱同意，并尝试从弱同意视角来发展其辩护（尽管这个发展是一般意义上的）。弱同意的可欲性就其实质而言是放宽备选原则菜单的范围并且试图寻求在有效边界约束下多个原则的兼容性。而在此之前，笔者阐述了森辩护不充分的原因，这些原因从某种意义上支持从强同意转向弱同意来发展或者重释森的辩护。这些原因主要有：森的辩护在整体上依然粗略，森对民主观念的那种阐释可能遭遇难以克服的困难，比如共识重叠面或者相对过小或者趋向于无，以及森为之辩护的目标（即能力民主原则）依然仅仅是完整的正义原则的一部分。结合前文，即依据第三章展示的"正义原则的论证限制"，森从中立旁观者来阐释的公共理性满足中立性限制；能力平等原则、能力优先原则和能力充分原则都表现出某种程度上的对能力不平等的限制（尽管程度不尽相同），因而无论能力民主原则最终是三种的哪一种或组合都满足对不平等的限制；森从公共理性来阐释民主并以此作为确认正义原则的正当性之路径，满足推理过程的客观性限制；但是如果森为其正义理论（主要是正义原则）的辩护是在强同意视角之下做出的，那么它将难以满足可接受性限制（由于这一辩护在全球范围内并不一定得到全体的一致同意）。据此，除非从弱同意视角来构想辩护，否则能力民主原则的正当性在分析上就几乎是不可能的。

第六章

关系原则

第一节 社会关系视角

在这一节，笔者将充实森提及但尚未展开的"一个比较性框架"的内涵。① 这个充实过程所依据的文本，将不仅是森本人的，还有能力主义者的相关文本，以及他们所依据的理论传统，如亚里士多德、马克思的学说。此外，这个过程也稍微涉及能力域与效用域、资源域之间的比较，由此探讨一个比较性框架的内涵应当是什么的问题。以下笔者将从三个方面切入本节主题，一是阐述"比较性框架"而非能力域更加吻合森的一贯立场或其推崇的比较分析方法。这个阐述主要通过揭示能力域的不足来实现。二是指出森的比较性框架过于空洞，并从社会关系视角来充实它。三是尝试以这个充实了的框架来解释现实世界不平等的根源，以此引出本章第二节的论题。

在《正义的理念》中，森至少有两次提及"比较性框架"，但每次的论述都不超过一页篇幅。② 从森的论述及其征引的文献来看，森没有详细展开比较性框架的原因至少有以下两点。一是为了避免重复。因为"比较方法恰恰是'社会选择理论'（social choice theory）的核心分析内容"③，因此在得到广泛讨论的社会选择理论中，作为比较方法基本结构的比较性框架已经得到了详细的论述。与此相关的另一原因是，比较性框架的论述需要运用数学语言，而这会降低其在政治哲学领域的可读

---

① ［印度］阿马蒂亚·森：《正义的理念》，王磊、李航译，刘民权校译，中国人民大学出版社2012年版，第371页。
② 同上书，第13、371页。
③ 同上书，第14页。

性，或者用森的话说，"由于社会选择理论的著述通常都很技术化且充满数学语言，而且该领域的很多结论如果不广泛地采用数学推理就无法得出，因此这种方法少人问津，对于哲学家而言尤其如此"①。这两个原因或许能够解释森对比较性框架的略述，但却不能为之进行有效的辩护。从后续的论述来看，森的这种略述难以回应博格等人的技术性批评。

然而，公允而言，森对比较性框架的略述更多体现在技术性层面。在《正义的理念》第三部分"正义的实质"中，森详细地辨析和比较自由、能力、资源、幸福、良态等评价域的差异性。就此而言，森显然在非技术性层面论述了比较性框架的内涵。笔者所不满的是，森在论述过程中过于注重能力域相对于其他域的优越性而忽视应当给予充分重视的社会关系域，以及他在技术层面的省略使得这个关系域的轮廓难以呈现出来。为了便于讨论，做出以下区分是必要的。②

人的特性集，包括偏好、能力、性别、年龄、性情、抱负等，用 P_m（$a_1 \cdots a_d \cdots a_e \cdots a_n \cdots$）表示。

人的必需物品集，包括自然物品比如水、阳光、空气、能源等，社会物品比如权利、自由、机会、收入、财富、自尊的社会基础等，用 G_m（$a_1 \cdots a_d \cdots a_e \cdots a_n \cdots$）表示。

人的选择做出努力量集，指促使 G_m 对 P_m 具有价值的不同的努力量的集合，其相关因素包括努力时间、强度等，用 C_m（$a_1 \cdots a_d \cdots a_e \cdots a_n \cdots$）表示。

人的总体价值集，指 G_m 经过 C_m 对 P_m 具有的不同的价值量，包括对能力的价值、对偏好的价值等，用 S_m（$a_1 \cdots a_d \cdots a_e \cdots a_n \cdots$）表示。

这个区分不是对德沃金的人格资源与非人格资源之区分的简单扩展，而是尽可能地将同一类元素归到一起，组成一个同类元素集。为了便于后续讨论，笔者将这四组集合命名为同类元素集队列。借助这个区分，我们能在更大视野下看待当前诸评价域在同类元素集队列中的大致

---

① ［印度］阿马蒂亚·森：《正义的理念》，王磊、李航译，刘民权校译，中国人民大学出版社2012年版，第14页。

② 关于这个区分的详细论述，参见秦子忠、何小娟《关系性平等——对阿玛蒂亚·森的可行能力方法的一种解读》，载汪丁丁主编《新政治经济学评论》第30期，上海人民出版社2015年版，第114—116页。

位置。

在非严格意义上,森等人阐述的能力域隶属于人的特性集,在该集合中,与能力相关但不能等同的其他元素有偏好(注意是偏好本身而非偏好的满足)、性情等;罗尔斯阐述的资源域(即基本善)隶属于人的必需品集,并且与自然物品一起构成这个集合;人的选择域(暂且如此称谓)隶属于人的选择做出努力量集,它是人的自主性的一种测量;稍后提及的由博格阐释的贡献函数就是对这个集合的一种阐释;一般功利主义者阐释的效用域隶属于人的总体价值集,这个集合表示的是必需品集经过人的选择性作用而对人自身产生的有益效果(或价值),如偏好的满足、能力的实现等。很显然,这四个同类元素集之间存在千丝万缕的关系。因此,将正义的信息基础落实在任一个同类元素集上都会遭遇割裂这个关系的困难。事实上,在森后续作品中,他很好地表述了这个困难,并且承认他的能力域即便具有相对于资源域或效用域的优越性,也难以克服这个困难。[①]

以下,笔者将阐述能力域的不足,这个阐述将有益于把握同类元素集之间的关系。顺带提及的是,在非技术性语境下,笔者依旧使用评价域这个范畴,即笔者将继续使用资源域、能力域、贡献函数(或选择域,如果可以这么称谓的话)、效用域来指代与之相应的同类元素集。在技术性语境中,笔者会直接使用同类元素集或者其符号 P_m、G_m 等,至于它们在内涵上的差异则由相应的语境来界定。这个做法纯粹出于论述策略的考虑。

一 能力域的不足

与效用域或资源域相比,能力域具有上文所述的优越性(见第二章),但是这不意味着能力域并没有什么不足。在更优意义上,笔者以为就评估个人优势而言,关系域优于能力域。以下,笔者将阐明这点。但在此之前,留意"在更优意义上"这个限定是必要的。这个限定表明,本节追问的不是"最合理的评价域是什么?"这类具有康德主义倾向的问题,而是这个问题,即比能力域更合理的评价域是什么?在这

[①] [印度]阿马蒂亚·森:《正义的理念》,王磊、李航译,刘民权校译,中国人民大学出版社2012年版,第276—278页。

里,"最合理"与"更合理"虽只有一字之差,但在求解问题的路径选择上有着巨大的差异。对于"比能力域更合理的评价域是什么?"这个问题,以下的探讨将展示出能力域存在的不足,以及比能力域更合理的那种评价域的大致轮廓。

能力域具有以下不足。但是,这些不足都是在欲求更合理的评价域之前提下提出来的。因此,这些不足不能反过来作为能力域不优越于效用域或资源域的理由。这不仅因为前文所展示的能力域具有优越于效用域或资源域的特征是就单个评价域而言,也因为能力域所具有的以下这些不足,效用域和资源域也以这样或那样方式具有。① 因此能力域所具有的这些不足应当被理解为我们探索更合理的评价域的理由和根据。

(一)尽管能力域具有上文提及的宽阔的信息基础,但是它依然不够宽阔。人的特性包括身体、性别、年龄、性情、健康、智力、体力、抱负等因素。因此,即便对能力域进行最为广义的理解,其范围也不可能覆盖人的特性集中的所有因素。例如,抱负就不能算入能力域之中,性情抑郁虽然是与能力相关的要素,但它也不能直接归入能力域中。此外,个人的优势或处境,是由个人特性(内在的,如抱负;与外在的,如性别)、外在环境(自然的,如清洁空气;社会的,如制度性质)共同决定的。因为个人特性和外在环境是密切相关的,因此即便能力域具有比效用域或资源域更宽阔的信息面,但它的焦点依然过多关注个人特性而对外在环境缺乏充分关注,或者说,没有很好地处理诸评价域之间内在的关联性。

(二)诸评价域之间存在内在的关联性,因而当正义的信息基础局限于单个评价域时,无论该评价域是效用域或资源域,还是能力域,都会割裂或忽视诸评价域间的关联性。资源、能力与效用之间的紧密相连是显而易见的。人的能力的实现,都以占有一定的资源为前提,比如行走需要地面提供摩擦力,并且依赖消耗一定资源来维持或提升,比如对食物的消耗而产生维持新陈代谢的营养,进而营养良好的身体机能成为快乐增加或偏好满足的一种来源。在整个过程中,资源、能力与效用不

---

① 对这些不足的论述,参见秦子忠、何小嫄《关系性平等——对阿玛蒂亚·森的可行能力方法的一种解读》,载汪丁丁主编《新政治经济学评论》第30期,上海人民出版社2015年版,第116—118页。

仅存在依存关系,并且还存在一种相互转化关系。就依存关系而言,能力域和效用域、资源域一样,仅仅其中的一环或要素,并且其中任何一环的缺失都会导致问题。例如在两个人的世界中,B 具有比 A 更强的生理上的能力,如果由于某种原因,资源被 A 完全占有,那么 B 也可能因为没有资源而饿死或受制于 A 的支配。

(三)就转化关系而言,尽管能力域关注到资源与效用之间的转化关系,但能力域自身不是这个关系本身,而仅仅是这个关系中的要素或类似物。与资源域或效用域相比,能力域确实很好地关注到人际相异性对转化关系的影响。例如,如果 A 是消化不良者而 B 不是,那么在其他条件相同下,与 B 相比,A 将具有更低的效用,除非 A 被给予更多的资源或 A 被假定具有快乐天性等。但是能力域不能很好地关注到主观意愿对转化关系的影响。假定 A 和 B 都具有相等价的能力集,并且都具有相等价的资源束,但是由于 A 打算运用其能力集比如说 5 个小时,而 B 打算运用其能力集比如说 10 个小时,结果 A 的收入或效用比如说恰好是 B 的 1/2。在这个过程中,影响转化关系的因素不是两人的能力集的差异(因为根据假定,他们的能力集是等价的),而是能力域之外的信息的不同,即个人主观意愿的不同。但是,个人主观意愿的不同,不仅可以体现在工作时间长短的选择上,也可以体现在工作强度大小的选择上。博格对森的批评之一就是以此为根据。与此相关的一个概念是(博格引入的)贡献函数,其表达式为 $C = NLH$(其中,C 表示贡献函数,N 表示与工作相关的能力,L 表示工作时间的长度,H 表示工作强度)。[①] 借助这个公式,我们确实能够清晰观察到影响转化关系的主体性因素(这个贡献函数就是人的选择做出努力量集的一种表达;稍后会论及)。但是转化关系还有来自客观性的影响因素。这点并不难理解。例如就采煤矿而言,转化关系显然以矿井为前提,因而矿井含矿量的多少也间接地影响转化关系,比如含矿量过低导致比如说没有足够的收入来维持主体高强度的新陈代谢。

如果以上所展示的三点不足是值得重视的,那么更为合理的正义的

---

① 对此,博格进行了详细的分析与论述。Thomas Pogge, "A Critique of the Capabilities Approach", In Harry Brighouse and Ingrid Robeyns (eds.), *Meansuring Justice: Primary Goods and Capabilities*, Cambridge: Cambridge University Press, 2010, pp. 42–43.

信息基础应当从单个评价域转向将多个评价域关联起来的社会关系域。依据前文的区分,社会关系域有四个基本的同类元素集。事实上,对社会关系域的关注并不是什么新命题。除森之外,安德森也明确提出并论述诸评价域之间的关系问题(这个问题的主要焦点是社会关系域)。但是因为上文已论述和下文还会提及的原因,笔者认为安德森也没有很好地阐释社会关系域。

二 社会关系域

(一)安德森的启示

在《平等的意义何在?》一文中,安德森对她称之为运气平等理论(她将阿尼森、德沃金等人列为该理论的代表人物)进行较为系统的批评,并提出其替代性主张,即"民主平等"。在安德森看来,运气平等理论的主要缺陷之一,就是过于关注对非自愿劣势的消除,而缺乏关注对不平等社会关系(其中包括剥削、压迫、支配等关系)的消除。与此不同,安德森提出的替代性主张则明确地将社会关系作为其理论的关注焦点,并且在保障或寻求平等的社会关系上,她诉诸保障所有人对其作为平等者而言是充分的能力集的有效可及性。她如此说道,"民主平等旨在废除社会性的被创造的压迫","民主平等将平等看作一种社会关系","民主平等敏感于这个需要,即将平等分配的要求与平等承认的要求整合一起的需要"。[①]

在安德森的民主平等主张中,我们注意到,平等的社会关系与充分的能力集以某种方式关联一起。这种关联是民主平等被构想成敏感于整合两个要求(即平等分配的要求和平等承认的要求)之结果。但是这个关联并没有取得令人满意的成功。其不够令人满意的主要原因是在这个关联中,平等的社会关系萎缩成保障(对平等者而言是充分的)能力集有效可及性。首先,如前文所述(能力域为其子集的)人的特性集仅仅是社会关系域的一个基本要素,它与其他基本要素处在同一层级。因此,这种萎缩倾向并不能构成对社会关系域的恰当说明。其次,在能力集与平等的社会关系之间如何构建起联系,安德森的论述也过于宽泛。她的论述似乎

---

① Elizabeth S. Anderson, "What is the Point of equality?" *Ethics*, Vol. 109, No. 2, 1999, pp. 313-314.

依赖于这样的直觉,即平等的社会关系等同于一系列人过自由生活的条件,而能力集则是测量这类条件的合理尺度。但问题是,能力集仅仅是测量这类条件的尺度之一,并且如果不与其他尺度关联一起,它难以独自承担这项复杂的测量任务。事实上,如果我们不是粗暴地将资源集矮化为纯粹的物质,而是凸显比如罗尔斯基本善中的权利、机会、自尊的社会基础(尽管它们与收入和财富处于同一个指数体系中),那么在测量人过自由生活的条件上,资源集所能做的即便不优于也接近于能力集。[1] 在这个意义上,能力集在测量上的优越性并没有想象那样是压倒性的。最后,安德森的这种简化处理(不客气的但却恰当的表述,是萎缩式处理),容易导致对应当给予充分重视的平等社会关系之忽视。以下,笔者将论述这种关联所带来的两点积极意义或启示。

一是尽管安德森没有明确说明效用、资源、能力以何种方式关联起来,但是她不仅引入社会关系视角,而且将构建完整的正义原则引入能力主义者的视域之中。二是她将保障这两者(即所有人对作为平等者而言充分的能力集的有效可及性,与所有人享有平等的社会关系)等同起来尽管存在问题,[2] 但这种做法也同时为解决这些问题了提供理论上的可能性。

以罗尔斯的两个正义原则为参照,安德森的工作从某种意义上是试图将敏于平等承认的原则与敏于平等分配的原则合二为一,但是这种做法并不可取。这不仅因为这种做法粗暴处理个人责任问题,也因为它忽视了正义原则中的优先规则对处理复杂现实问题的必要性与合理性。因此,就确保每个人的平等者身份而又能充分尊重个人自主性而言,一种有前景的思路可能是将敏于平等承认的原则与敏于平等分配的原则分开,并引入优先规则来将两者关联起来,而非如安德森那样试图"合二

---

[1] 这个论点,博格做了很好的阐释,他认为在识别不正义问题上,得到恰当阐释的资源集所做的,和能力集一样好。Thomas Pogge, "A Critique of the Capabilities Approach", In Harry Brighouse and Ingrid Robeyns (eds.), *Meansuring Justice: Primary Goods and Capabilities*, Cambridge: Cambridge University Press, 2010.

[2] 如果平等者是指免于遭遇包括支配关系等在内的不平等社会关系的社会成员,那么能力集的充分性要求应当设定在什么水平上就是一个问题。过高或过低的能力门槛都可能有问题。此外,完全依赖能力门槛的充分性设定来保障平等社会关系也是有问题的,因为同一地将门槛之下的所有人提高到门槛之上,没有恰当处理个人在事态中的责任问题。

为一"地加以解决。循着这个思路（得益于安德森的启发），笔者将在两个方向上不同于安德森（也包括森等人），一是将正义的信息基础落实在包括能力集在内的社会关系上，二是从更宽阔视角来阐释平等理念，在这个阐释中，笔者将展现平等形式的两种面相：一是同一性，二是对称性。

（二）社会关系域：一个比较性框架

为了简化以下论述，笔者将同类元素集队列的表述形式简化如下：

人的特性集，P_m（$a_1\cdots a_d\cdots a_e\cdots a_n\cdots$），或者$P_m$，或$P$

人的必需物品集，G_m（$a_1\cdots a_d\cdots a_e\cdots a_n\cdots$），或者$G_m$，或$G$

人的选择做出努力量集，C_m（$a_1\cdots a_d\cdots a_e\cdots a_n\cdots$），或者$C_m$，或$C$

人的总体价值集，S_m（$a_1\cdots a_d\cdots a_e\cdots a_n\cdots$），或者$S_m$，或$S$

依据这个队列，我们能够清晰地看到，能力主义者与资源主义者之间所争论的问题是哪种同类元素集更具有优越性。然而，如何更好地把握将这四个同类元素集关联起来的社会关系可能是更值得我们重视的问题。事实上，稍加考察他们各自的后续作品，我们会察觉到他们都以这样或那样的方式注意到后一个问题。比如，森等人在强调能力域的优越性时，他们最终诉诸的主要根据之一是能力域介于效用域与资源域之间，并且与后两者关联在一起，因而能够同时（部分地）关注后两者所关注的信息。博格等人的做法与此类似，不过方向有所不同，他们认为，不论是能力还是效用都以占有一定资源为其前提，因此得以恰当阐释的资源域也能够同时（部分地）关注到前两者所关注的信息。但是基于笔者即将阐述的原因，笔者不认为他们已经给予社会关系域以恰当的解释，或者说，他们对社会关系域的那种解释（如果有的话），并不等同于笔者即将做出的阐释。

设想这样的简单世界，其中生产资料记为G_i，个人劳动能力记为P_i，个人在劳动过程中选择做出的努力量记为C_i，个人劳动生产的（已物化在劳动产物中的）价值记为S_i，并且在通常情况下，S_i是G_i、P_i与C_i之函数。

假定这个世界仅有一个人，这样，S_i的值，不仅相关于他的P_i的值，也相关于他占有的G_i的值，以及他选择运用P_i的努力量C_i。据此，值得关注的信息群不应是单一的，而应是这四者及其关系。因为即

便 P_i 的值是充分的，但是如果严重缺乏 G_i，他的 S_i 有可能处于很低水平（想想漂流的鲁滨逊刚刚登陆的日子）。反之亦然。在这个情形下，S_i、G_i、P_i 与 C_i 四者的关系恰好表示的是个人意义上的生产和生存关系，尚不具备社会性。

假定这个世界有两个人，比如鲁滨逊和星期五（借用一下《鲁滨逊漂流记》中人物的名称），他两人具有相近的劳动能力，但鲁滨逊控制绝大多数生产资料 G_1，而星期五只控制少量的生产资料 G_2。这样，星期五可以通过以下几种方式来维持其生活。

方式1：因为 S_2 的值不仅相关于 G_2，也相关于 P_2、C_2；又因为短期内，P_2 是不变量，因此星期五为了维持生计，只能通过最大限度增加 C_2 的值，以便增加 S_2 的值。比如说，借用博格的贡献函数（C = NLH）将劳动时间（即L）延展到身体所能承受的程度（16小时或更多！），或者在劳动过程中专心致志以便增加劳动强度（即H）。假定星期五这般努力恰好能维持其新陈代谢，但这样的世界对星期五而言很难算得上是美好的，尤其当鲁滨逊仅仅稍加努力就能过上富足生活的时候。这样的世界即便能够维持，它也是严重不平等的。这种不平等严重限制了星期五对除了生产能力之外的其他能力之享有。假定星期五这般拼命式的努力依旧不能维持生计，那么他要么饿死，要么求助于鲁滨逊。这样，星期五维持生计的方式就由方式1过渡到方式2。

方式2：当星期五为了避免饿死而向鲁滨逊求助时，如果鲁滨逊据此控制星期五（比如后者听从前者的指令来行动，或者在不违背前者意愿下行动），那么基于同类元素集（即G和/或S）的不平等就会转变成关系的不平等。这个关系对星期五而言是被支配性的，对鲁滨逊而言是支配性的。一旦形成这个关系，即便星期五最终享有和鲁滨逊同样多的S，并且在劳动过程中使用和鲁滨逊同样多的G，都不会影响这个关系的性质，除非星期五毁弃他与鲁滨逊之间的约定或者杀死后者。假定星期五没有这类对鲁滨逊而言不利的行为，那么基于任何单个同类元素集所进行的评估，都难以测量到星期五所处于的被支配的关系。因为在这个过程中，尽管两人后来在表面上具有同样多的G、P、S甚至C（如果鲁滨逊愿意的话），但是星期五却依然服从于鲁滨逊的指令。

这里实际上涉及对物的所有权与使用权的区分。基于这个区分，星期五的被支配地位不是根源于他对物的使用权的被限制或被剥夺，而是根源于他对物的所有权的被限制或被剥夺。不过，在以上所设想的世界中，星期五处于被支配地位的原因不是他不拥有对生产资料 G 的所有权，而仅仅是他拥有所有权的 G 的量过于稀少，以至于单纯依靠它，难以维持其新陈代谢。尽管后来星期五可以自由使用 G，但必须在鲁滨逊准许之下。问题是，是什么在保障鲁滨逊或者星期五享有对物的所有权？最初可能是出于一方对另一方的畏惧，比如霍布斯阐释的人与人之间的关系或潜战争状态，[1] 也可能是出于对优先性占有的默认（即便是偶然的），比如洛克阐释的人们对其优先占有物享有权利（只要满足一些限制条件，比如还有同样多、足够好的东西留给其他人），[2] 抑或是出于某种约定，比如卢梭阐释的"原始的约定"[3]。然而，无论最初是哪种情况，保障个人对物的所有权都诉诸人与人之间的关系。因此就星期五处于被支配地位的根源，只能在社会关系中寻找，而不是在物上来寻找，除非物是以关系的形式出现。

然而，当从两个人的世界转换到多个人的世界时，人们之间发生的社会关系就不仅仅是生产关系和分配关系，还有政治关系等。由此而来的问题是，所有这些社会关系都具有同等重要的价值吗？或者说，何种社会关系更为基本？在马克思主义经典作家的作品中，涉及生产资料分配的生产关系比涉及产品分配的分配关系更为根本，而涉及权利分配的政治关系则受生产关系乃至分配关系的决定。[4] 因为生产关系处在根本的决定性的位置上，因此在粗略意义上马克思主义者主要依据生产资料的所有制形式来区分资本主义社会和社会主义社会，前者是私有制，后者是公有制。依据这个区分，资本主义社会并不具有稳定性，因为私有制最终使得社会财富过度集中在少数人手中，另一方面则是社会大多数人处在赤贫状态，因而破坏性社会活动（如革命）是不可避免的。与此不同，社会主义社会更具有稳定性，这不仅在于它的公有制使得社会生产资料的全体成员共同占有成为现实，也在于这种所有制方式使得生

---

[1] ［英］霍布斯：《利维坦》，黎思复、黎廷弼译，杨昌裕校，商务印书馆 2010 年版。
[2] ［英］洛克：《政府论》，叶启芳、瞿菊农译，商务印书馆 2008 年版。
[3] ［法］卢梭：《社会契约论》，李平沤译，商务印书馆 2011 年版。
[4] 《马克思恩格斯文集》第八卷，人民出版社 2009 年版，第 20 页。《马克思恩格斯文集》第二卷，人民出版社 2009 年版，第 591—592 页。

活其中的成员免于劳动异化关系或者说处在没有剥削、压迫和支配的社会关系中。①

与马克思等人不同，罗尔斯在《正义论》中存在淡化这套社会关系的优先次序的倾向，或者说他所阐释的规约社会基本结构的两个正义原则并不敏于这套社会关系的优先次序。因为在罗尔斯的无知之幕中，不仅社会关系的优先次序而且个人自然天赋的优劣也都被排除在外。不过有趣的是，在结果上，罗尔斯看起来并不拒斥得到恰当阐释的社会主义。因为就这五种政体或社会形态而言，即"（1）自由放任的资本主义；（2）福利国家的资本主义；（3）带指令性经济的国家社会主义；（4）财产所有的民主制度；（5）自由（民主）的社会主义"，满足罗尔斯的两个正义原则的不仅是（4），还有（5）。②

稍加比较罗尔斯对（4）和（5）的论述，我们会发现，尽管（4）容许人们"拥有生产资料方面的私人财产"，而（5）要求"生产资料是为社会所有的"，但两者都注重分散各种权力或者所有权。罗尔斯如此说道：

> 虽然在自由社会主义下，生产资料是为社会所有的，但是我们认为，当比如说一个企业的指挥和管理是由它的劳动力来决定的时候（如果不是直接由其劳动力亲手负责的话），经济权力是分散于众多企业之中的，正如它的政治权力是由众多民主的政党所共享的那样。③
>
> 财产所有的民主之背景制度力图分散财富和资本的所有权，这样来防止社会的一小部分人控制整个经济，并从而间接地控制政治生活。④

从罗尔斯的论述来看，他不会将生产关系剔除在基本的社会关系之外。此外，如果马克思主义者也不拒斥罗尔斯所强调的（4）和（5）

---

① 秦子忠：《对"分配正义"的批判与反思》，硕士学位论文，华侨大学，2010年。
② [美]罗尔斯：《作为公平的正义：正义新论》，姚大志译，上海三联书店2002年版，第226—229页。
③ 同上书，第230页。
④ 同上书，第231页。

在生产资料方面的权力和所有权的分散倾向,那么,我们真正需要仔细研究的首要对象可能不是社会关系,也不是基本的社会关系,而是平等的基本社会关系。关于基本的社会关系,本节已经勾勒其轮廓。至于平等的基本社会关系,笔者则在探讨平等理念之后再论及。

综上所述,我们可以从两个方面进行人际比较,一是在同类元素集层面进行比较,二是在社会关系层面进行比较。这两个方面的比较尽管存在联系,但是将它们等同起来是不合理的。从能力主义者与资源主义者的争论来看,双方后续给出的论证看起来都支持从基于同类元素集的比较转向基于社会关系的比较。这不仅是因为相对于后者,前者提供的信息依然狭窄,也因为后者提供的信息包括但却不限于前者。就此而言,如果确实存在一个看待正义的用以人际比较或评估个人优势的比较性框架,那么本节阐释的同类元素集队列应当算是对它的一种阐释。它也许依然不够清晰,但应当不再是空洞的。

第二节 平等的两面:同一性与对称性

在日常生活中,人们经常将两个不同的现象称之平等。一是比如说,当张三和李四具有相同数量的鞋子时,人们会说这种情况是平等的。二是比如说,张三的脚20码,而李四的脚40码,当前者获得20码的鞋子而后者获得40码的鞋子时,人们也会说是这种情况是平等的。尽管这两种情况都能称得上平等,但是使之配得上平等称谓的缘由显然是不同的。在前文中,笔者已经论述作为平等面相之一的同一性(见第五章第一节),以下笔者则着重探讨平等的另一面相,即对称性。在当代政治哲学文献中,平等的对称性面相确实没有得到足够的重视。但是这不意味它没有学理传统,也不意味它不值得重视。

一 对称性的学理传统

在论及"公正"时,亚里士多德区分了两种平等形式,即算术平等和比例平等,并且认为"公正在于成比例"。[①] 本节的论题(即"平等

[①] [古希腊]亚里士多德:《尼各马可伦理学》第五卷,廖申白译注,商务印书馆2014年版,第134—135页。

的两面"），其学理传统至少可以追溯到亚氏的文本。在考察亚氏的文本时，亚氏的相关论述增强了笔者对这一论题的信心，但必须指出的是，引发乃至支撑该论题的理论资源主要来自罗尔斯《正义论》及其之后的文献，如安德森（1999年）的文本，以及在回应罗尔斯过程中应被重新阐释或发展的马克思的一些文本，如《哥达纲领批判》等。有趣的是，努斯鲍姆（1987年，1992年）充分地挖掘能力方法的亚氏传统并且得到森（1993年）的赞赏，或者说森承认能力方法与亚氏对"功能""能力""繁荣"的论述有关联，而笔者即将援引的亚氏的一大段论述则直接相关于公正或正义。亚氏如此说道：

> 如若不公正包含着不平等，公正就包含着平等。这是不言自明的。既然平等的事是一种适度，公正的事也就一种适度。然而平等又至少是两个东西之间的平等。所以，公正必定是适度的、平等的（并且与某些事物相关的）。作为适度，它涉及两个极端（过多与过少）；作为平等，它涉及两份事物；作为公正，它涉及某些特定的人。所以，公正至少包括四个项目。因为，相关于公正的事的人是两个，相关的事物是两份。而且，这两个人之间以及这两份事物之间，要有相同的平等。因为，两个人相互是怎样的比例，两份事物间就要有怎样的比例。因为，如果两个人不平等，他们就不会要分享平等的份额。只有当平等的人占有或分得不平等的份额时，才会发生争吵和抱怨。从配得分配的原则来看这道理也很明白。人们都同意，分配的公正要基于某种配得，尽管他们所要（摆在第一位）的并不是同一种东西。民主制依据的是自由身份，寡头制依据的是财富，有时也依据高贵的出身，贵族制则依据德性。所以，公正在于成比例。因为比例不仅仅是抽象的量，而且是普通的量。比例是比率上的平等，至少包含四个比例项。①

凸显并评述这段话中的几个关键点是必要的。因为这个评述将为我们从多个维度探讨对称性提供便利。

---

① ［古希腊］亚里士多德：《尼各马可伦理学》第五卷，廖申白译注，商务印书馆2014年版，第134—135页。

（一）平等与公正。亚氏区分了两种平等，即算术平等和比例平等。算术平等只涉及两份事物间的相等，或者事情中的所得等于所失，而"不考虑人是何种人"①。与此不同，比例平等涉及的是至少两对比例之间的相等，或者用亚氏的话说，"两个人相互是怎样的比例，两份事物间就要有怎样的比例"。据此而言，以上引文中与公正相关的"平等"指代的不是算术平等，而是比例平等。因为在亚氏看来，"作为公正，它涉及某些特定的人"。亚氏的这些论述对当代政治哲学关于公正或正义的讨论依然富有启示性，就本节论题而言，其启示意义至少有两个方面：一是将公正与比例平等关联起来，这种关联不仅使事物以关系形式出现，也使人的属性或价值以关系形式出现。二是包含比例平等的公正观注重人与人以及人与物之间的对称性（或对应关系），或者说"比例平等"本身就是对称性的一种表达。这两点构成亚氏当时批评毕达哥拉斯派注重从算术平等看待公正的理论根据，或者说依据这两点，基于算术平等的公正，"（1）它忽略了人与人之间的地位与利益上的相对比例关系；（2）它不适用于违反（其中一方）意愿的交易"②。然而，对于现代社会所需要的公正观，亚氏所阐释的比例平等依然是粗陋的、含糊的。③

（二）分配公正的基础。亚氏叙述了当时人们普遍认可的一种公正观，该观念认为人们依据某种东西而配得④或应得另外一些东西。问题是，依据什么东西？或者，分配公正的基础是什么？⑤ 在这个问题上，亚氏的叙述中，"自由身份""财富或出身""德性"，都曾被用作分配公正的基础。以下，笔者将稍微考察亚氏对它们的看法。

---

① ［古希腊］亚里士多德：《尼各马可伦理学》第五卷，廖申白译注，商务印书馆2014年版，第137页及其第2个脚注。
② 同上书，第141页的第5个脚注。
③ 同上书，第137页及其第2个脚注、第143页及其第4个脚注。
④ 亚氏的译注者区分了应得与配得，即"'自己的那一份'，通常也被译为'应得'"，而"'配得'，即一个因其优点而配得的东西"。参见［古希腊］亚里士多德《尼各马可伦理学》第五卷，廖申白译注，商务印书馆2014年版，第138页第2个脚注。这两个词的区别对当代文献而言，可能没有特别重大的意义。对于本书主题，笔者不加区分地使用这两个词语中的某一个。
⑤ 对这个问题的历史性考察，参见秦子忠《对"分配正义"的批判与反思》，硕士学位论文，华侨大学，2013年。

在亚氏看来,"自由身份"和"财富或出身"是平民派和寡头派以各自利益为依归而做出的有偏见的主张。"寡头(财阀)派的偏见在'资财',他们认为优于(不平等)资财者就一切都应优先(不平等),平民派的偏见在'自由身份',他们认为一事相等则万事也都相等。"① 并且,两方都疏忽了真正的要点,即城邦存在的目标"不仅为了生活而存在,实在应该为优良的生活而存在"。据此而言,财富就不应是分配公正的基础,因为财富显然不是优良的生活而仅仅是获取这种生活的一种手段;同样,平民派所要求的自由身份也不应成为分配公正的基础,因为这种自由身份"只限于同等人们之间的平等,不是普及全体的平等",并且自由身份不等于优良生活或"美善的行为"。因为"他们要是各各保有自己的家庭,好像独治一个城邦那样管理家务,他们所由集合的作用只限于共同防卫某种临时发生的侵害而已",那么"任何精审的思想家就不会说这种结合是一个城邦(政治体系)",他们的贸易、通婚等活动充其量是"社会生活情调的表征",但却只是达到优良生活的手段而已。②

既然双方各自所主张的"自由身份""财富"都不能作为分配公正的基础,那么能称得上适度的基础应当是什么?亚氏没有直接回答这个问题。不过在批评平民派和寡头派之后,亚氏给出的一段结论性表述可看作这个问题的一种回答。亚氏如此说道:

> 由此我们可以得出结论:政治团体的存在并不由于社会生活,而是为了美善的行为。[我们就应依照这个结论建立"正义"的观念。]所以,谁对这种团体所贡献的[美善的行为]最多,[按正义即公平的精神,]他既比和他同等为自由人血统(身份)或门第更为尊贵的人们,或比饶于财富的人们,具有较为优越的政治品德,就应该在这个城邦中享受到较大的一份。③

在这段话中,亚氏认为,分配公正所依据的基础是"美善的行为"

---

① [古希腊]亚里士多德:《政治学》,吴寿彭译,商务印书馆2014年版,第140页。
② 同上书,第140—143页。
③ 同上书,第143—144页。

或者"政治品德"。而依据亚氏关于德性、行为等的界定,"美善的行为"就是德性或者德性的实现。因为"德性是一种选择的品质"[1],因此"美善的行为"不是所有人都具有的行为,而是所有人应当选择去做的行为。也正因此,"美善的行为"的测量问题,不仅相关于个人是否具有德性,也相关于具有德性的个人的选择。[2] 但是,德性是个过高的要求,以至于部分人(比如奴隶)被排除在自由人之外的现象在亚氏看来是合理的。然而,现代人几乎都拒斥亚氏的这一论点。不过,公允而言,亚氏批评以手段物作为分配公正的基础在当代能力主义者那里有着回响(即批评以罗尔斯为首的资源主义者),并且他通过比例平等而关注到人与物之间的对称性或者对应关系也富有启发性。

（三）比例项的确定问题。就比例项的性质而言,亚氏只涉及两个大类,即人和物;就比例项的数量而言,亚氏只讨论四个,即两个人和两份物。例如,假定两个不同的人 A 和 B,和两份不同的东西 C 和 D。这样,依据公正在于成比例,如果 A∶B＝C∶D,那么在亚氏看来,A 得到 C,和 B 得到 D,就是公正的。这种公正很直观地表达它在形式上的对称性,但是这种对称性因为其比例项的性质过于宽泛或比例项的数目过少,而没能达到现代理论家所要求的精密性。例如亚氏在探讨"成比例的回报"时,他的论述没有清晰地说明,"建筑师与鞋匠之比是他们在单位时间中劳动创造的价值之比,还是他们各自职业的社会价值之比"[3]。如果亚氏持有的是第一种观念,那么它几乎成了现代理论家如马克思阐释的劳动价值论之先声。[4] 从亚氏的后续论述来看,笔者倾向于认可这点。但是应当承认,亚氏当时既没有剥削观念也没有剩余价值观,并且他接受自由人(包括建筑师和鞋匠)与奴隶之间的区分也导致贬低甚至无视后者的劳动创造的价值。此外,就当代政治哲学家所注重的个人在事态中的责任问题而言,亚氏阐释的比例平等或公正观也是

---

[1] ［古希腊］亚里士多德:《政治学》,吴寿彭译,商务印书馆2014年版,第45—47页。
[2] 同上书,第64—67页。
[3] 同上书,第143页的第4个脚注。
[4] 从亚氏的阐述者或译注者的评述来看,他们似乎支持这种观点,即"斯图尔特(卷1第462页)明确认为,建筑师与鞋匠之比在这里是指他们生产自己的产品的劳动之比。从下文(1133a11)来看,亚里士多德初步表达了个别劳动要以一般劳动作为尺度来衡量的思想"。［古希腊］亚里士多德:《政治学》,吴寿彭译,商务印书馆2014年版,第143页的第4个脚注。

粗陋的。亚氏尽管存在这些不足,但是这不应当遮蔽他将回报与劳动(或劳动创造的价值)关联起来的思想光芒。有趣的是,森的一段论述可作为这思想光芒的一个现代性脚注。

> 在这种对劳动赋予重要的地位,并认为报酬也应该与劳动相联系的推理中,蕴涵了诸如剥削等规范性的概念,这对于盲从于能力平等而无视其他方面的认识而言,无疑是一种有益的叫停。关于对体力劳动者的剥削和劳动所得报酬不公的著述,采用的都是这种视角。①

以下,笔者将依据同类元素集队列(即 P_m、G_m、C_m、S_m)作为比例项来重释比例平等,并展示它的对称性在处理一些规范性问题上的吸引力。

二 对称性的吸引力

以下,笔者将借助一个简化的事例来说明,依据平等的对称性面相,我们可以观察到剥削或支配问题的来源。设想这样的荒岛,岛上有一片自生自长的苹果树(记为 G_m),并且每年自产的苹果产量为1个单位。如果有人通过自己的劳动力(记为 P_m)给它们单独灌水(或除草)一次(记为 C_m),其产量就增加10个单位(记为 S_m)。如果能够同时给它们灌水一次和除草一次,其增加20个单位(不考虑综合效果②)。

假定张三首次来到这个荒岛上。即便他什么都不做(既不灌水也不除草),他每年也收获1个单位的苹果(暂且不考虑采摘苹果这个过程)。如果他选择做出的努力量集恰好给苹果树灌水一次,那么依据假定,他收获的苹果总量(记为 S_z)就是11个单位。其数学表达式为,

---

① [印度]阿马蒂亚·森:《正义的理念》,王磊、李航译,刘民权校译,中国人民大学出版社2012年版,第277页。
② 在考虑综合效果下,产量可能会增加。这点可以从这一般经验(即人的分工合作会带来比每个人在不合作下的单独工作更多产量)得到一定的印证。但这里暂且不考虑这么复杂的问题。

$S_z = 1+S_m = 1+PCG = 1+10 = 11$，其中 PCG 或者 10 个单位苹果就是他的劳动价值的对称物，而剩余的 1 单位苹果则是苹果树自产的，它无关于他的作用。而他之所以占有它，可能仅仅是因为没有其他人与之分享。

现在假定李四也在荒岛上，并且假定苹果是岛上维持生命的必需品，那么李四应当如何与张三打交道？以下笔者将展示几种可能的情况。①

情况1：李四如此主张，即苹果树每年都自产一定量的苹果，这无关任何人的劳动，因此他应当从张三那里获取相应的苹果数量。如果张三接受这点，那么他应当将多少单位让给李四呢？如果让出 1 个单位苹果，那么严格依据李四的主张，李四本人也不应当获得这么多，因为自产的 1 个单位苹果既无关于张三的劳动，也无关于李四的劳动。如果张三最终让出的单位不大于 1，那么他的劳动价值并没有被侵占（因为他仍拥有 10 个单位苹果）；反之，就被侵占。

情况2：李四如此主张，即苹果树是共有物，每一个人都对它及其产物享有完全相同的一份权利，并且如果没有苹果树这个载体，那么张三即便付出再多的劳动也不可能生产或增产苹果，因此基于他的那份权利，张三应当将苹果量的一半（即 $11/2 = 5.5$ 个单位）让给他。关于李四的这一主张，张三能接受吗？如果张三接受，那么他的劳动价值显然被侵占了。如果张三不接受，那么他不接受的理由是什么？张三可能出示的理由有：

一是苹果树不是共有物，而是私有物，因此只有他对苹果树有排他性的权利，而李四没有。因此李四的主张是不合理的或者无效的。

二是苹果树不是共有物，而是无主物，因此，他和李四都没有对苹果树的权利，但是他对自己劳动享有权利因而也对由它生产的东西享有权利。因此他至多只能给予李四的苹果数量不超过 1 个单位。

三是认可苹果树是共有物，但是认为权利不能侵占劳动的价值，否则将降低甚至消解个人劳动的积极性。因此，李四要求一半的苹果数量严重损害他劳动的积极性，因此除非李四索要的份额是合理的，否则他

---

① 笔者在其他主题下也做过类似的讨论。这里的主题是寻找或建构公平原则，而在另一个地方则在驳斥诺齐克的持有正义原则。参见秦子忠《最低限度国家不是正义的国家——基于对诺齐克的赔偿条款的解读》，《内蒙古大学学报》（哲学社会科学版）2015 年第 5 期。

来年就不再劳动。

如果张三的理由是第一个,那么两个人的冲突将可能诉诸战斗方式来加以解决。因为在这种情况下,两个人几乎没有任何协商的余地。如果两个人没有诉诸你死我活的战斗,那么一种可能的共存方式就是李四屈服张三,比如说接受张三的雇佣关系。在这种情况下,李四处在被支配的关系中,因为张三随时可以解雇李四,尤其是当李四一旦离开就面临饿死的时候。如果在这个雇佣关系中,李四的劳动产物不与他所付出的劳动价值相对称,那么李四就处在被剥削的关系中。

如果张三出示的理由是其他两个,那么两个人的冲突将可能通过协商或者合作来缓解甚至化解。说明如下:

先考察第二个理由。因为在张三的第二个理由中,他不是主张李四没有对苹果树的权利,而是主张他们两个人都没有这样的权利,或者说,他只要求享有自己劳动及其产物的权利。这个主张允许或者不反对,在此之后(自李四出现之后),李四和他一样共同作用于苹果树,并各依据自己的劳动的价值来获取与之对称的苹果数量。比如说,在第二年之后,张三的劳动恰好给苹果树灌水一次,与此同时,李四也恰好给苹果树除草一次,那么在不考虑综合效果下,两人在此后的任一年基于各自的劳动而获得的苹果量分别为,张三为10个单位,李四也为10个单位。至于苹果树自产的1个单位苹果,两个人可以依据双方认可的协议(比如平均分配协议)来分取。据此而言,李四自第二年之后,实际上获得的苹果数量(记为 S_l)为, $S_l = 0.5 + S_m = 0.5 + PCG = 0.5 + 10 = 10.5$。相应地,张三的苹果数量也为, $S_z = 0.5 + S_m = 0.5 + PCG = 0.5 + 10 = 10.5$。在这个过程中,张三的劳动价值和李四的劳动价值,都不存在侵占情况。问题是,李四能够合理地拒绝张三出示的这个理由吗?

如果李四不接受,那么可能的原因是来自价值观念的冲突,而非来自利益的冲突。因为在这种情况下,李四只要通过自己的劳动就能在第二年之后获得至少不低于5.5个单位的苹果。就此而言,李四的利益诉求已经得到满足。至于就第一年的苹果而言,他只能接受苹果树自产的1个单位的1/2(即0.5)而不是他原先索要的5.5个单位,因为剩余的10个单位是张三的劳动价值的对称物,他对此没有权利。因此,如果李四不接受,那么其原因可能是他坚定"苹果树是共有物"的信念。

然而，这种坚定违背或者不尊重理性多元事实。由此观之，如果李四不是价值一元论者，那么他与张三的冲突是可以通过协商来缓解或根除的。

考察第三个理由。因为在张三出示的第三个理由中，两人在价值观上都一样，即认为"苹果树是共有物"，他们的冲突主要在于对苹果树的共有权可不可以侵占劳动的价值。

如果李四主张可以，那么张三就会因为自己的劳动的价值被侵占，而在第二年之后不打算再给苹果树灌水或除草。这样，尽管在第一年，张三让出一半的苹果数量（即11/2=5.5）给李四，但是在第二年后因为张三不劳动，因而每个人只能得到0.5（即1/2）个单位苹果，除非李四提供劳动。问题是，在张三不劳动的情况下，李四依然劳动吗？

如果答案是肯定的，那么可能的原因是李四已经具有了某种版本的共产主义的思想觉悟，而张三没有。比如说，劳动是人的第一需要成为李四的信念，并且平均分配（平等的同一性面相）也成为他的信念。李四所持的这一信念是真诚的吗？笔者持怀疑态度。这不仅因为这类信念需要以丰富的资源为前提条件，也因为这类信念没有充分考虑平等的对称性面相。很难想象，在资源不充分的条件下，一些人在面临挨饿时还能在遵守平均分配原则下进行体力劳动，并且允许其他人游手好闲而又能在结果上获得同样的份额。由此，让我们过渡到答案是否定的情况，即当张三不劳动时，李四也不劳动。

这样，在苹果树的共有权可不可以侵占劳动的价值上，李四的主张就应当从可以侵占转移到不可以侵占，否则两人只能每年接受0.5个单位的苹果。这样，协商而不是固执己见就是他们摆脱困境的出路。因为劳动的价值内化在劳动产物之中，因此在他们协商讨论的分配劳动产物的备选方案中，只有满足对称性要求的方案才可能得到两人的一致同意。

如果以上的分析是合理的，那么这个对称性要求，现在就可以表述为：张三的S∶李四的S＝张三的劳动价值∶李四的劳动价值＝张三的PCG∶李四的PCG。（暂且不考虑苹果树自产的苹果数量）笔者将之记为对称原则A，其表达式为S＝f（P，C，G）。因为对称原则A既不考虑自然界自产的资源（即无须人类的劳动就能自发生产的东西），也不考虑各项必要的社会扣除（比如维持社会秩序所必需的物资，等），因此它仅仅是个简单式。以下，笔者将探讨对称原则 A 的一个拓展式。

第三节　关系对称原则

假定张三和李四都能够理性地预见到自己的劳动能力（P），或选择做出的努力量（C），或自己的苹果总量（S）在某个时期会下降甚至可能丧失，因此他们双方同意每年从各自份额中扣除一定比例的苹果（记为 D），以便当某个人的 P 或 S 等，低于给定的某数值（记为 K）时，就按照给定的补偿函数加以补偿。这样，这个对称性要求，可以进一步表述为，张三的 S-D：李四的 S-D＝张三的劳动价值-D：李四的劳动价值-D＝张三的 PCG-D：李四的 PCG-D，当且仅当某个人的 P 或 C 或 S 低于 K 时，启动给定的补偿函数对其进行相应的补偿。这是对称原则 A 的拓展式，笔者将之记为对称原则 B，其一般表达式为，S-D＝f（P，C，G）-D，当且仅当 P 或 C 或 S 低于 K 时，启动给定的补偿函数对其进行相应的补偿。[①] 据此而言，与对称原则 A 相比，对称原则 B 更具现实性，即接近我们生活其中的世界。

假定在补偿情况发生后，如果被补偿者能够提供有效的劳动，那么对称原则 B 依然满足；如果被补偿者依然没有提供任何有效的劳动，即其劳动价值为零，那么对称原则 B 将不被满足，因为零与任何

[①]　假定张三和李四中的某个人在协商之前就占有较低的 P 或 C 或 S，以至于他在客观上不能做出任何有效的劳动，即其劳动价值为零。在这种情况下，劳动价值为零的一方，可以通过诉诸其他方面的优势（比如说拥有另一方没有的一种特异功能，这个功能无助于劳动，但却唯一能够抵挡岛上的猛兽），或者诉诸其对必需品集（即 G）的共有权，来获取相应的补偿份额。如果这种获取能够成功，那么它也会产生类似于以上表述的对称性要求，但是可能在 D 的确定上会有所差异，并且诉诸的理由也是不同的。基于主题原因，笔者不打算展开这个维度上的讨论。此外，笔者也暂时不展开这个问题，即在私有制下，某个人对 G 的占有或不占有，占有多或少，以及在其量少于某个给定值时，是否需要社会施以补偿以及如何补偿。从关系对称原则来看，它允许我们从关于自然资源（作为必需品 G 的一部分）的占有方式的不同假定（比如公有制、私有制或混合制等）出发来看待这个问题。不过应当指出的是，让笔者注意到这方面的讨论的重要性，是科恩在《自我所有、自由和平等》一书中，在批评诺齐克时所做的分析与论述。参见［英］G.A. 柯亨《自我所有、自由和平等》，李朝晖译，东方出版社 2008 年版，第 3 章。

数值相比都等于零。这样补偿就得继续下去，直到基于扣除而积累的补偿基金匮乏或用完为止。但是如果补偿者仅仅出于主观原因而不提供任何有效的劳动，那么继续对他进行补偿，就是不公平的。因为很显然，如果某个人仅仅对某一事态承担部分的责任，却让他完全得到补偿，或者完全不得到补偿，那么就会导致这样的不公平，即基于部分责任与完全无补偿（或完全有补偿）之间的不对称而导致的不公平。因此，为了避免出现这样的不公平情况，在协商确定补偿原则之前，就应当考虑个人责任与补偿份额的对称性要求（记为对称原则C）。

据此而言，对称原则C处理的领域是个人在补偿关系中的不公平问题。与此不同，对称原则B处理的领域是个人在生产社会关系（包括分配关系）中的不公平问题。因为补偿关系只是生产社会关系（甚至是分配关系）的一部分，因此就评估个人在社会生活中是否受到公平对待而言，对称原则B具有优先于对称原则C的地位。因为如果依据对称原则B，一个人的生产劳动被识别为处于被支配的社会关系之中，那么他就整个地受到了不公平的对待。与此不同，依据对称原则B，一个人的生产劳动处于平等的社会关系中，尽管依据对称原则C，他得到不公平的补偿份额（这种不公平的补偿份额可能仅仅影响他的生活质量，而丝毫没有影响他享有的平等的社会关系）。以下，笔者讨论对称原则C内部的优先规则问题。

个人责任是个选择问题，它既相关于个人也相关于外在环境。就个人而言，个人的特性集P_m中某些元素的缺失或尚且不具备，会导致个人不具备有效的选择；比如先天性智障，或者婴儿、尚未成年的儿童等。就外在环境而言，个人的必需品集G_m中某些元素的缺失或不充分，也会导致个人不能做出有效的选择，比如由于信息获取权的缺失导致做出的选择与在该权利不缺失下会做出的选择相违背。因此，如何计量事态中选择的分量确实是个难题。但这是操作层面上的问题，这个问题不能反过来否定这个考虑（即在补偿事宜中要考虑个人责任与补偿份额的对称性）的合理性。这里，引入科恩对德沃金的相关批评是有益的。

在科恩看来，德沃金在偏好/资源上的切割并没有准确计量选择在事态中的分量。具体而言,不仅在偏好中而且也在资源中都能同时找到非选择性因素和选择性因素,因此在资源这一边,比如能力缺失,就可以区分为可责备的(如不负责任地浪费其潜能而导致能力缺失)、部分可责备的、不可责备的能力缺失三种情况;在偏好那一边,比如昂贵嗜好也可以区分出类似前者的三种情况。① 据此,基于德沃金的切割而进行的平等主义补偿,与其根本性思想(没有人应该受苦于原生运气,而受害者要完全承担那种可以追溯到他可控制的选项运气所带来的后果)并不一致。因此,如果资源平等只关注和纠正资源缺失引起的不平等,但却默认精神抑郁引起的不平等,那么它就导致这样的不公平的不平等——允许那些只对某一事态承担部分责任的人,完全得到针对资源缺失的补偿,或者完全受苦于精神抑郁。②

当然,以上可责备、部分可责备、不可责备之区分,并不是说现实世界中确实存在这样的情况。至于这个区分的根据,科恩本人做了非常完整的表述:"我们并不是要在真正选择的存在与缺失之间做出绝对的区分,而是承认选择中的真正性数量是个程度的问题……这个程度是几个东西的函数,并且在一个人的情境中没有任何方面能够完全归于真正的选择……因此……我们需要说的一切只是,从平等主义正义的观点看,他具有的相关信息越多,那么他对现在所拥有的东西能够抱怨的理由就越少。"③

以上的分析表明,个人选择或个人责任在现实性上总是表现为某个同类元素集(S_m、P_m、C_m、G_m)的不充分,因此,在补偿事宜中引入基于个人责任在事态中的分量大小而构想的补偿优先次序(即优先性规则)就不是不合理的。对此,阿尼森的这一观念可算是这类优先性规则的一个版本:"正义要求最大化人类幸福的函数,这个函数给予提高那些处境差者的幸福以优先性,在这些处境差者中间,根据他们先前的行动,对其状况不负有实质性责任的人又享有优先性。"④ 不过必须指出

---

① G. A. Cohen, "On the Currency of Egalitarian Justice", *Ethics*, Vol. 99, No. 4, 1989, p. 929.

② Ibid., p. 922.

③ Ibid., p. 934.

④ Richard J. Arneson, "Luck Egalitarianism and Prioritarianism", *Ethics*, Vol. 110, No. 2, 2000, p. 340.

的是，阿尼森的这个优先性规则，是以"正义要求最大化人类幸福的函数"为先决条件的。与此不同，依据本书阐述的关系对称原则，这个优先性规则只相当于原则 C 在处理与个人责任相关的补偿事情时所遵循的规则，因此这类优先性规则是以原则 C（它要求在补偿事宜中要考虑个人责任与补偿份额的对称性）为先决条件的。

据此，笔者已经论述了两个对称原则，即对称原则 B（对称原则 A 是它的简单式）和对称原则 C 以及它们之间遵循的优先规则。此外，笔者也论述了对称原则 C 以及它内部遵循的优先性规则。当然，整个论述是初步性的，但是这个论述不仅为我们超越将评价域局限于某个同类元素集的正义观提供了一种有前景的视角，也表现出这样的努力，即试图勾勒这个有前景的正义观的基本轮廓。这个正义观，其原则的质料（或评价域）不是某个同类元素集而是将同类元素队列关联起来的生产社会关系，其原则形式不是平等的同一性面相，而是平等的对称性面相。因此笔者将这个正义观的原则命名为生产社会关系对称原则，简称为社会关系对称原则，或者关系对称原则。依据前文的论述，这个关系对称原则包含两个原则，即对称原则 B 和对称原则 C 以及相应的优先性规则。[1] 据此而言，前文阐释的森的能力民主原则所处理的问题领域覆盖的可能只是对称原则 C 所能及的范围，而不能涵盖对称原则 B 所能及的范围。因为在其后期作品中，森不仅明确表明对剥削等问题的关注是对能力平等的一种有益叫停，而且担忧聚焦于单个评价域的平等观会落入那些"对一元平等观更广泛的批评"之中。[2]

以下，笔者将探讨一个可能世界。这个探讨将涉及对关系对称原则的可欲性的考察。此外，这个探讨的必要性也根源于正义理论叙述的完整性。因为正义理论就其完整而言，一般都包括这三大部分，一是正义概念，二是正义原则，三是社会结构。罗尔斯的理论如此，诺齐克的理论也如此。森的理论也有着类似特征，只是他论述没有前两者那样严

---

[1] 这小节讨论，吸收笔者在《关系性平等》一文的研究成果。在这篇论文中，笔者提出了关系性平等的两个原则，即整体原则和补偿原则，在形式上，分别对应于此所论述的对称原则 B 和对称原则 C，并且也探讨了它们之间的优先性规则。当然，在内容上，笔者做了论述上的拓展。

[2] ［印度］阿马蒂亚·森：《正义的理念》，王磊、李航译，刘民权校译，中国人民大学出版社 2012 年版，第 277 页。

密。在《正义的理念》一书最后部分，森也构想了民主原则所通往的那个世界以及它所需要的相关条件，比如新闻和媒体、公共行动、民主实践等。但是，这个世界的图景极其稀薄与模糊。因此接下来的这部分，笔者将构想一个可能世界。对这个世界的描述，将涉及对罗尔斯的互惠合作体系和诺齐克的乌托邦框架的批判性考察。

这里，稍加说明第五章与接下来两章在论证链条上的联系是必要的。在第五章中，笔者不仅清晰化了能力民主原则，而且基于弱同意视角为它提供了正当性论证。因为前文阐述的弱同意视角是一般性的，而能力民主原则又是关系对称原则的一部分，因此前文基于弱同意视角的正当性论证也会适用于关系对称原则。换言之，关于关系对称原则的正当性论证，笔者也同样遵循由弱同意视角所指示的路径。但是，正当性论证不能替代证成性论证。正当性论证测量的是在有效边界内会有多少个个体认可了关系对称原则。与此不同，证成性论证测量的是关系对称原则会产生什么样可欲的效果。因为关系对称原则只是一个抽象原则，因此其产生的效果是否可欲，在一般意义上只能通过测量其形塑或规范的社会结构的可欲度来判断。据此而言，接下来第七、八章所展示的实践部分实质上就是关于关系对称原则的证成性论证。当然，这并不是说正当性论证和证成性论证是截然分离的，事实上，正如接下来的论述所示，它们交互在一起，是任何称得上完备的正义理论必需的两个不同但相互支撑的论证环节。

第三编 实践

这部分由两章组成。在第七章，笔者会探讨一个可能世界，并将之投射到现实世界中来检验其可欲性。在八章，笔者将探讨通往这个可能世界的路径，并通过聚焦保障和推进人权这个主题来展开论述。

第七章

框架—多元式结构

当人们构想或提出一个可能世界的命题时，往往出于对现实世界的不满。因为，某个人既认为现实世界已经完美却又构想或者憧憬一个与之不同的可能世界，其行为是难以理解的。如果他确实如此做了，那么我们只能说他缺乏智识上的真诚。[①] 既然可能世界是以现实世界作为它超越的对象，那么观察和呈现当下世界存在的那些令人难以忍受的现象，并以此来检验相关理论就是个必要的研究步骤。因为当一个自称正当的正义理论被我们发现并没有处理好这些难题时，那么它的可欲性会受到质疑甚至否定。也许很不幸，我们现在所处的世界充斥着难民、饥荒、贫困、严重不平等、环境污染、全球变暖、淡水短缺等困扰人类的问题。以下，笔者将构想的可能世界模型显然是出于对克服这些问题的理论思考（即其表述形式是抽象的）。但这个思考的基本要点能否经得起检验，则是另一个问题。在下一节，笔者则通过"模型在现实世界的投射"来对它的合理性进行初步检验。这个检验从某种意义构成一种经验性说明。

第一节 模型

通过上一章所做出的同类元素集队列，人类至少在五个方面存在差异：在四个同类元素集中的任一个维度上的差异，以及将四者关联起来的关系性维度上的差异。如果这些差异转变为令人难以忍受的不平等

[①] 当然，这种建构如果纯粹出于理论的兴趣爱好而无关于对现实世界的批判或超越，那么这也无可厚非。只是本书的议题显然不是在这个意义上进行设定的，因此这里所言的缺乏智识上的真诚，指的是那些对现实世界不满却基于某种原因而又不加以承认的理论家。

时，那么某些人或者在元素集层面就存在严重的缺失状态（比如当一个或多个同类元素集的数值等于或接近零时，他们可能是植物人、残疾者、无法做出有效选择和努力者、一无所有者、挨饿者等）；或者在关系性层面处在剥削或支配关系之中（比如他们可能是劳动被异化的工人，其体现在劳动产物中的劳动价值被严重地剥夺，受制于他人的依赖者，被隔离、歧视的污名者，其人身自由不仅在实质上甚至在形式上都没有得到真正意义的保障）。如果这就是我们当下所遭遇的现实世界的简单概述，那么一个具有超越性的问题就是：有无可能存在这样的世界，在其中，(a) 我们的劳动价值得到充分尊重，(b) 并且具备在全球性范围的择业自由和迁徙自由，(c) 以及当我们的劳动能力不足或缺失时，原先从我们劳动价值中所做的扣除性积累能够让我们在保障 (b) 的前提下维持基本生活，即便在世界不同地方维持基本生活所需要的物质条件存在某些差异？

以上这个问题被视为本章的题旨性问题。对这个问题的回答，将涉及数学语言的运用。但为了便于叙述，做出这样的简化是必要的。让我们设想，这个可能世界有 n 个共同体，记为 W_n（w_1, w_2, w_3, …, w_n）。每个共同体都有一套完整的合作体系，在这个体系中，每个人通过提供其劳动而获取相应的劳动产物。每个人，记为 I_n（i_1, i_2, i_3, …, i_n）。以下，笔者设想几种共同体模型，这个设想将形成一个相对完整的叙述环境。在这个环境中，一个满足 (a)、(b) 和 (c) 的可能世界得到初步性的描述。或者说，这个设想遵循"设计方法与过滤方法"（诺齐克的术语）：通过排除某些不公正的共同体类型，并由此逐步展示或者靠近那种我们所需要的共同体类型。①

(1) 领袖型共同体。设想这样的共同体，它起初是由一个人或他以及认可其权威的同伙创造的，比如说他或他们最早进行这个共同体的构想，并且率先在某地方将这个构想付诸实践。因为这个共同体是他构想和建筑的，因而他应当是这个共同体的领袖，其他人或者后来想加入其中的人们，都将成为他的追随者。在这个共同体中，后来加入的人

---

① 这个讨论策略受到诺齐克的启发。诺齐克在《无政府、国家与乌托邦》第三部分关于乌托邦框架的讨论不仅极富洞见，也展示了一个很有吸引力的可能世界模型。但基于稍后提及的原因，笔者并不完全接受关于这个模型。

们，他们的劳动价值是难以得到充分尊重的。因为领袖及其核心圈的日常生活必然会建立在一套具有或显或隐的剥削关系的合作体系上，即非核心圈人员的大部分劳动产物通过比如说"汲取性制度"①不公平地转移给核心圈的人员。简言之，该共同体的合作体系违背（a）。并且如果世界上所有的共同体都采取这类共同体的建制，那么这个世界将是由压迫性的或阻断性的"王国"所组成，因而势必违背（b）以及（c）。因为如果有择业自由和迁徙自由，那么人们或者选择占据核心圈的职位，或者直接离开这个共同体，除非他们一迁徙就意味走向死亡（例如会淹死于大海或渴死于沙漠），或者除非其他的共同体对他们而言也同样差甚至更差。

（2）会员型共同体。与领袖型共同体不同，在会员型共同体中，尽管每个人在形式上都以会员身份隶属于某个共同体，但是，如果他愿意，他可以放弃其原所在共同体的会员身份，转而申请并且加入另一个共同体，成为其中的一员。换言之，会员型共同体在原则上承认保障（b）。这样，如果在某个共同体中，一个人觉得他的劳动价值在合作体系中没有得到充分尊重，那么他可能会放弃这个共同体的会员资格，尤其当他发现更好地尊重其劳动价值的其他共同体期待他加入或允许他加入的时候更是如此。因此，那些主导着某个共同体的管理层成员将自发或自觉地尽可能完善其合作体系，以便避免会员的大量流失，或者吸纳更有活力的会员加入其中。因为很显然，如果会员的流失量长期大于会员的流入量，那么这个共同体就会面临解体的危险。由此观之，当择业自由和迁徙自由得到保障的时候，对劳动价值的尊重程度将处在一个不断上升的道路上。据此而言，即便（a）被违背，但是只要保障（b），那么，违背（a）的情况将至少在量层面得到减少。但是会员型共同体可能存在这样的情况，它对那些不具备或丧失劳动能力的人缺乏尊重。因为当合作体系被调整成有利于充分尊重劳动价值时，那些因为各种原因而不能提供劳动价值的人，在其共同体中可能处在挨饿边缘，或者遭

---

① 这个词组是笔者从阿西莫格鲁等人的作品中借用过来的，它被用来表示那些统治阶层通过制度形式不公平地吸取或侵占本属于人民的财产。在其分析中，索马里等，就属于具有这类汲取性制度的国家。[美] 德隆·阿西莫格鲁、[美] 詹姆斯·A. 罗宾逊：《国家为什么会失败》，李增刚译，湖南科学技术出版社2015年版。这个模型从某种意义上也可以解释这类国家为什么会失败，尽管它的分析不同于基于实证性材料的分析。

受歧视，并且当他申请离开时，他在［基于（b）保障的权利而申请加入的］其他共同体中的境遇也可能相差无几。据此而言，会员型共同体保障了（b），并且因此会自发或自觉地完善对（a）的保障，但是不一定能够很好地保障（c）。与此相近的并且得到更充分讨论的理论模型，是诺齐克构想的乌托邦框架。① 然而，如笔者在其他地方所论证那样，在诺齐克的模型中，可能存在无辜的饿死者。②

（3）福利型共同体。福利型共同体在形式上不仅明确保障（b）而且保障（c）。就此而言，它是否比会员型共同体更具有吸引力呢？乍看起来，它和会员型共同体一样在形式上保障（b）因而使对（a）的保障处在改善的路上，同时又能克服会员型共同体没能保障的（c），因而它应当比后者更具吸引力。然而，情况果真如此吗？这需要更为精细的分析后方能给予合理的回答。在考虑能量守恒情况下（或者说在社会总财富的给定情况下），对（c）的保障，即对劳动能力不足者等人的救助性保障，需要从其他人的劳动产物中扣除一部分作为支撑，据此而言，对（c）的保障可能冲突于对（a）的保障，除非被扣除者自愿地接受这个扣除及其扣除比率。由此，关键的问题是，何种扣除方式以及扣除比率能令可能的被扣除者所自愿接受？以下笔者将考察两种回答这个问题的致思路径（3.1）和（3.2），然后从对称性视角评述它们，并且拓展更吻合对称性要求的那条路径，即（3.2）。

先考察（3.1）。

（3.1）"社会和经济的不平等应当这样安排，使它们：①在与正义的存储原则一致的情况下，适合于最少受惠者的最大利益；并且，②依系于机会公平平等的条件下职务和地位向所有人开放。"③

（3.1）是罗尔斯的第二个正义原则，其中①即差别原则直接相关于这里的论题。依据（3.1）尤其是差别原则，只要社会合作体系所做的扣除吻合最少受惠者的最大利益，那么这个扣除就能得到所有人（自

---

① ［美］诺齐克：《无政府、国家与乌托邦》，姚大志译，中国社会科学出版社2008年版，第三部分。
② 秦子忠：《最低限度国家不是正义的国家——基于对诺齐克的赔偿条款的分析》，《内蒙古大学学报》（哲学社会科学版）2015年第5期。
③ ［美］罗尔斯：《正义论》（修订版），何怀宏等译，中国社会科学出版社2014年版，第237页。

然包括被扣除者）的一致同意。① 但是从对称性角度来看，这个论证难以令人满意。因为罗尔斯将所有人的利益假定为具有相互咬合的"链式联系"是非常可疑的，他所做的推理也严重地袒护"最不利者"，而所谓的"最有利者""居间者"可能会陷于为最不利者的最大利益奔波劳碌的境遇。② 因此，即便罗尔斯主张的扣除方式是可接受的，但它所附带的扣除比率是否过高，以至于依据它而建立的共同体具有隐蔽的排外性③，即在实质上并没有保障（b）所确保的迁徙自由和择业自由，从而使得这个世界中的共同体仅仅在形式上是开放性的，实质是封闭性的，除非所有的共同体采取同一水平的福利门槛来保障（c）。因为如果一些共同体采取的福利门槛较低，而另一些共同体采取的福利门槛较高，那么当一个人从福利门槛较低的共同体移民到福利门槛较高的共同体时，后者可能基于各种理由而在形式上不违背（b）的前提下拒绝外来的申请者，除非申请者能够给后者带来接纳他/她的利益大于拒绝他/她的利益（如果有的话）。因为不难想象，在福利门槛有差异的诸多共同体中，如果没有这样的基于审核的拒绝与接纳机制，那么它要想维持自身稳定性几乎是不可能的。因为不加任何限制的移民潮，要么导致低技能者拖垮高技能者，要么福利门槛更高的共同体不得不降低其福利门槛水平。如果共同体内部进行福利门槛的梯形设计，那么这种设计即便没有产生共同体内部的亚共同体，它也很难让共同体之间免于滑向隐蔽的排外性或封闭性。在下节即"模型在现实世界的投射"中，国籍、移民、难民等备受世人关注的问题很好解释了这类型共同体的局限所在。

（3.2）"从一个处于私人地位的生产者身上扣除的一切，又会直接或间接地用来为处于社会成员地位的这个生产者谋利益。"④

（3.2）是马克思在《哥达纲领批判》中说过的一句话。这句话是对其所设想的社会所主张或允许的"扣除"的性质进行补充性说明。

---

① ［美］罗尔斯：《正义论》（修订版），何怀宏等译，中国社会科学出版社2014年版，第58—65页，第116—124页。

② 同上书，第63—65页。

③ 罗尔斯自己承认，"差别原则要求一种很高的最低受惠值"。［美］罗尔斯：《正义论》（修订版），何怀宏等译，中国社会科学出版社2014年版，第224页。

④ 《马克思恩格斯文集》第三卷，人民出版社2009年版，第433页。

具体而言，马克思设想的是"这样一个社会，在那里，劳动资料是公共财产，总劳动是由集体调节的"；并且在这个社会中，劳动所得不是如拉萨尔所主张那样，"应当不折不扣和按照平等的权利属于社会一切成员"，而是在总劳动产品作为消费资料在生产者之间进行分配之前，它需要做出各项扣除，因而劳动所得是"有折有扣的"。[1] 只不过，在马克思所设想的社会中，这个"有折有扣的"，如（3.2）所述，即"从一个处于私人地位的生产者身上扣除的一切，又会直接或间接地用来为处于社会成员地位的这个生产者谋利益"。就此而言，马克思的这一表述已经蕴含了对称性思想，如果从他个人那里扣除掉的劳动所得等于他从社会那里享受到的利益，即个人因扣除而让渡出去的劳动所得＝用以建设公共性项目的总费用的一定量＝个人从享受公共性项目提供的服务中所获得的利益。

从马克思稍后的论述来看，这个对称性思想在共产主义社会初级阶段中以按劳分配原则表现出来，即"一种形式的一定量劳动同另一种形式的同量劳动相交换"，并且"生产者的权利是同他们提供的劳动成比例的；平等就在于以同一尺度——劳动——来计量"[2]。但是必须指出，马克思并不完全满意于此，因为这个社会依然存在这样的弊病，比如"它默认，劳动者的不同等的个人天赋，从而不同等的工作能力，是天然特权"。[3] 由此，马克思又为我们勾勒了共产主义社会高级阶段的基本轮廓。笔者不打算于此摊开这个高级阶段是否具有现实可能性的讨论。[4] 因为摊开这个讨论会溢出这里所设定的论题——保障（c）而做的各项扣除是否违背（a）和（b）。

从对称性视角来看，如果在（3.1）和（3.2）之间做出选择，那么（3.1）将明显会被排除。至于（3.2），它虽然表述了一种对称性思

---

[1] 《马克思恩格斯文集》第三卷，人民出版社2009年版，第432页。
[2] 同上书，第435页。
[3] 同上。
[4] 在这个问题上，科恩的工作应当值得重视。在科恩看来，共产主义社会依赖的"两个主要的必要论"遭遇两个难题，一是无产阶级不能同时在数量上占大多数又具有不得不进行暴力革命的条件，二是即便科学技术取得长足发展，支撑人类社会的自然承载力是有限的。[英] G. A. 柯亨：《自我所有、自由和平等》，李朝晖译，东方出版社2008年版，第9—13页。

想或者将尺度落在劳动上的比例平等思想，但是它以及适合它的社会结构依旧模糊不清。比如，我们不能十分肯定共产主义社会初级阶段（搁置高级阶段的讨论）是个什么样的社会结构。它允许多个不同类型的共同体同时存在吗？如果它要求所有的共同体都必须是同一个模样，比如说所有共同体都按照生产资料公有制来进行社会合作体系的建构吗？这些问题至今依然是挑战智力的艰深问题。[①] 不过，就引入马克思等人的作品作为探讨笔者的世界模型的文献材料而言，笔者并不必然要回答这么艰深的问题。

笔者已经在文献梳理上耽搁太久，现在回到我们的模型，并且继续探讨如何设计扣除方式及其比率，以便让"福利型共同体"不至于因为保障（c）而在实质上违背（a）和（b）。现在有三种设想扣除的方案：

方案1：在任一个共同体内，对每个生产者的劳动产物所做的扣除，由共同体的维护者代为管理，并且完全用于该共同体的公共性项目之建立、改善和维持，不随个人的转移而转移。

按照方案1，如果从个人 I_1 的劳动产物那里所做的扣除等于他/她从该共同体的公共性项目中享受的利益，那么（a）就得到满足。但是如果 I_1 因为某种原因而不得不离开比如 W_1 而移民到比如 W_2 时，那么他/她的"净身出户"可能会使其移民计划变得难以实现。因为当 W_1 和 W_2 各自所扣除的比率（比率=扣除份额/个人劳动产物）不相同时，移民计划将因为比率上的差距而变得更为困难，尤其是从高比率的共同体比如 W_1 转移到低比率的共同体比如 W_2（因为比率越高，其他条件相同下，固化在原共同体内部的扣除份额更大），更是如此，除非他/她能够在其他方面给 W_2 的维护者带来更高的预期（比如他的劳动能力极强，或在扣除后他的劳动产物余额依然足够）。如果不幸，他的劳动能力很低或劳动产物余额不足够，那么保障他的基本生活将全部由 W_2 来承担，

[①] 尽管这里没展开讨论这些问题（及其相关问题），但提及已经对这些问题进行深入探讨的一些文献是有益的。它们主要是，[英] G.A. 科恩的《卡尔·马克思的历史理论——一种辩护》（段忠桥译，高等教育出版社 2008 年版），[美] 约翰·罗默的《社会主义的未来》（字文烈等译，张金鉴校，重庆出版社 2010 年版），以及段忠桥的《重释历史唯物主义》（江苏人民出版社 2009 年版）和《理性的反思与正义的追求》（黑龙江大学出版社 2007 年版）。

这是诱使 W_2 的维护者寻找各种理由以便将他/她拒之门外的根源之一。据此，对 I_1 个人而言，（b）所保障的迁徙自由和择业自由仅仅是形式上的，或者说 I_1 只能被迫继续留着 W_1 之中以便能领取完全固化在共同体中的"扣除"来维持生活。换言之，只要 I_1 继续留在 W_1，（a）和（c）都得到满足；如果 I_1 想离开 W_1，那么在实质上他对（b）并没有可及性；即便他移民成功，他的完全固化在 W_1 的"扣除"，对他后续的生活而言，是对他之前的劳动产物的剥夺，因而也间接地违背（a）。

方案 2：在任一个共同体内，对每个生产者的劳动产物所做的扣除，转入由共同体设立的个人保障金之中，暂由共同体的维护者代为管理，维护者按照事先约定的比率（比率＝固定保障金/可移保障金），固定保障金完全用于该共同体的公共性项目之建立、改善和维持等，可移保障金则可以随着个人的转移而转移。

按照方案 2，因为引入个人保障金账户并且将它一分为二，因此 I_1 在方案 1 中所遭遇的难题，可能得到解决，尤其是当他在 W_1 中的可移保障金不小于其他共同体比如 W_2 所要求的保障金的时候。此外，这种一分为二的做法，使得固化在共同体内部的保障金在一定程度上保障了共同体的稳定性。因为如果没有这部分具有稳定性的固定保障金，那么该共同体的公共性项目（比如公园、公路、博物馆等）的建立、维持和改善，将没有稳定的资金来源。但是，方案 2 在精细上做得不够好。因为与共同体建制的原则及其制度相比，个人生活计划更具弹性。

比如，假定 W_1、W_2 原则上分别要求其每个成员最终至少贡献的固定保障金是 100、200，这些保障金完全被用以支付共同体内每个成员都可及的公共项目之开支；并假定在 T_1-T_2 期间，W_1 的成员 I_1 所贡献的固定保障金为 100，相应的可移保障金也为 100，而 W_2 中的成员 I_2 贡献的固定保障金为 200，相应的可移保障金为 100；此外其他条件均相同。现在让我们来看来，在 T_2-T_3 时期，当 I_1 和 I_2 都移民时他们可能遭遇的处境。

I_2 想移民到 W_1，因为 I_2 的可移保障金（＝100）符合 W_1 要求（≥100），因此他/她应当能够移民。但是在这个过程中，I_2 实际上是放弃他/她在 W_2 中的部分固定保障金（因为他/她贡献的 200 可能意味着享有更优质的预期利益，但是他/她离开了，因而享受不到）。与此相对，I_1 想移民到 W_2 是困难的，因为 I_1 的可移保障金（=100）低于或不符合 W_2 要求（≥200），因此如果 W_2 的维持者接受他/她，则意味着 W_2 的维护者在固定保障金上接受 100 的亏损，除非后者具有 W_2 所需的特殊技能能够弥补这个亏损。即便移民成功，他/她实际上是放弃他/她在 W_1 中的部分固定保障金（因为他/她贡献的 100 中的一部分可能在他/她退休后才能享有，但是他/她离开了，因而享受不到）。

就此而言，方案 2 既对 I_2 不够合理，也对 I_1 不够合理。

方案 3：在任一个共同体内，对劳动产物所做的扣除，转入由共同体设立的个人保障金之中，暂由共同体代为管理，该共同体的维护者按照每个人在该共同体中生活的时间长度和享受的公共性服务而从他个人保障金中扣除相应的份额，如果劳动者转移到其他共同体，则由原共同体将剩余的个人保障金直接转移到其新加入的共同体。

与方案 2 相比，方案 3 在以下三个方面做得更好。在（a）维度上，方案 3 更加充分尊重个人的劳动价值，因为它在实质上更接近实现让从个人那里所做的扣除等于个人从共同体提供的公共性服务中所享受的利益。在（b）维度上，因为个人的保障金几乎完全由自己自由使用，因此个人的迁徙自由和择业自由将在实质上得到更充分的保障。在（c）维度上，因为保障金由共同体维护者代为管理，并且由后者依据其对公共性服务的享受程度而做相应的扣除，因此也能充分地保障劳动能力不足者等人的基本生活水平。

然而，需要提出的是，包括方案 3 在内的三种方案，都难以处理这两类人的问题，一是精神病、脑瘫、老年痴呆者等理性不健全者，二是理性健全但却完全无劳动能力者。但这不应当被看作放弃这些方案的理由，因为处理这两类人的问题超出了对称性视角的范围，或者说，处理这类问题所诉诸的东西可能不是平等价值，而是由人权理论所阐释的比如人的同情、博爱、尊严等价值。因此，当一个人依据利益维度的权衡而应当移民时，如果他最终没有选择移民，那么他所留下的原因将是不同于利益的东西，比如爱情、亲情、信念、文化认同等。

如果以上的分析不是不合理的，那么，采用方案 3 的福利型共同体是本节所构想的可能世界之模型。如果这个模型所展示的图景不是遥不可及的，那么就本节开篇处提出的那个问题而言，其答案就是肯定的，即存在（而非不存在）这样的可能世界，在其中，（a）人们的劳动价值得到充分尊重，（b）并且具有在全球性范围的择业自由和迁徙自由，（c）以及当人们的劳动能力不足或缺失时，原先从他们劳动价值中所做的扣除性积累能够让他们在保障（b）的前提下维持基本生活，即便在世界不同的地方维持基本生活所需要的物质条件存在某些差异。

为了避免每次都重复长长的表述，笔者将选择方案 3 的福利型共同体模型，以"框架—多元式社会"来称谓它。这个命名多少有些随意，但它仅仅是个名字而已。如果有更好的名字来命名它，自然更好。不过稍微提及笔者给这个模型起这个名字所基于的两点考虑，或许是必要的。一是选择方案 3 的福利型共同体模型所指向的可能世界，是由诸多共同体所组成，并且（a）、（b）、（c）是诸多共同体或者所有人有理由珍视的作为公共性框架的东西。① 二是笔者暂且没有想到更好的名字，并且单方面认为，框架—多元式社会这个名称能够让人在直观上将这个模型与中心-边缘式社会划开界限，因为在后者中，共同体之间不是并列和平等关系，而是等级和依附关系。②

然而，对框架—多元式社会的一种批评是，模型与现实世界之间的鸿沟过大，以至于模型虽然在理论上是可能的，但是在实践中是不可行的。如果这个批评能够成立，那么框架—多元式社会就是幻象的，它没有从现实世界生长出来的任何可能性。但是，这里不是探讨这个批评的合适场所。因为本节的主要工作是建构而不是回应对建构的批评。因此，这里引入这个批评，其目的是让我们关注到模型与现实世界之间鸿沟问题的重要性。就此而言，面对这个批评，笔者只能表明，如果这个鸿沟确实过大，那么没有可行性的可能世界就是幻象的。但是，框架—多元式社会与现实世界之间确实具有如此过大的鸿沟吗？对于这个问题的肯定性回答，笔者持怀疑态度。接下来的讨论，会展现出笔者持怀疑

---

① 这里搁置这样的问题，即（a）、（b）、（c）是这个公共性框架的全部内容吗？这里，笔者只需表明这三点至少是这个公共性框架的内容即可。对于一个构想而言，详尽的表述并不是它所必然要求的，因为它更侧重对基本框架的勾勒。

② 历史上宗主国与殖民国之间的关系，如昔日的英国与印度之间的关系就可作为中心-边缘式社会的一个历史性实例。

态度的理由。

第二节　模型在现实世界的投射

当我们将作为模型的框架—多元式社会置于现实世界中时，两者的差异或者鸿沟便明显地摊开在我们的面前。比如，当模型中的多个共同体被近似对应于当前世界中的诸多国家时，偷渡者问题、难民问题等，便强烈地冲击我们所构想的框架—多元式社会。我们可以从多个维度来解释模型与现实世界的不一致性及其根源。但是基于主题原因，笔者将着重探讨这个不一致性的根源以及能否有效克服它们。以下，笔者列举几个不一致性的现象，然后呈现其背后的根源，并讨论是否有必要克服以及能否有效克服这些根源。

一　偷渡者问题

现代意义的偷渡者不仅包括传统意义上从海港偷渡的人员，也包括从陆路等多种途径偷渡的人员。这个意义上的偷渡者相当于当前语境中的非法移民。这里有必要展示相关文献中的一些数据或分析：

世界的非法移民：

"世界上非法移民有多少？据联合国人口基金会1999年估算，全球非法移民人数在2500万人左右，而且每年还以50万—100万人的速度递增。2001年，国际移民组织（OIM）报告，世界非法移民有3000万人之多。一些非法移民问题专家认为，这只是非法移民的'冰山一角'，实际情况远比估算的数目大得多。"[①]

欧盟的非法移民：

"2000年，欧盟估计约有非法移民300万，近年来发展迅速，每年新增约50万甚至更多，目前估计已达800万。"[②]

美国的非法移民：

[①] 郭锋超：《国际非法移民问题概观》，《公安研究》2003年第11期。
[②] 文峰：《欧盟非法移民治理研究》，博士学位论文，暨南大学，2010年。一个更细致的数据分析表明："新世纪以来，欧盟的非法移民呈现出下降—上升—下降—上升的波浪形状态，但整体上呈现出增长势头。"陈积敏：《欧洲非法移民的现状与趋势》，《国际研究参考》2016年第11期。

"美国非法移民的来源广泛,几乎涵盖了大多数发展中国家,但主要还是集中于拉美地区,尤其以墨西哥为最。自1980—2006年,墨西哥籍非法移民约占美国非法移民总数的55%—60%……2008年,美国的前十个主要非法移民来源国分别是:墨西哥、萨尔瓦多、危地马拉、菲律宾、洪都拉斯、韩国、中国、巴西、厄瓜多尔和印度,来自这十国的非法移民共占美国非法移民总数的83%。"①

韩国的"脱北者":

"根据韩国统一部的最新数据,2013年脱北者人数为1516人。至于每年实际非法越境的人数,则远远高于上述数字。"②

中国的非法移民:

"……我们认为到2013年12月,在中国大陆的非法外国移民至少在40万左右,而且呈现出持续高速增长的态势。"③

以上摘录的信息表明,非法移民不是个别现象,而是普遍现象。如果这种现象持续存在,那么偷渡者问题在多大程度上损害框架—多元式社会的现实可能性?这不是个容易回答的问题。

从历史看,非法移民出现的历史比较短暂。它是伴随着现代国家主权和边境控制意识的出现而产生。19世纪后期,随着全球区域经济发展和国家主权意识的兴起,国家权力才开始对移民进行干预。但干预政策只针对某些特殊人群,如犹太人、道德上不受欢迎的人、未婚的情侣、卖淫者、不同政见者等。当时人们对非法移民习惯的称法是讨厌的外国人、不受欢迎的移民或者无国籍者。因此,那时的非法移民还不具严格意义上的含义。第二次世界大战后,真正意义上的非法移民开始出现。④

因为二战后的非法移民实际上是原籍国和/或目的国施行的边境控制所催生的,因此如果当前的边境控制最终被证明是人类自由迁移史中的一个阶段,那么作为普遍现象的偷渡者就不会持续存在。边境控制是

---

① 陈积敏:《美国非法移民的现状与基本特点》,《国际资料信息》2012年第2期。
② 黄志雄、胡健生:《论朝鲜"脱北者"的国际法地位及我国的对策》,《时代法学》2014年第5期。
③ 宋全成:《非法外国移民在中国的现状、症结与对策》,《山东大学学报》(哲学社会科学版)2015年第1期。
④ 文峰:《欧盟非法移民治理研究》,博士学位论文,暨南大学,2010年。

现代主权国家维持自身独立性的一种手段。这点不难理解。当前的边境控制一方面限制了其国民的迁徙自由，另一方面也限制了他国民的迁徙自由。这种限制，从政治文化上讲，彰显了原籍国的主权的存在感，也强化了国民对原籍国的身份感（不论是积极的还是消极的）；从经济上讲，它防止了大量国民流出对原籍国的国民经济生产体系的破坏，也防止了大量移民流入对目的国的国民经济发展体系的冲击。① 然而，对于人类而言，真正重要的不是这种边境控制，也不是现代主权国家，而是美好生活。换言之，如果这种边境控制及其维护的现代主权国家体系并不适合人类普遍地追求并实现其美好生活，那么它们就会被越来越多的"偷渡者"所改变甚至摧毁。

从相关数据来看，非法移民不仅作为普遍现象存在，而且其数量呈增长趋势。② 对此，笔者的判断是：当偷渡者数量处在上升区间时，现存国家体系（或者共同体体系）会因为巨量的偷渡者而面临社会失序、经济崩溃的威胁，除非它们自身的变革方向朝着框架—多元式社会前进（而这意味着现代国家体系的变迁与重组）；当偷渡者数量处在下降区

---

① 这里实际上有几种情形需要具体分析。一是原籍国有剩余劳动力，而目的国缺乏劳动力。在这种情形下，为了转移其过剩劳动力或者为了发展外向型经济，原籍国通常会放宽边境控制，与此相应，为了吸纳外来人员弥补其国内经济体发展所必需的劳动力，目的国通常也会放宽边境控制。这是个双赢的互动过程。在这个过程中，如果原籍国可转移的剩余劳动力等于目的国的实际需量，那么这些可转移的剩余劳动力，他们中间被贴上"非法移民"的人数越多，说明双方当前的边境控制越不合理。二是原籍国有剩余劳动力，但目的国不缺劳动力。在这种情形下，为了转移其过剩劳动力或者为了发展外向型经济，原籍国通常会放宽边境控制，与此相反，为了保护本国民的就业机会或者维护社会秩序安定，目的国通常也会收紧边境控制。这不是个双赢的互动过程。在这个过程中，原籍国可转移的剩余劳动力，原则上都是目的国的潜在的或现实的非法移民。三是原籍国没有剩余劳动力，目的国缺乏劳动力。与第二种情形相反，第三种情形中原籍国通常会收紧边境控制，以免国家发展必需的劳动力外流从而破坏国民经济生产体系的稳定或发展，而目的国通常会放宽边境控制甚至出台优惠移民政策，以吸纳外来移民来维持其正常的国民经济发展体系。在这个过程中，非法移民这样的身份标签，将发生两个历史性的转变，即限制个人迁徙自由的主体国家不再是目的国而是原籍国，承接这个身份标签的主体个人不再是有劳动力的人员而是那些在政治或道德上不受欢迎的人员。四是原籍国没有剩余劳动力，目的国不缺劳动力。在这种情形下，非法移民作为一种现象，退出来了历史舞台。

② "伴随国际移民流动的是全球非法移民的增加。非法移民的准确数据难以统计，但是根据联合国专家的统计显示，每年有200万—450万非法移民穿越主权国家边境，前往移民接受国。据估计，全球移民有10%—15%是非法移民，数量达到2000万—3500万。2010年，全球有5000万非法移民通过偷渡非法入境。2013年，全球大约有2000万—3500万非法移民。"参见唐慧云《全球非法移民治理困境及未来研究》，《国际关系研究》2017年第2期。

间时，边境控制便失去其维护主权国家独立性的历史意义，或者说，它新的历史意义不再是为了既存的外在制度或共同体的永久性而限制人们的迁徙自由，而是开始为了实现人类的美好生活而对个人迁徙自由进行一定的约束，如同前文论述的福利共同体理念所指示的那样，并且就同时尊重劳动价值、迁徙自由和择业自由、福利保障而言，选择方案3的福利共同体更优。

综上所述，当前存在的作为普遍现象的偷渡者问题，应当被视为当前世界现代主权国家体系不够健全的一种反映，是现实世界向框架—多元式社会前进而非后退的根据。

二 移民或难民问题

前不久，德国等欧洲国家在难民问题上的政策得到了全球性的关注。[①] 笔者不打算介入这个问题的细节性讨论，而只想重提一个并非无关紧要的问题：拒绝接受难民的理由，哪些是不合理的？

在关注伊拉克、阿富汗、叙利亚等被战火蹂躏过的国家时，关注者为其人们所面临的战争苦难表示同情之余，也可能会庆幸自己不是受难者中的一员。然而，身处安全之所的人群A，与身处战火中的人群B，都难以说他们各自负有对其处境的责任。就此而言，当人群B逃离战火之地时，人群A基于什么样的理由不接受或拒绝他们的进入呢？以下，我们来考察人们可能给出的几个理由。

（一）国籍不同

国籍不同是个合理的理由吗？如果这个国籍是个人自由选择的，那么这个理由从道德上讲，当然是合理的。但是，在现实世界中，国籍更多的不是个被选项，而是被赋予的东西，即某个人恰好出生在某个国家并且在其法定年龄之际没有在另一国家获得国籍，那么他就自动获得其出生地所在国家的国籍（通过办理身份证形式），只要其父母是其该国家国民。由此，关键的问题应当是，一个人在成年之后（法定年龄及以上），他能否自由地改变其国籍？如果不能，那么他就不具有真正意义

---

① 在这个问题上，德国对待难民的相关政策颇具代表性。黄柯先生对此做了较为全面的论述，在这个论述中，英国、法国等其他国家的相关政策也以参照形式呈现出来。黄柯：《德国的抱负与局限：以难民潮应对政策为例》，《文化纵横》2016年第1期。

的迁徙自由。在这个意义上，以国籍不同作为拒绝难民或移民的理由，从道德上讲，不能说是完全合理的。换言之，将拒绝移民或难民的合理理由全部托付在"国籍不同"这个柔弱的肩膀上，显然难以令人信服。

(二) 文化差异

基于文化差异而给出的理由，与基于国籍不同而给出的理由相近，但是两者并不相同。文化差异主要是指文化认同上的冲突或不兼容。暂且撇开文化认同对个人潜移默化的非选择性影响（比如在个人少年时期被灌输的思想观念等）。如果文化确实存在理性选择意义上的冲突或不兼容，那么这很难解释，冲突的一方（比如难民）不远万里奔赴冲突的另一方中去，除非这个所谓的冲突并没有我们想象的那样处于完全对立的两极。从现实的现象来看，确实存在一些数量可观的国家（不仅包括民主国家还包括部分开明的威权主义国家），它们的文化具有包容性特征，能够为文化冲突的人们提供缓冲的地带。就此而言，当这些缓冲国家依然拒斥某些难民的时候，它所诉诸的理由不应当是文化差异，因为这在根本上违背它们自身的文化包容性特征，除非是文化上的极端、恐怖分子。但是，当诉诸的理由不是文化差异而是文化上的极端、恐怖分子时，这些理由在性质上已经靠近安全、负担等经济层面上的理由。[①]

(三) 引发移入国的社会风险

因为恐怖分子确实是引发移入国的社会风险或不安全感的根源之一，因此基于审查和过滤机制而排除具有恐怖分子嫌疑的移民和难民申请者，显然是个合理的理由。但是，这并没有从根本上解决问题，而且这类审查和过滤机制也有可能变相成，在保障迁移自由名义下，拒绝那些文化非恐怖分子但却在经济和能力上不足的移民和难民申请者。由此我们便转向经济上负担的问题。

[①] 关于文化与文明的冲突问题，更详细的探讨，参见 [美] 塞缪尔·亨廷顿《文明的冲突与世界秩序的重建》（修订版），周琪等译，新华出版社 2009 年版。但顺带提及的是，阿玛蒂亚·森对亨廷顿所阐发的文明冲突之观点展开了富有启发的批评。森如此批评道，亨廷顿的文明冲突观的困难在于，"早在冲突——或者没有冲突——之前，它就预设了一种单一的分类观"。[印度] 阿马蒂亚·森：《身份与暴力：命运的幻象》，李凤华等译，中国人民大学出版社 2014 年版，第 8 页。亦可参见 [印度] 阿玛蒂亚·森、[阿] 贝纳多·科利克斯伯格《以人为本：全球化世界的发展伦理学》，马春文、李俊江等译，长春出版社 2012 年版，第 20—22 页。

但在此之前，稍微提及恐怖分子的来源是有益的。如果我们不相信一个人天生就是个恐怖分子，那么对恐怖分子的形成及其行为后果，完全撇在我们的清白世界之外的做法，难以说是完全负责的。这里没有为恐怖行为辩护的任何意思，笔者只想提出这个问题，即清白世界应当如何行动以便从根源上减少恐怖行为的发生？如果我们的世界确实存在民主协商的可能性，如果我们个人的心灵不被某种单一身份所撕裂，那么恐怖分子至少在数量上就有所减少。事实上，鲜活的个人有着多重身份或多重归属，因此当这多重身份萎缩成唯一一个时，他在文化上就存在滑向不宽容者甚至恐怖分子的可能性。据此而言，在消除恐怖分子问题上，尊重甚至提倡个人身份多重性并非是无关紧要的公共举措。在这方面，森不仅是个倡导者也是践行者。对此，森在一段自我画像式的论述，颇具启示意义。

> 历史与背景并不是看待我们自身以及我们所归属的群体的唯一方式。我们有太多可以同时归属的类别。我可以同时是亚洲人、印度公民、有着孟加拉历史的孟加拉人、居住在美国或英国的人、经济学家、业余哲学家、作家、梵语学者、坚信现实主义和民主的人、男人、女性主义者、身为异性恋者但同时维护同性恋权利的人、有着印度教背景但过着世俗生活的人、非婆罗门、不相信来生的人（如果有人想知道的话，也不相信前世）。①

（四）加重移入国的福利负担

这个理由看起来是自明的。因为很显然，如果瑞典、瑞士、芬兰等高福利国家不对移民审查者施加一定限制，那么大量涌入的移民或难民将会拖垮这些高福利国家的政府或原先居民，除非这些国家没有给予这些移民或难民以同等的福利待遇。就此而言，高福利国家即便是民主国家，它完全有可能因为福利负担或社会负担而将在一定程度违背或不保障人们的迁徙自由或择业自由。但是，这种局部性福利，就是上文提及的福利型共同体模型选择方案1或方案2的情况，即共同体的维护者将

---

① ［印度］阿马蒂亚·森：《身份与暴力：命运的幻象》，李凤华等译，中国人民大学出版社2014年版，第16页。

从其成员的劳动产物中所做的扣除几乎完全固化在共同体内部，以至于过高的福利门槛将其他外来申请者拒之门外。① 但是在全球化过程中，或者说，在世界产业链条在全球范围内日渐形成的过程中，部分国家的高福利与其他国家的低福利之间的鸿沟拉得越大，世界范围内的迁徙自由和择业自由就会面临更大的威胁。这个威胁不同传统威胁（基于国籍、文化认同等），它的产生不违背文明，并需要科学技术来加以解决。就此而言，选择方案3的福利型共同体模型就不是不可能的，尤其当选择方案2的福利型共同体模型在现实世界的局部地区已经被践行的时候。

---

① 这里没有展开讨论，相对贫困与绝对贫困、相对剥夺与绝对剥夺问题，以及贫困、剥夺、能力缺失与福利救助之间的关系。不过森本人对此做了非常详细的论述。参见［印度］阿玛蒂亚·森《资源、价值与发展》，杨茂林、郭捷译，吉林人民出版社2011年版，第十四章"相对而言的贫困"。实际上，前文在讨论森等人的正义理论时，也做出了相关的论述。不过这里，摘引森的一段论述可能是有益的，即"收入意义上的相对剥夺可以产生能力意义上的绝对剥夺。一个富国中的相对贫困可以表现为能力上的障碍，尽管其绝对收入在全世界而言仍然很高。在一个富足的国家，需要更多的收入购买足够的商品来完成同样的社会功能"。［印度］阿马蒂亚·森：《正义的理念》，王磊、李航译，刘民权校译，中国人民大学出版社2012年版，第239页第2个脚注。

第八章

通往可能世界之路：保障和推进人权

如果上文的分析是合理的，那么至此我们已经勾勒了改善现实世界的基本方向，即朝向由框架—多元式结构所指向的可能世界。现在的问题是，如何拉近现实世界与可能世界之间的距离？以下，笔者将通过聚焦人权（human rights）这个主题来介入这个问题。选择这种介入方式，不仅因为罗尔斯、森等人将保障和推进人权作为通往各自可能世界的议题，也因为本书设置的论题也有类似的需要。事实上，在前文论述中，笔者提及面对理性不健全者和理性健全但无劳动能力者这两类人时已经触及人权主题，并且从包含在《世界人权宣言》中的诸多权利来看，笔者赖以构想框架—多元式结构中的"框架"之三个基本条件①所必需的权利，实质上也是人权内容的一部分，尽管它没有使用人权这个术语。问题是，我们是否需要像罗尔斯那样在全球范围推行唯一一套同样的人权法，或者像森那样将人权视为"应该做什么的强烈的道德宣言"？在本章，笔者将批判性地考察罗尔斯和森的人权概念，并揭示它们各自的不足及其根源，进而尝试发展一种有前景的人权概念。因为人权概念在其思想基础和内容上的差异，会影响到它的实现方式（以公共行动形式）的选择，因此本章的论述在某种意义上也是实践的一部分内容。②

第一节 看待人权的视角

我们可以从多个视角来看待人权，但并非所有的视角都值得为之辩

---

① 重复一下，这三个条件分别是：(a) 我们的劳动价值得到充分尊重，(b) 并且具备在全球性范围的择业自由和迁徙自由，(c) 以及当我们的劳动能力不足或缺失时，原先从我们劳动价值中所做的扣除性积累能够让我们在保障 (b) 的前提下维持基本生活，即便在世界不同地方维持基本生活所需要的物质条件存在某些差异。

② 本章内容，吸收了笔者即将发表的《人权概念：现在哪种进路？》一文的研究成果。

护。例如曾经为人们所熟悉的人性视角就是一个日渐被边缘化的视角。其被边缘化的原因是多方面的。但就主要原因而言可以归结为界定人性的困难。为了便于后续的论述，简要回顾一下人性视角及其困难是有益的。就人性的界定而言，存在以下两种主要的思路，但每一种思路都遭遇了或大或小的问题。

一是将人与动物进行对比，由此将动物不具备而人具备的东西比如理性（或与之相当的术语如"理性能动性"①）作为界定人性的信息空间，并据此推演出保障人性的基本权利。依据这个界定，具有理性的所有人都应有平等的权利。但是就现代科学的发现而言，一些高等动物比如海豚也具有相应的理性或者与理性功能相类的能力，② 因此依据理性来界定的人性，那么人权就面临着这样的问题，即海豚等高等动物也应当享有相应的人权，而先天的智障者、脑瘫者等不具有理性的人群，他们可能被置于与无理性的动物同一列，并且不配享有相应的人权。

作为这种思路的修正，是将人的理性进行在量上的区分。这个区分可以避免海豚等高等动物也享有人权的问题，但是它为种族优越论提供了理论根据，据此不仅先天的智障者、脑瘫者会被如古斯巴达人那样被抛弃或杀死，而且某些民族，如昔日被白人歧视为劣等人的印第安人，20世纪被日本歧视为"东亚病夫"的中国人，被希特勒及其集团赶尽杀绝的犹太人，所遭受的歧视、杀戮甚至种族清洗也被披上"合法性的"外衣。事实上，将人的理性做出这样量上的区分有着古老的传统，例如在古希腊时期，参与政治事务的资格之一就是男人，因为女人和小孩、奴隶一样被列入无充分理性之列。事实上，直到1789年由法国人

---

① 国内学者徐向东老师主张从理性能动性来界定人性，并为之辩护。他如此说道，"正是因为人具有思考和反思自己存在状况的能力，人不仅把自己与其他动物区分开来，而且也因此具有唯有人才具有的那种东西——作为人的尊严"，"人的本质特征就在于具有理性思维能力"，"如果每一个人都是因为具有理性能动性而具有尊严，那么在这个意义上每一个人都是平等的"。从这些引文来看，徐向东所理解的区别于动物的人性或其所谓的"人格"，实质上就是人的具有认知和反思功能的理性能力，他的理性能动性只不过是这个能力的换个说法。并且他所谓的辩护，也因为没有充分考虑这里论及的看待人权的人性视角所遭遇的困难而显得非常不充分。徐向东：《编者导言》，载徐向东编《全球正义》，浙江大学出版社2010年版，第8页。

② 麦金泰尔也从不同视角阐释了海豚等高等动物所具有的理性或类似能力。参见［美］阿拉斯戴尔·麦金太尔《依赖性的理性动物》，刘玮译，译林出版社2013年版，第13—27页。

书写的第一份人权宣言，其依然采用带有对女性有歧视性的表示人权的术语，即男人的权利，其对应的英文是"rights of man"。① 这个歧视性术语，直到1948年联合国发表的《世界人权宣言》才被弃用，转而使用具有一般性的表示人权的术语，即人类的权利，其对应的英文是"human rights"。

二是将非理性要素比如同情纳入界定人性的信息空间。同情，就其实质而言，是人性中促使人类关心或帮助他人的命运的东西或亚当·斯密所言的"原理"。因为同情"是当我们看到他人的不幸，或深刻怀想他人的不幸时，我们所感觉到的那种情绪"②，因此，那些遭受理性缺失或不足的人们，那些遭受歧视、压迫、杀戮的人们或民族，甚至那些遭受虐待的类人型动物（猴子、黑猩猩等），都会被人类的这种同情感所涵盖，并促使同情者做出关心或帮助这些不幸的人们、种族或动物的行为，比如谴责或抵制制造这些不幸的那些主体。将同情纳入界定人性的信息空间，使得在看待人权问题上，人性视角避免了第一思路所具有的弊病，即不承认甚至剥夺弱者（理性缺乏或不足的人、"劣等民族"等）的相关权利，相反，它会赋予并努力保障这些弱者的相关权利，以便避免发生不幸或由他人的不幸引发的感同身受的痛苦。

就此而言，用森的话说，"同情的作用和力量必然是对于人权概念支撑的一部分。然而，感受他人的痛苦这种形式的同情并不是帮助痛苦（或正遭受其他严重不幸或被剥夺）中的他人的缘由的真正关键所在"③。因为森继续说道，"同情可以与自利行为归为一类，其本质上与亚当·斯密所说的'爱自己'是一致的。如果一个人之所以努力去减轻他人的苦难，仅仅是因为——也仅仅在以下这个程度上——这影响了自己的福利，那么这就意味着爱自己依然是其行为的唯一可接受的原因"④。由此，人权也就建立在一个极其脆弱和不稳定的基础之上。这

---

① 参见"法国1789年《人权宣言》（中英文）"，载中国宪法网，（http://www.calaw.cn/article/default.asp?id=2366）。

② [英]亚当·斯密：《道德情操论》，谢宗林译，中国编译出版社2008年版，第2—3页。

③ [印度]阿马蒂亚·森：《正义的理念》，王磊、李航译，刘民权校译，中国人民大学出版社2012年版，第345页。

④ 同上书，第175页。

不仅因为同情作为一种情绪,它需要他人的不幸作为其外在刺激因素,也因为源自爱自己的同情所采取的保障人权的行为如果(严重)损害自己的福利,那么这个行为就可能失去支撑它的基础。

当然,我们还可以从不同方面来拓展人性的内容,但是只要作为规定人性的核心信息是内在于人的东西,那么建立于人性上的权利,其普遍性与其说是一种道德主张(它表达人应当做或不做什么的道德要求),① 不如说是人性中的某个(些)要素在生物学意义上具有的共性及其生理功能,如理性具有认知和反思的功能,同情具有感同身受和推己及人的功能。基于这种人性的人权不仅其基础具有模糊性,而且从人性推导出一系列需要保障和推进的人权清单也缺乏当代政治哲学所必需的中立性和公共性的约束,因此在操作上,落实人权清单的方式往往变质成歧视、压迫乃至谋求私利的工具。

人性视角的这些弊病显然构成当代人权理论家将之摒弃的主要根源。余下部分,笔者将着重考察当前主要的两种视角,一是由罗尔斯发展的立法原则视角,二是由森发展的道德主张视角;但是,这两种视角在相对照意义上具有相应的不足(第二、三节)。因此,本章的一个目标是提供一个更优的或者更具涵括性的视角来看待人权问题(第四节),而这更有利于人们通往前文勾勒的可能世界。

第二节 罗尔斯的人权概念及其局限

罗尔斯在《万民法》② 中,明确表明他不是从人性视角而是从立法原则来构想其人权概念,因而他所构想的人权具有以下特征:首先,

---

① 顺带提及的是詹姆斯·格里芬的人权概念,他在其《人权论》中,主张将"人权看作是对规范主体性(normative agency)的保护",并且在这个主张中,人权不是从规范主体性中推衍出来的。James Griffin, *On Human Rights*, Oxford: Oxford University Press, 2008, p. 4. 格里芬的人权概念从某种意义上,非常相似于稍后提及的森的人权概念,它们都是根基于道德的或伦理的主张。

② 《万民法》的主体内容是1993年和1999年的两篇同名论文,为了便于简化起见,本书不对其前后论述的差异进行辨析,就本书论题而言,这些差异无关宏旨。因为这些差异只是为了更好地阐明相同的主题。

"这些权利并不依赖任何关于人类本性的特殊的整全性道德学说或哲学观念"①，其次，"基本人权表达了所有人民的组织有序的政治制度的最低标准"②。

罗尔斯如此构想的主要原因是他要确保"人权在政治上是中立的"，③ 以便持有不同的完备性学说的人们都不会反对它，不会将它视作带有西方政治传统色彩的对其他文化有偏见的观念，从而在薄意义上认可这些界定组织有序的政治制度的最低标准的基本人权。也正因此，罗尔斯将"各人民要尊重人权"列为万民法的八大原则之一。④ 然而，罗尔斯的这个构想存在这样的问题，即建立于立法原则的人权概念，其所具有的强制性特征可能引发国家主权信用问题或道德问题。但在说明这些问题之前，简要概述罗尔斯的相关论点是必要的。

一 立法原则视角及其内涵

罗尔斯区分了五种类型的域内社会：(1) 合乎情理的自由人民，(2) 正派人民，(3) 法外国家，(4) 因不利条件而负担沉重的社会，(5) 仁慈的专制主义社会，并表明只有 (1) 和 (2) 能够成为遵守万民法的成员，其余社会要么组织无序要么违背人权。因此，作为遵守万民法的成员，自由的和正派的人民被万民法赋予自卫性或援助性干预其余社会的法定权利或义务。⑤

因为法外政体"根本就不承认任何正当和正义的观念，其法律秩序根本就是一个强制和恐怖的体制"，因此"守法的社会——无论是自由的还是等级的——与法外的扩张性政体最好也只能建立一种临时协定 (modus vivendi)，并且在万民法所允许的范围内捍卫本社会的完整性。

---

① [美] 罗尔斯：《万民法》，陈肖生译，吉林出版集团有限责任公司2013年版，第30页。
② 同上书，第31页。
③ 同上。
④ 就构成万民法的原则清单而言，罗尔斯前后给出了稍微不同的两个版本，一是1993年的《万民法》，二是1999年的《万民法》；前者给出7个原则，后者给出8个原则，并且"各人民要尊重人权"的位置从前者的第七位移到后者的第六位。参见 [美] 罗尔斯《万民法》，陈肖生译，吉林出版集团有限责任公司2013年版，第17、79页。
⑤ 参见 [美] 罗尔斯《万民法》，陈肖生译，吉林出版集团有限责任公司2013年版，第46—47页。

在这情形中，守法的社会与法外政体同处于一自然状态中。守法社会对它自身的社会及福祉负有责任，对其他守法人民的社会及福祉负有责任，而对臣服于法外政体统治下的人民也负有责任（尽管不是对法外政体的统治者与权贵负有责任）"①。尽管罗尔斯强调守法社会并不需要同等程度地对待这三种类型的责任，但是这三种责任显然都是由万民法所赋予的，因此履行这些责任就具有法律上的强制性。

二 强制性的负效应：主权信用危机或道德灾难

这种强制履行保障人权的法律行为，看起来，确实能够消除一些严重违背人权的情形，但是其负面效果也十分明显，尤其还有其他方式可以采用的时候，更是如此。首先，能够存在一个由诸自由人民和正派人民所分享的同样的人权法（记为人权法 A）②，这点本身就是非常可疑的。即便存在人权法 A，据此，那些因各种原因而低于 A 的主权国家，将可能被列为低人权国家并因此受到具有高于或等于人权法 A 的诸国的强制性干预。但是，这可能是带有侮辱性的干预。这种干预行为的启动，一方面将受干预国置于低人权水平或违背人权法的处境之中，由此毁损受干预国的主权信用。这种干预可能有意低估或忽视后者在人权问题上已经取得的历史性进步，以及取得这些进步中所付出的巨大努力，从而伤害乃至恶化双方已有的政府层面的国际关系。对此，2016 年当地时间 2 月 29 日在日内瓦启动的联合国人权理事会第 31 次会议上，美、英、日、澳等 12 国家指责中国人权问题的事件，可作为一种经验性的说明。因为从中国方面来看，它同样是尊重和积极推进其治内人民的人权的，并且取得巨大进步，也为之付出了极大的努力。因此，中国政府自然不愿意也不允许任何国家忽视这些进步以及为之付出的努力。建立在这种忽视基础上的指责，对于中国政府而言，不仅有损其主权信用或者说有损其执政合法性的基础，而且是一种干预其内政的手段。也正因此，针对美、英、日、澳等 12 国的指责，2016 年 3 月 11 日，外交

---

① 参见［美］罗尔斯《万民法》，陈肖生译，吉林出版集团有限责任公司 2013 年版，第 35 页。

② 按照罗尔斯的表述，人权法的条款至少必须保障以下基本权利，"如生存权，安全保障、个人财产权及其法治的各种基本要素等，还包括某些良心自由权、结社自由权和移民权"。［美］罗尔斯：《万民法》，陈肖生译，吉林出版集团有限责任公司 2013 年版，第 31 页。

部发言人洪磊在例行记者会上表示:"中方奉劝少数国家好好反思和纠正自身存在的各种人权问题,停止将人权问题政治化,停止借此干涉他国内政和司法主权。"①

另一方面,干预国单方面施以强制性制裁甚至诉诸战争,不仅关闭或限制了双方政府层面的经贸合作,也可能禁止或限制双方民间主体诸多领域的合作交流,从而间接干预非政府组织或公益人士在改善受干预国的人权状况的积极行为。当一个主权国家长期被世界诸强国施以强制性的经济制裁时,其人权水平可能不是被迫走上改善之路,相反其当局反而动用各种政治手段予以反抗,从而不是缓解而是加重其国内人权状况的恶化(无论从国际还是其国内来看),由此引发道德灾难。②

有时候这种干预可能同时引发主权信用危机和道德灾难。美国对阿富汗和伊拉克的战争就是一个很好的例子。在这两次战争中,阿富汗、伊拉克不仅面临主权信用危机(至今它们各自依然没有一个强而有力的政府),而且面临严重的道德灾难(它们各自国内政治派系的冲突继续产生无辜的死亡与难民)。③

此外,即便在一些具有积极意义的问题上,人权的立法路径也可能存在问题。对此,森做了非常有说服力的论述,他写道:"我们时常假定,如果一种未获立法的人权是十分重要的话,那么最好将之形成一项

---

① 2016年3月11日外交部发言人洪磊主持例行记者会,载外交部网站,http://www.fmprc.gov.cn/web/fyrbt_673021/jzhsl_673025/t1347124.shtml。

② 事实上,联合国的经济制裁也会导致这样的负面效果,即"在实施制裁过程中给受制裁国带来人道主义灾难,妨碍而不是促进人权"。参见李薇薇《论联合国经济制裁中的人权保护——兼评联合国对朝鲜的经济制裁》,《法律科学》(西北政法学院学报)2007年第2期。对于朝鲜存在的人权问题,如普通民众生存受威胁,国内迁徙、国外迁徙的自由受限制,法外处决等,参见王秀梅《试析联合国人权理事会与涉朝人权问题——兼及朝鲜人权问题对周边国家的影响》,《政法论丛》2010年第4期。

③ 分别对比伊拉克、阿富汗的过去与现在,即便我们的结论是其现在的政府比过去的政府更加尊重人权,甚至更少出现违背人权的事件,我们依然需要追问这个问题,即,美国除了诉诸战争,就没有其他有效的方式来推进伊拉克和阿富汗人民的人权了吗,并且美国诉诸的战争是由什么赋予其合法性?国内学者关于伊拉克、阿富汗的相关研究表明,不注重它们在政治、历史文化上的差异,是美国发动的战争取得较少成效的一个主要原因。参见汪自勇《美国反恐自卫权理论之批判——从阿富汗战争到伊拉克战争》,《法学评论》2003年第4期;余泳《伊拉克重建中国家认同之缺失》,《阿拉伯世界研究》2007年第3期;贾春阳、杨柳《阿富汗问题三十年(1979—2009):地缘政治、民族与宗教》,《南亚研究》2009年第4期;张吉军《"后阿富汗战争时代"阿富汗国家治理前景:国家认同视角下的分析》,《南亚研究》2015年第2期;王晋《联合国介入与阿富汗民主重建的反思》,《世界经济与政治论坛》2015年1期。

明确的法定权利，然而，这很可能会成为一种错误。比如，男性主导的传统社会往往剥夺了妻子有效参与家庭决策的权利，认识并维持这一权利也许是极为重要的。尽管这一权利的倡导者正确地强调了其具有深远影响的政治和道德意义，他们很可能还是认为将这一权利转化为一项（用赫伯特·哈特的话说）'强制性法规'是不合理的（如果丈夫未能征求妻子的意见，其结果可能是丈夫受到监禁）。"①

然而，就解决以上的人权问题而言，并非只能诉诸立法。事实上，当前世界有着数量众多的组织、公益人士，他们采取多种方式来保障和推进世界各国各地区的人权。这些方式（包括媒体报道与批评，公共辩论、开展文明和公共行动的教育，动员等）从经验层面来看，它们无须披上法律外衣（即通过法律予以授权的形式）也可以产生良好的效果。但问题是，这些非法定的方式本身就足以保障和推进人权吗？在这个问题上，与罗尔斯明确主张将保障基本人权作为组织有序的政治制度的最低标准不同，森主张超越立法路径，并强调"人权视角的有效性，并不总是停留在其潜在的立法建议的功能上"②。然而，让我们稍后再考察森的人权。我们需要追问，罗尔斯的人权为何可能引发前面提及的主权信用危机和道德灾难。

三 全球政治空间的同质性：过高且不必要的假设

罗尔斯的人权概念，作为一种对全球范围都有强制性约束的立法原则存在，是以同化全球范围的政治空间为其前提与目标。就其前提而言，它作为一套同样的对所有社会都有强制约束力的立法原则（它是万民法中的一部分）而被提出来；就其目标而言，它欲图通过守法的社会对不守法的其他社会施以强制性干预（比如经济制裁），从而迫使后者最终和前者一样接受同样的万民法（至少是接受同样的人权立法原则），③ 由此同质化全球范围的政治空间。然而，这种同质化，可能导致如前文所述的主权信用和道德灾难问题。避免这两个问题的一个反思

---

① [印度] 阿马蒂亚·森：《正义的理念》，王磊、李航译，刘民权校译，中国人民大学出版社2012年版，第339页。
② 同上书，第339—340页。
③ [美] 罗尔斯：《万民法》，陈肖生译，吉林出版集团有限责任公司2013年版，第33页、第121—123页。

性策略是，将注意力从关注政治空间的同质性转移到关注政治空间的边界性与异质性。这里，我们需要注意这个区分，政治空间的异质性与非政治空间的异质性。

在理性多元论事实面前，罗尔斯在后期作品中，承认并认真对待了非政治空间的异质性。在《政治自由主义》一书中，罗尔斯明确区分了各种完备性学说与限于政治领域的诸观念；并且强调完备性学说具有"一种互不相容而却又合乎理性的"多元化特征。这种特征构成并将永久地形塑非政治空间的异质性的内容。[①] 与此不同，限于政治领域的诸观念，它们阐明并构成"公民们普遍可接受的关于根本政治问题证明的公共基础"[②]。因为政治领域是由公共观念（其核心内容是政治的正义观）所构成的，而它们又为公民普遍接受，因此，政治空间是一个同质性的空间。但需要注意的是，因为《政治自由主义》处理或设定的依然是封闭性社会，因此这个同质性的政治空间只是单个封闭性社会的基本结构，即政治空间的同质性是以单个封闭性社会为其边界的。[③]

问题是，当从单个封闭性社会拓展到全球社会或者万民社会时，是否也同样存在全球范围政治空间的同质性？

尽管罗尔斯也强调社会边界在万民法中的可辩护性，[④] 以及"在万民法的情形中，人们不是处在一个而是多个政府的管治下，并且各个人民的代表要去保障他们的社会的平等和独立"[⑤]，但是他依然认为在全球范围的政治空间之中，他们（最终）遵守同样的万民法，因而他们分享着由同样的万民法规定的同质性的全球范围政治空间。[⑥] 这点从罗尔斯对万民法的目标的论述中可以得到确认。

在阐明万民法首要的且最迫切的目标是保卫组织有序的人民后，罗

[①] ［美］罗尔斯：《政治自由主义》，万俊人译，译林出版社2011年版，第4页（导论）。

[②] 同上书，第6页（导论）。

[③] 同上书，第11页。

[④] ［美］罗尔斯：《万民法》，陈肖生译，吉林出版集团有限责任公司2013年版，第80—81页。

[⑤] 同上书，第83页。

[⑥] 罗尔斯虽然提及各人民对"万民法八大原则有不同诠释"，但是我们不知道这种不同的诠释会不会导致全球政治空间的异质性。在笔者看来，这种不同诠释是在承认政治空间同质性基础上的多样性。

第八章 通往可能世界之路：保障和推进人权　　169

尔斯继续写道："万民法所界定的另一个长远目标，是使所有社会最终都尊崇万民法，都成为组织有序的人民社会中充分自立的成员，并因此普遍地保障人权。"① 这个目标是分多阶段逐步实现的，其先从自由社会中发展出万民法，其次阐明正派等级社会接受同样的万民法，再次阐明在万民法允许的范围内对其他社会进行干预或援助，最终其他社会也接受同样的万民法。也正因此，罗尔斯宣称，万民法"在应用上是普遍的"。②

然而，存在全球范围的同质性的政治空间这个假定或观念，在笔者看来，无论如何，都显得过于完美，并且也并非完全必要。更令人困惑的是，既然罗尔斯承认，"在缺乏一个世界国家的情况下，必定会存在某种类型的疆界"，并且也意识到各个主权国家"具有极其不同的文化和传统"，③那么一个合理的推断是：他应该能够充分意识到，追求全球范围的同质性的政治空间，极有可能引发政治上的"削足适履"。

即便客观上存在适用于全球政治空间的万民法，但在万民法八大原则的优先排序上，在各个具体原则的内容的确定及其各个组成部分的优先排序上，诸人民能否取得一致同意，并非是毫无紧要的问题。

此外，当一个社会保障和推进其人权自身也需要相应的资源时，它是否仅仅因为作为万民法部分内容的人权法而需要向其他社会支出一定的资源？若需要，程度又是多大？或者用布莱恩·巴里的话说，在考虑义务的负担的情况下，"这种义务应当扩展到什么程度"④？

更重要的是，就处理全球性政治事务而言，人类是否必需一套同样的终极原则（比如罗尔斯的万民法，或类似的法），罗尔斯本人并没阐释清楚。就此而言，在恰当地处理人权问题上，追随罗尔斯可能并非是一件保险之事。事实上，从罗尔斯的批评者那里，这样的一个假定，即假定全球范围的政治空间存在合乎情理的异质性，看起来更吻合我们的现实观察。以下，笔者将简要地给出支持这个假定的几个

---

① ［美］罗尔斯：《万民法》，陈肖生译，吉林出版集团有限责任公司2013年版，第36页。
② 同上书，第127—128页。
③ 同上书，第81—82页。
④ ［英］布莱恩·巴里：《全球视野中的人道和正义》，张曦译，载徐向东编《全球正义》，浙江大学出版社2010年版，第68页。

理由。

一是各个主权国家域内的政治空间，由于历史的原因，它们一般由一部独立的宪法或类宪法原则所规定。这些宪法或类宪法原则不可能是完全相同的，即便有相似或重叠的地方，它们各自的政治制度也并不相同，因此所有这些域内的政治空间之间不可能是同质性的。

二是因为所有这些域内的政治空间是异质性的，因此每个国家与其他国家所建立的国际关系，也会因其建交国独特的政治空间而有所差异。这样，由不同的国际关系所规定的跨域性政治空间也是不相同的。全球政治空间就是由所有这些不同的跨域性政治空间所构成。尽管这些跨域性政治空间的边界并非永远固定不变，它们的边界性会改变或融合，但不会永远消失，因而它们的异质性也不会永远消失。

三是尽管当前存在一些国际性政治组织，比如联合国，这些组织的原则对大多数国家具有相当的约束力，但是这种约束力并不具有法的强制性约束力。这种约束力更多是道义上的，并且实施约束力的后盾最终由不同的主权国家（比如联合国的维和部队，是由某些主权国一起提供兵员与军用物资）提供。此外，这种约束力也不是用以改变某个域内或跨域的政治空间的性质，而仅仅是提供全球性安全。就此而言，只要异质性的诸跨域性政治空间不存在唯一一个交叠点，那么全球政治空间的同质性就是不可能的。我们需要对"不存在唯一一个交叠点"持有谨慎的宽容，因为为了获取这个交叠点，以便同质化全球政治空间，并不一定出现如罗尔斯所畅想的那样美好。

四是即便在主权国家之内，政治空间的同质性与非政治空间的异质性（它们是由各种完备性学说合乎情理的多元性所规定的）的并存是客观的或者可能的。但是，我们没有理由认为，在包括所有主权国家的全球范围内，这个并存的拓展版本依然是客观或者可能的，即适用于规范某国家域内政治空间的同质性的某套原则，不一定同样适合去规范诸多人民组成的更大范围的政治空间。再者，就消除全球范围的人权问题而言，立法路径仅仅是手段之一，因而即便全球政治空间的同质性是可能的，它的代价或许是难以接受的。

综上所述，如果考虑政治空间的边界性与异质性，那么在全球范围内存在唯一一套人权法几乎是不可能的。但这并不否定存在全球性的具有道德约束（区别于法律约束）的人权宣言如《世界人权宣言》，也不否定在一个主权国家之内存在一套人权法。事实上，当前大多数国家都通过立法形式来保障和推进其域内的人民的人权。就此而言，人权作为主权国家政治制度的最低标准（在这个意义上，可将之视为域内的罗尔斯版本人权理论），至少在形式上成为现实。问题在于，这些镶嵌于各个主权国家之中的人权法，其所确保的人权水平、诸多权利的优先排序不仅存在差异，而且在实现方式、努力程度等操作上也存在差异，[①] 由此，我们应当如何看待各个国家的人权法，以及如何更好地保障和推进人权？

即便诸自由人民和诸正派人民能就同一个万民法达成共识（尽管笔者对此持有强烈的怀疑态度），我们也不能忽视这种通过立法路径来保障人权所存在的弊病：这种方式的强制性特征容易引发主权信用危机和/或道德灾难。然而，这并不是说，要将立法路径从保障人权的工具箱中移除，而是说，我们要慎用立法路径：既要充分认识到它的强制性特征，也要考虑它的适用范围。事实上，前文也主要是从这两个方面对罗尔斯的人权进行批判的，一是在主张超越立法路径上，笔者批判罗尔斯建立于立法原则的人权概念（作为万民法的一部分）仅仅是众多保障人权的有效路径之一，而非有效的唯一路径；二是揭示罗尔斯的立法路径的弊病根源于这个假定——全球范围政治空间的同质性，并阐明它是个过高且不必要的假定，以及给出支持全球范围政治空间的异质性这个新假定的几个理由。以下，笔者将考察森的人权（第三节），而后呈现笔者与罗尔斯和森两人在构想人权概念上的一些差异，并据此在细节上清晰化笔者即将阐述的人权概念的思想基础、基本内涵和具体路径（第四节）。

[①] 就《中国人权宣言》与《联合国人权宣言》之对比来看，不仅它们各自的内容，而且叙述相关权利项的次序，都存在差异。不清楚的是，这些差异是否反映宣言起草者对权利项的优先排序的差异。参见《国家人权行动计划（2012—2015）》，载中华人民共和国国务院新闻办公室网站，http：//www.scio.gov.cn/zxbd/tt/Document/1171248/1171248.htm。参见《世界人权宣言》，载联合国网站（中文），http：//www.un.org/zh/universal-declaration-human-rights/index.html。

第三节　森的人权概念及其局限

一　道德视角及约束条件

在森看来,"人权根本被视为道德需求(demands);它们原则上不是'法律的'(legal),'原型法律的'(proto-legal),理想法律的(ideal-legal)命令(commands)。即使人权可以,并且通常可以,激发立法,但是这是进一步的事实,而不是人权的一个本质特征"。① 在稍后的作品中,森以稍微不同的语言写道,"人权是与人类自由的重要性建构性地联系在一起的道德主张"②,并且因为"道德权利可以,而且实际上也经常成为新立法的基础"③,因此,"为立法提供灵感当然是人权道德力量发挥其建设性作用的一种方式"④。这种立法确实是实现人权的一种方式,它互补于其他方式。

由此观之,就人权的思想基础而言,罗尔斯将它立基于立法原则,而森则将之立基于道德主张。这类道德主张,虽然也相关于人性,但是它无须对"人性是什么"进行完备性说明,它关注的是人应当做什么或不做什么的主张,以及为实现这些主张所应承担的社会义务或责任。这些社会义务或责任,其形式首先是道德的,它并不具有也不一定需要法的强制性形式。⑤

尽管森没有明确点名批评罗尔斯的人权概念,但是森关于人权概念的论述,实质上构成了对罗尔斯的人权概念的强大批判。因为就人权的思想基础而言,森实际上是用道德主张置换罗尔斯的立法原则(或万民法)。进而,就人权的内容而言,森从自由(即可行能力)来看待人

---

① Amatya Sen, "Elements of a Theory of Human Rights", *Philosophy and Public Affairs*, Vol. 32, No. 4, 2004, p. 319.
② [印度] 阿马蒂亚·森:《正义的理念》,王磊、李航译,刘民权校译,中国人民大学出版社 2012 年版,第 340 页。
③ 同上书,第 338 页。
④ 同上。
⑤ 同上书,第 333—334 页。

权,① 而罗尔斯则从（法定）权利来看待人权；就保障和推进人权的方式而言，森诉诸包括法律方式在内的多种方式（即除了法律方式外，还包括各类非政府组织、旨在保障和推进人权的民间基金、媒体、公共论坛等方式），罗尔斯则似乎只能诉诸法律方式（因为人权是由立法原则所界定和保障的，因而只能在法所允许的范围内施以行动）。以下笔者将阐明这点。但在此之前，本节还需处理的一个问题是，森的人权概念会不会根基于罗尔斯所谓的完备性学说，从而既可能相容也可能不相容于罗尔斯所谓的政治自由主义？

　　森意识到这个问题，并引入一些约束条件。因为道德主张允许从多个维度提出来，因此在某种主张能够被视为人权上，森施以这样的约束条件，即"某种具体的主张能否被视为人权，这必须通过包括开放的中立性在内的公共理性的审思"。② 又因为并非所有的自由都具有同等的重要性，因此在哪些自由能成为人权的内容上，森施以这样的约束条件，即"自由若要成为人权的一部分，必须有充分的理由以引起他人的足够重视，必须有一些相关的'门槛条件'，包括自由的重要性与影响其实现的可能性，从而使其能存在于人权的范畴之内。如果说需要就人权的社会框架达成某种一致，那么这种一致不仅只是某个个人的某种自由是否具有道德上的重要性，还有那种自由是否满足门槛条件，即是否具有充分的社会重要性，从而成为此人人权的一部分，以及使他人思考他们如何能够帮助此人实现其自由的义务"③。

　　依据这两个约束条件，森的人权概念并不是建立在完备性道德学说之上，而是建立在政治的道德主义之上。因为依据第一个约束条件，那种通过公共理性审思的道德权利或主张，才能被称为人权，因此这个人权概念满足政治所要求的公共性和中立性；依据第二个约束条件，只有那些满足门槛条件要求的自由，才是作为人权内容的自由项。但是，不可否认的是，在森的论述中，罗尔斯的人权概念作为一种更次级的应用

---

① Amatya Sen, "Elements of a Theory of Human Rights", *Philosophy and Public Affairs*, Vol. 32, No. 4, 2004, p. 319.

② ［印度］阿马蒂亚·森:《正义的理念》，王磊、李航译，刘民权校译，中国人民大学出版社2012年版，第340页。

③ 同上书，第341页。

性概念得到安置,或者说森的人权概念比罗尔斯的人权概念更根本,前者可以启动但"并不总是停留在其潜在的立法建议的功能上"①。与此相对,从人权概念直接构成社会框架这个整体的不可或缺的一部分来看,罗尔斯的人权概念是更为根本的。

问题是,在罗尔斯与森的人权概念之间,我们只能做出非此即彼的选择吗?事实上,尽管森的人权概念能够避免罗尔斯的人权概念所内含的弊病,但是这并不意味着它没有不足,或者其不足是无关紧要的。以下笔者将阐明这点。

二 道德到法律的距离

权利与义务都是关系性的。但是在考虑法律与道德之区分的前提下,区分两种类型的关系是必要的。一是正式的或者法(立法原则意义)的关系,二是非正式的或道德的关系。在正式关系中的权利与义务,具有完全的对应性,即 X 对 Y 的权利必须匹配于 X 对 Y 的义务,"必须匹配"以强制性力量作为后盾。与此不同,非正式关系中的权利与义务,不具有完全的对应性,即 X 对 Y 的权利应当匹配于 X 对 Y 的义务,"应当匹配"以道德力量作为其基础。②

依据以上的区分,森似乎是在非正式关系中来理解权利与义务的对应性。但是在论及与人权相对应的义务时,森所采用的区分是不完全义务与完全义务。森的大致思路是,立基于道德主张的人权,其所对应的义务是不完全的,但是因为"为立法提供灵感当然是人权道德力量发挥其建设性作用的一种方式"③,因此,当部分人权以法形式出现时,其

---

① [印度]阿马蒂亚·森:《正义的理念》,王磊、李航译,刘民权校译,中国人民大学出版社 2012 年版,第 340 页。
② 关于义务的另一种有趣的区分是,亨利·舒伊从履行义务的不同侧面将义务区分为三类:一是"预防剥夺的义务",二是"保护免于剥夺的义务",三是"援助受到剥夺者的义务"。从某种意义上,这种区分是在义务内部进行的,因此,这个区分并不冲突于本书所做的区分,即从义务的形式视角将义务区分,完全义务和不完全义务。并且当舒伊说"我认为对于每一项基本权利来说(并且也是对于别的权利来说)都存在三种类型的义务"时,他的观点与其说不同于"一种权利只对应一种相应义务的观点",不如说是在后者所确定的对应性框架下,进一步说明一种权利可以由多种类型的义务来保障。[美]亨利·舒伊:《相应义务》,张曦译,载徐向东编《全球正义》,浙江大学出版社 2010 年版,第 129—130 页。
③ [印度]阿马蒂亚·森:《正义的理念》,王磊、李航译,刘民权校译,中国人民大学出版社 2012 年版,第 338 页。

所对应的义务也便是完全的。① 然而问题是，从不完全权利（义务）到完全权利（义务）的转变是如何完成的？尤其在全球范围内，是如何完成的？对这个问题的分析，将揭示森的人权概念的不足。

为了便于分析，设想这样的场景。设想世界只存在 A、B 两个社会，其中 A 是人权社会，其有人权法，B 是非人权社会，其无人权法。以下，笔者将探讨就 B 社会的人权问题而言，这两个社会各自的权利与义务。

按照森的不完全义务与完全义务的区分，保障和推进 B 社会的人民的人权，首先是由道德力量驱动的，并通过各种方式来迫使 B 社会的当局做出相应的改变，比如启动人权立法。但是如果当局基于各种考量，最终不但不启动人权立法或默认现状，还压制国内推动和保障人权的行动，那么不完全的权利（义务）就不能转换为完全的权利（义务）。在这种情况下，来自 A 社会的保障和推进人权的力量，对于 B 社会的人权问题的解决，是非常必要的。不过，就 A 社会是人权社会而言，其推进和保障人权的力量可以依据其来源而区分为两类，一类是 A 社会的人民由其认可的道德主张所赋予的，另一类是 A 社会的当局依据人权法所赋予的。

不论 A 社会的哪类力量注入 B 社会，对于 B 社会的当局而言，都是外部干预事件，但是来自不同力量的干预，其性质是不同的，其所诉诸的理由也是不同的。就第一类力量而言，它诉诸的是双方人民所共享的道德主张，比如 B 社会的人民正在争取的某项（些）权利比如生存权、安全权等，正是 A 社会的人民所致力于推进和保障的人权。到此为止，森的人权概念依然可以做出很好的解释，因为他的相关分析允许人们从多个方向（包括国内外）来提出道德主张。但是，这类来自道德的力量并不具有强制性，因而它有可能难以对付来自 B 社会的当局施以的具有强制性的力量。在这种情况下，除非第二类力量介入其中，即 A 社会的当局依据其人权法对 B 社会采取相应的强制性干预比如经济制裁，否则难以在人权问题上取得进展。问题是，在考虑履行义务的负担

---

① ［印度］阿马蒂亚·森：《正义的理念》，王磊、李航译，刘民权校译，中国人民大学出版社 2012 年版，第 345 页。

下，A 社会的人民或当局各自所尽的义务能够拓展到什么程度，并且是什么赋予跨域性的强制性的义务以合法性？对于这个问题，森的回答是不清楚的。

在上面的场景中，A 社会的人民的义务是（1）以 B 社会的当局施以强制性的打压威胁其人身安全为其尽义务的边界，还是（2）以 B 社会的人民的人权状况有实质性改善为其尽义务的边界？若是（1），估计 B 社会的人权问题可能没什么进展或者进展缓慢，因为在这个情况下，A 社会的人民会在不完全的义务之中做出行动。就此而言，不完全义务是弱的，它的力量不足以产生有效的影响。若是（2），不仅 B 社会而且 A 社会的部分人会面临死亡或者丧失他们珍视的一些人权。就此而言，不完全义务是强的，它的力量自身可能直接产生有效的影响，也可能不产生有效的影响，并且在这个过程中，人民的人权受到了践踏。

因此，如果森的人权概念是仅限于从不完全的（权利）义务发展出完全的（权利）义务，那么它在实践中的结果，既可能是（1），即在推动人权改善的问题上，单纯的道德力量虽是必要的，但是不足够的；也可能是（2），即单纯的道德力量是足够的，但是它会导致不必要的牺牲。

事实上，还有其他可能，比如通过对 A 社会的当局（政府）施以压力，从而启动来自 A 社会的依据人权法赋予的力量强制干预 B 社会的当局，进而产生有效的影响。但是，这种强制干预的限度及其合理性，森的人权概念都难以做出有效的说明。因为就这种可能而言，人权法不是道德主张的一个次级概念，而是（至少对 B 社会而言）与后者处在同一级位置上。由此，在处理全球范围的人权问题上，我们可能需要关注的不是单一的立法原则或道德主张，而是如何将两者关联起来的社会关系。以下，笔者将分两个阶段阐明这点。第一阶段，笔者将说明社会关系视角与人权的一般联系；第二阶段，笔者将从社会关系视角来阐释人权概念，并表明与罗尔斯、森的人权概念相比，可能更合理地处理后两者所关注的人权问题。

第四节　由社会关系规定的人权

在前文中，笔者已经分别论述罗尔斯和森的人权及其不足。以下笔者将概述它们各自的不足,由此介入本节的论题。由道德主张规定的人权概念,确实具有森所言的宽阔性,它"可以成为许多活动的动机,从某些法律的立法和执行,到动员他人和公众的帮助以防止侵犯权利的行为"。[①] 但是,森的人权概念在逻辑上并不必然导出法律行为,或者说立法行为仅仅是保障和推进人权的一种方式,而不一定是不可或缺的方式。由此,在存在严重人权问题的情形下,森的人权概念最终诉诸的道德力量可能过弱,以至于不能或难以推动这类情形的解决。森的人权概念的这种无力感,尤其表现在域外人权问题上。如前文所述,在面对非人权国家时,单纯依赖道德主张所赋予的力量,可能难以促使或迫使该国做出改善其治内人权的公共行动。并且如果没有相应的人权法作为干预国开展相应行动的依据,它们对受干预国所做出的一切行为都是非法的。当然,森的人权概念允许在次级层面做出这样的立法,但是在某国内所做出的立法,如何能够对其他国家尤其是不认可这种立法的国家有约束力呢?森的人权概念难以有效回答这个问题。

作为问题的另一面,为了能够跨域性地促使或迫使低人权国家做出改善人权的相应行动,就必须和罗尔斯那样构想一个对全世界都有强制性约束力的人权法(作为万民法的一部分)吗?即便能够构想出这样的人权法,并且这个作为万民法部分内容的人权法,确实能够赋予遵守该法的人民干预那些违法的当局以合法性,但是如前文所述,这种法的强制性特征内在地引发了主权信用危机与道德灾难等问题。更可能的情况是,不存在这样一套为所有社会(即便仅仅是自由和正派的社会)所认可的人权法,或者说,因为全球范围政治空间的异质性,存在的只是以域内社会为边界的人权法,这些人权法不仅存在内容上的差异,而且存在优先排序上的差异,因而它们之间虽然存在某种局部性交叠,但是这些交叠并不存在进一步的所有人权法都共同分享的唯一一个交叠点。在这个情况下,真正的问题不是守法社会与不守法社会的区分以及前者如何干预后者,而是守法社会之间如何更好地保障和推进彼此域内的人权,以及如何更好地帮助或干预零人权社会(如果存在的话),以便使它们逐步走向提高其人民的人权水平的道路。

[①] [印度] 阿马蒂亚·森:《正义的理念》,王磊、李航译,刘民权校译,中国人民大学出版社2012年版,第340页。

因此，在面对低（或零）人权国家这点上，如果其他国家的人民依然觉得有施以强制性干预的必要，那么这种必要性显然超越了单纯的根基于道德主张的人权概念，也超越了单纯的根基于域内社会框架的人权概念。这种必要性要求从一种跨域性视角来阐释人权概念，而笔者所主张的社会关系视角就是这样的一种视角。

一 社会关系视角及其内涵

事实上，将社会关系与人（及其权利）关联起来并不是什么新鲜的思想。早在《关于费尔巴哈的提纲》中，马克思就将人的现实本质理解为社会关系的总和，即"人的本质不是单个人所固有的抽象物，在其现实性上，它是一切社会关系的总和"①。就社会关系的微观结构而言，它包括人与资源这两大基本要素。② 但在不同的社会关系中，人与资源会以不同的形式存在。例如在阶级社会中，人与人之间的社会关系是不平等的，表现在微观层面是一部分人的劳动产品（资源的一种形式）被另一部分人无偿占有，因此除非阶级社会赖以存在的物质基础（即根源于私有制的不平等关系及其制度体系）被推翻，否则身处其中的人就不可能享有平等的社会关系。尽管马克思没有使用人权这样术语，但是他的理论实际上就是被剥削或压迫的人民如何通过改变（而非仅仅解释）旧世界以实现其解放（或享受其应有的人权）的行动指南。

但在当前世界，一个不可忽视的客观事实是，全世界100多个国家中的大多数都有相应的人权法或者类似人权法的相关条款。因此，马克思的暴力革命方案并不是一个可欲的可选项。这不仅因为暴力革命是以牺牲人权为代价来争取人权，也因为人权在当代世界中所具有的规范性。人权的这个规范性，罗尔斯做了准确的概述，即"它们限制了为战争和战争行为作辩护的理由，并且它们界定了一个政体对内的自主权的限度。以此方式，它们反映了自第二次世界大战以来在如何构想主权权力方面发生的两个基本的、历史性的深刻变化：第一，战争不再被允许

---

① 《马克思恩格斯文集》第一卷，人民出版社2009年版，第501页。
② 在前文中，笔者将社会关系的微观结构区分为相关联的四个基本要素，一是人的特性（包括偏好、能力、性别等），二是人的必需品（包括水、阳光等自然物品，权利、机会、收入等社会物品），三是人的选择做出努力量（指促使必需品对人具有价值的不同的努力的积累），四是人的总体价值（必需品经由人的选择做出努力量对人具有的不同的价值的积累）。

作为推行国家政策的手段，并且它只有在自卫时或阻止其他国家严重侵犯人权时才是正当的；第二，一个国家对内的统治权现在也受到限制"。①

当然，不应否认的是，这些人权法或类人权法，存在高低之分甚至有无之分，并且在具体落实人权法上也存在努力程度的不同。因此从较高人权国家来看，较低人权国家会在这样或那样的方面违背其所谓的人权。如何回应这个事实，不仅是人权问题的核心内容，也是当代全球正义问题的一部分内容。在处理这个事实上，如前文所述，罗尔斯所做的是构想一个适用于全球范围的人权法，并且以此作为在涉及人权问题上强制干预的唯一的合法性根据。

笔者所主张的社会关系视角无须走这么远，它只强调各个社会之间的关系，这个关系将两个或多个社会关联在一起，并以此作为阐释人权的边界约束。因为各个社会之间的关系是多元的，因而干预的理由也是多元的。例如，高人权国家的政府在与低人权国家的政府所进行的国事互动中，前者完全有理由出于考虑其人民对人权的主张与关注，而在其人权法所允许的范围内，与后者开展互惠合作，甚至在合作谈判中，完全有理由以援助为条件要求后者做出改善其人权状况的承诺。因此，由社会关系所规定的人权概念，它并不要求相互关联的社会都遵守同样的一套人权法，也不要求高人权国家依据其人权法而对低人权国家做出后者违背人权法的相关判断（因为并不存在双方共同认可并遵守的一套人权法），只要求双方政府开展的合作项目处在各自人权法所允许的范围内。②

另外，由社会关系所规导的人权概念，它虽不同于森所主张的人权概念，但是两者并非毫无联系。从森强调并非所有的道德主张都是人权主张（必须经受公共理性的批判性审思），以及并非所有的自由都可作为人权的内容（必须满足门槛要求）来看，森的人权概念实质上就是

---

① ［美］罗尔斯：《万民法》，陈肖生译，吉林出版集团有限责任公司2013年版，第121页。
② 作为现实的历史事件，当前的"以联合国大会为平台、会员国主导的多元主体参与的进程"正在保障和推进全球范围的人民的人权。张伟：《联合国人权条约机构改革应往何处去？——中国政府的立场与贡献》，《政法论坛》2016年第4期。从本书主张的人权概念来看，这个进程所展示的基本方向是它所推荐的。

表达那些具有道德重要性和"充分的社会重要性"的自由。① 尽管森没有具体规定"充分的社会重要性",但是从其相关表述来看,这种社会重要性,实质上就是人与人之间或者诸社会之间的彼此能够形成相互责任的社会关系。就此而言,尽管由社会关系所规定的人权概念与森的人权概念有所不同,但是两者之间完全存在交集的可能性。

以下,笔者将设想一个世界,并分别依循由社会关系规定的人权概念、罗尔斯的人权概念、森的人权概念对此加以分析,然后从人权的思想基础、内容、实现方式这三个层面来展示它们之间的差异与相关性。

二 立法与道德并进

设想存在 5 个社会的世界,其中 A 社会是高人权社会,有相应的人权法;B 社会是低人权社会,有相应的人权法;C 社会,没有人权法;D 社会,没有人权法,其当局也不积极推动人权立法,但不反对国内外的组织或人士改善其治内人民的生活水平的非政治性行动(即对其统治不构成真正威胁的行动);E 社会,没有人权法,其当局不仅没有推动人权立法的积极性,而且严格限制国内外的组织或人士改善其人民的生活水平的任何行动(比如出于对这些行动可能威胁其统治的担忧)。

按照罗尔斯的人权概念,如果 A 和 B 社会各自的人权法符合万民法关于人权法的要求,并且在其他方面也符合万民法的其他条款,那么 A 和 B 社会就是人权社会中的成员,并且基于万民法所赋予的责任或义务而对 C、D、E 社会施以相应的干预,直到它们至少确立相应的人权法为止。问题是,这种干预对 C 和 D 社会而言,可能过度,并且也不够尊重或者忽视它们可能在人权改善上所取得的进步,以及由此付出的努力。

按照森的人权概念,有无人权法并不是确定某个社会是否是人权社会的充分条件。如果 C 社会的当局鼓励其国内外的组织或人士按照各种合理的人权宣言(比如《世界人权宣言》)来推动其治内人民的人权状况的改善,比如消除威胁生命的饥荒、传染病、弃婴习俗等现象的行

---

① [印度] 阿马蒂亚·森:《正义的理念》,王磊、李航译,刘民权校译,中国人民大学出版社 2012 年版,第 341 页。

动,那么这个社会至少走在人权改善的路上,就此而言,C社会在人权改善上的进步应当值得其他人权社会的赞赏,而不能仅仅因为C社会依然是无人权法的社会,而遭受强制性经济制裁,相反,能够促进C社会人权改善的经济合作应当准予开展。至于D社会,其当局的消极作为应当受到人权社会的谴责,对此,人权社会可以依据具体情况而决定是否强制性中断或暂停一些与D社会的合作项目,但是不应当限制其国内的非政府组织或人士旨在推动D社会人权改善的那些公共行动。至于E社会,由于其当局的管制会阻碍国内外的组织或人士改善其人民的人权状况的行动,因此除非E社会被推翻,否则其人民的人权状况将一直恶化下去。

问题是,如果人权社会强制性干预D和E社会,那么这种干预的根据是什么?对于这个问题,森的人权概念难以给出合理的解释。因为作为其人权概念的基础是道德主张,但道德主张不是人权法,因而它并不具有后者的强制性特征。因此,强制性干预的根据不能是道德主张。这种干预的根据只能从人权社会所具备的人权法中去寻找,但是人权社会单方面的人权法何以对那些并不承认它的其他社会具有约束力,在森那里,并不清楚。看起来与此相关的说明是,森做出了不完全义务和完全义务的区分。但是具有强制性的完全义务是从道德主张过渡到立法阶段后的事情,它只是单个社会内部的自我改变的事情。因此,在跨域性人权问题上,森所谓的(由一个社会的人权法所确定的)完全义务并不能构成人权社会强制干预(而非仅仅道德谴责)非人权社会的合理说明。

按照由社会关系规定的人权概念,它承认全球性政治空间的边界性与异质性,即它认为并不存在由所有社会共同认可的唯一一套人权法或道德权利(主张)。因此,A、B、C、D、E社会之间的相互责任或义务,并不是根源于一套相同的人权法或者道德权利,而是根源于它们之间的社会关系。因为各个社会的异质性,所以它们之间的社会关系也是异质性的。比如,A社会和B社会之间的社会关系,显然不同于A(或B)社会和C(或D或E)社会之间的社会关系,以此类推。这样,我们可以区分出以下三种基本类型的社会关系:(1)人权社会之间的社会关系;(2)人权社会与非人权社会之间的社会关系;(3)非人权社会之间的社会关系。

在（1）中，A和B社会既可以依据它们各自的人权法，也可以由双方人权法的交集来规范它们的相互合作关系，并且在保障和推进人权问题上，它们之间的这种社会关系界定了它们彼此承担的义务的边界。在这个意义上，由社会关系规范的人权概念不同于但也不排斥罗尔斯的人权概念，或者说将后者的适用范围限于由人权社会所构成的政治空间之中。

在（2）中，人权社会对非人权社会的干预的根据，是由它们之间所共同确认的社会关系赋予的并且只能以此为限。比如，如果A社会与C（而非D或E）社会存在这种社会关系，那么A社会的当局就有对C（而非D或E）社会的当局进行干预的合理的义务，并且这个义务的限度以双方共同认可的领域与方式为其边界。这种阐释干预的合理根据，既不同但相容于这样的阐释，即A社会的当局施以干预的合理根据是它遵循其人权法（罗尔斯的主张），也不同但相容于这样的阐释，即A社会的当局施以干预的合理根据是遵循某个具有普遍性的人权宣言比如《世界人权宣言》（森的主张）。并且这种阐释，无须我们深究B社会的当局为何接受这种有限度的干预的动机。

在（3）中，如果非人权社会的当局都不积极推动甚至反对改善各自人民人权状况的任何行动，那么它们域内的诸多人民的人权状况将持续恶化，除非诸多人民联合起来推翻它们的当局，或者当局从其内部瓦解。在这种情况下，人权社会的当局并不能发动针对非人权社会的战争，否则就是不合理的（除非非人权社会的扩展主义对人权社会构成威胁，在这个意义上它们之间实质上已经因为威胁而发生了某种关系）。但是来自人权社会中的旨在保障和推进人权的组织和人士，却可以通过多种方式来缓解非人权社会中人民的人权状况，并支援后者以便迫使后者的当局做出相应改变。如果非人权社会完全断绝其与外部社会一切的社会关系（即阻止国内外的一切组织、人员、物资的流动），那么这个自我封闭的社会最终被其域内的人民所推翻（很难想象，一个其人民的人权状况严重受到践踏的社会能够维持长治久安）。因此，纯粹的（3）是不能长久维持的。与此不同，（1）可以维持长治久安。至于（2），其能否长治久安，则因实际情况而定。

以下，笔者将集中探讨（2），并阐明前文提及的三种人权概念在内涵、实现路径上的差异与相关性，并以此作为本节的结尾。

按照罗尔斯的人权概念，人权的内容是由某些法定权利所组成，由此人权社会与非人权社会之间所建立的社会关系，将以要求后者（逐步）确立相应的人权法并且加以落实为条件。这个条件是强制性的，并且以人权社会的富裕与发达作为吸引或迫使非人权社会接受这个条件的物质基础。因此，保障和推进非人权社会域内人民的人权的路径是具有强制性的立法。

按照森的人权概念，人权的内容是由满足门槛条件的那些自由所组成，由此人权社会与非人权社会之间所建立的社会关系，将以要求后者（逐步）提高其人民的实质自由（可行能力）为条件。这个条件不是强制性的，因此保障和推进非人权社会域内人民的人权的路径是包括立法途径在内的多种方式并举，即立法途径只是操作层面的一种可选方式。

按照由社会关系规定的人权概念，人权的内容是一个异质性空间（这个异质性空间是由于社会关系的异质性所决定的），它既可以由各种法定权利所构成，也可以由满足门槛条件的那些自由所构成，或兼而有之。[①] 因此，人权社会与非人权社会之间所建立的社会关系，既可以以要求后者（逐步）确立相应的人权法并且加以落实为条件，也可以以要求后者（逐步）提高其人民的实质自由（可行能力）为条件。这两个条件可以同时进行，也可以择其一进行，因此保障和推进非人权社会域内人民的人权的方式也是包括立法在内的多种方式并举。由此观之，与森的人权概念相比，本书的人权概念，尽管在保障和推进人权的方式几乎一致，但是如前文所述，它们在人权的思想基础和内容上，都是明显不相同的。

---

① 社会关系是以人与资源为其基本要素，因此由它规定的人权之内容，可以同时包括作为人某种属性的自由和作为资源某种形式的法定权利。

参考文献

阿马蒂亚·森：《集体选择与社会福利》，胡的的，胡毓达译，上海科技出版社 2004 年版。

阿玛蒂亚·森：《论经济不平等/不平等之再考察》，王利文，于占杰译，社会科学文献出版社 2006 年版。

阿玛蒂亚·森、玛莎·努斯鲍姆主编：《生活质量》，龚群等译，社会科学文献出版 2008 年版。

阿马蒂亚·森：《资源、价值与发展》，杨茂林、郭捷译，吉林人民出版社 2011 年版。

阿马蒂亚·森：《以自由看待发展》，任赜、于真译，中国人民大学出版社 2012 年版。

阿马蒂亚·森：《正义的理念》，王磊，李航译，刘民权校译，中国人民大学出版社 2012 年版。

阿玛蒂亚·森、贝纳多·科利克斯伯格：《以人为本：全球化世界的发展伦理学》，马春文、李俊江等译，长春出版社 2012 年版。

阿玛蒂亚·森：《身份与暴力：命运的幻象》，李凤华等译，中国人民大学出版社 2014 年版。

阿玛蒂亚·森：《贫困与饥荒》，王宇等译，商务印书馆 2014 年版。

阿玛蒂亚·森、让·德雷兹：《不确定的荣耀》，唐奇译，中国人民大学出版社 2015 年版。

阿拉斯戴尔·麦金太尔：《依赖性的理性动物》，刘玮译，译林出版社 2013 年版。

陈晓旭：《阿玛蒂亚·森的正义观：一个批判性考察》，《政治与社会科学评论》（台湾）第 46 期（2013 年 9 月）。

慈继伟:《正义的两面性》(修订版),生活·读书·新知三联书店2014年版。

段忠桥:《理性的反思与正义的追求》,黑龙江大学出版社2007年版。

段忠桥、常春雨:《G. A. 科恩论阿玛蒂亚·森的"能力平等"》,《哲学动态》2014年第7期。

段忠桥:《重释历史唯物主义》,江苏人民出版社2009年版。

陈积敏:《美国非法移民的现状与基本特点》,《国际资料信息》2012年第2期。

陈积敏:《欧洲非法移民的现状与趋势》,《国际研究参考》2016年第11期。

德隆·阿西莫格鲁、詹姆斯·A·罗宾逊:《国家为什么会失败》,李增刚译,湖南科学技术出版社2015年版。

G. A. 科恩:《卡尔·马克思的历史理论———一种辩护》,段忠桥译,高等教育出版社2008年版。

G. A. 柯亨:《自我所有、自由和平等》,李朝晖译,东方出版社2008年版。

郭锋超:《国际非法移民问题概观》,《公安研究》2003年第11期。

霍布斯:《利维坦》,黎思复、黎延弼译,杨昌裕校,商务印书馆2010年版。

哈耶克:《自由宪章》,杨玉生等译,中国社会科学出版社2012年版。

黄志雄、胡健生:《论朝鲜"脱北者"的国际法地位及我国的对策》,《时代法学》2014年第5期。

黄柯:《德国的抱负与局限:以难民潮应对政策为例》,《文化纵横》2016年第1期。

杰弗里·索恩主编:《生活水平》,沈国华译,机械工业出版社2014年版。

乔纳森·海特:《正义之心》,舒明月,胡晓旭译,浙江人民出版社2014年版。

贾春阳、杨柳:《阿富汗问题三十年(1979~2009):地缘政治、民族与宗教》，《南亚研究》2009 年 4 期。

洛克：《政府论》，叶启芳、瞿菊农译，商务印书馆 2008 年版。

卢梭：《社会契约论》，李平沤译，商务印书馆 2011 年版。

罗尔斯：《政治自由主义》（增订版），万俊人译，译林出版社 2013 年版。

罗尔斯：《万民法》，陈肖生译，吉林出版集团有限责任公司 2013 年版。

罗尔斯：《正义论》（修订版），何怀宏等译，中国社会科学出版 2014 年版。

罗尔斯：《作为公平的正义：正义新论》，姚大志译，上海三联书店 2002 年版。

罗伯特·诺齐克：《无政府、国家与乌托邦》，姚大志译，中国社会科学出版社 2008 年版。

罗纳德·德沃金：《至上的美德：平等的理论与实践》，冯克利译，江苏人民出版社 2003 年版。

梁治平主编：《转型期的社会公正：问题与前景》，上海三联书店 2010 年版。

吕耀怀：《同意的涵义及其中国式表达》，《上海师范大学学报哲学社会科学版》2015 年第 1 期。

李薇薇：《论联合国经济制裁中的人权保护——兼评联合国对朝鲜的经济制裁》，《法律科学（西北政法学院学报）》2007 年 2 期。

《马克思恩格斯文集》第一卷，人民出版社 2009 年版。

《马克思恩格斯文集》第二卷，人民出版社 2009 年版。

《马克思恩格斯文集》第三卷，人民出版社 2009 年版。

《马克思恩格斯文集》第八卷，人民出版社 2009 年版。

马克·里拉、罗纳德·德沃金、罗伯特·西尔维斯主编：《以赛亚·伯林的遗产》，刘擎、殷莹译，新星出版社 2006 年版。

迈克尔·桑德尔：《自由主义与正义的局限》，万俊人等译，译林出版社 2011 年版。

迈克尔·沃尔泽：《正义诸领域：为多元主义与平等一辩》，褚松燕译，译林出版社 2002 年版。

秦子忠、何小嫄:《关系性平等——对阿玛蒂亚·森的能力方法的一种解读》,《新政治经济学评论》第 30 期,汪丁丁主编,上海人民出版社 2015 年版。

秦子忠:《如何更好地对待弱势群体?》,《西南大学学报社会科学版》2015 年第 5 期。

秦子忠:《最高阶原则的正当性:一致性同意》,《海南大学学报人文社会科学版》2018 年第 1 期。

秦子忠:《交互共识理念——达成共识的困境与出路》,《上海交通大学学报哲学社会科学版》2017 年第 6 期。

秦子忠:《最低限度国家不是正义的国家——基于对诺齐克的赔偿条款的解读》,《内蒙古大学学报哲学社会科学版》2015 年第 5 期。

秦子忠:《对"分配正义"的批判与反思》,硕士学位论文,华侨大学,2010 年。

塞缪尔·亨廷顿:《文明的冲突与世界秩序的重建》(修订版),周琪等译,新华出版社 2009 年版。

宋全成:《非法外国移民在中国的现状、症结与对策》,《山东大学学报(哲学社会科学版)》2015 年第 1 期。

唐慧云:《全球非法移民治理困境及未来研究》,《国际关系研究》2017 年第 2 期。

威尔·金里卡:《当代政治哲学》,刘莘译,上海三联书店 2004 年版。

王秀梅:《试析联合国人权理事会与涉朝人权问题——兼及朝鲜人权问题对周边国家的影响》,《政法论丛》2010 年 4 期。

汪自勇:《美国反恐自卫权理论之批判——从阿富汗战争到伊拉克战争》,《法学评论》2003 年 04 期。

王晋:《联合国介入与阿富汗民主重建的反思》,《世界经济与政治论坛》2015 年 01 期。

文峰:《欧盟非法移民治理研究》,博士学位论文,暨南大学,2010 年。

徐向东主编:《全球正义》,浙江大学出版社 2010 年版。

亚里士多德:《尼各马克伦理学》第五卷,廖申白译注,商务印书馆 2014 年版。

亚里士多德：《政治学》，吴寿彭译，商务印书馆 2014 年版。

亚当·斯密：《道德情操论》，谢宗林译，中国编译局出版社 2008 年版。

约翰·罗默：《社会主义的未来》，宇文烈等译，张金鉴校，重庆出版社 2010 年版。

姚大志：《能力平等：第三条道路》，《浙江大学学报人文社会科学版》2014 年第 6 期。

姚洋：《关注社会最底层的经济学家》，《读书》1999 年第 3 期。

姚洋：《中国道路的世界意义》，北京大学出版社 2011 年版。

余泳：《伊拉克重建中国家认同之缺失》，《阿拉伯世界研究》2007 年第 3 期。

周濂：《现代政治的正当性基础》，生活·读书·新知三联书店 2008 年版。

张伟：《联合国人权条约机构改革应往何处去？——中国政府的立场与贡献》，《政法论坛》2016 年第 4 期。

张吉军：《"后阿富汗战争时代"阿富汗国家治理前景：国家认同视角下的分析》，《南亚研究》2015 年 2 期。

"法国 1789 年《人权宣言》（中英文）"，载中国宪法网，2008-1-6，http：//www.calaw.cn/article/default.asp?id=2366。

2016 年 3 月 11 日外交部发言人洪磊主持例行记者会，载外交部网站，2016-3-11，http：//www.fmprc.gov.cn/web/fyrbt_673021/jzhsl_673025/t1347124.shtml。

《国家人权行动计划（2012-2015）》，载中华人民共和国国务院新闻办公室网站，2012-06-11，http：//www.scio.gov.cn/zxbd/tt/Document/1171248/1171248.htm。

《世界人权宣言》，载联合国网站（中文），1948-12-10，http：//www.un.org/zh/universal-declaration-human-rights/index.html。

Amartya Sen, "The Impossibility of a Paretian Liberal", *Journal of Political Economy*, Vol. 78, No. 1, 1970.

Amartya Sen, " Well - being, Agency and Freedom: The Dewey

Lectures1984", *Journal of Philosophy*, Vol. 82, No. 4, 1985.

Amartya sen, *Inequality Reexamied*, Oxford: Oxford University Press, 1992.

Amatya Sen and Martha Nussbaum (eds.), *The Quality of Life*, Oxford: Oxford University press, 1993.

Amartya Sen, "Justice: Means versus Freedoms", *Philosophy & Public Affairs*, Vol. 19, No. 2, 1990.

Amatya Sen, "Elements of a Theory of Human Rights", *Philosophy and Public Affairs*, Vol. 32, No. 4, 2004.

DerekParfit, *Equality or Priority?*, The Lindley Lecture, University of Kansas, 1991.

Elizabeth S. Anderson, "What is the Point of equality?", *Ethics*, Vol. 109, No. 2, 1999.

G. A. Cohen, "Equality of What? On Welfare, Goods and Capabilities", *Recherches Économiques de Louvain / Louvain Economic Review*, Vol. 56, No. 3/4 Alternatives to Welfarism, 1990.

G. A. Cohen, "On the Currency of Egalitarian Justice", *Ethics*, Vol. 99, No. 4, 1989.

Jeremy Moss, *Reassessing Egalitarianism*, New York: Palgrave Macmillan, 2014.

James Griffin, *On Human Rights*, Oxford: Oxford University Press, 2008.

James Fosters andAmartya Sen, *On Economic Inequality*, Oxford University Press, 1997.

Martha Nussbaum, "Aristotle, Politics, and Human Capabilities: A Response to Antony, Arneson, Charlesworth, and Mulgan", *Ethics*, Vol. 111, No. 1, 2000.

Martha Nussbaum, "Social Justice and Universalism: In Defense of an Aristotelian Account of Human Functioning", *Modern Philology*, Vol. 90, 1993.

RonaldDworkin, *Sovereign virtue: The Theory and Practice of Equality*,

Cambridge, MA: Harvard University Press, 2000.

RichardArneson, "Equality and Equal Oportunity for Welfare", *Philosophical Studies*, Vol. 56, No. 1, 1989.

RichardArneson, "Luck Egalitarianism and Prioritarianism", *Ethics*, Vol. 110, No. 2, 2000.

ThomasPogge, "Can the Capabilities Approach Be Justified?", *Philosophical Topics*, vol. 30, No. 2, 2002.

HarryBrighouse and Ingrid Robeyns (eds.), *Meansuring Justice: Primary Goods and Capabilities*, Cambridge: Cambridge University Press, 2010.

Xiaoxu Chen, *Can Sen's and Nussbaum's Capabilities Approach be Justified as an Approach to Social Justice?*, P. H. D. Thesis, at Cambridge University, 2010.

后　记

在后记部分，我想对本书的写作背景做些交代。

在准备博士学位论文的开题时，业师段忠桥教授让我就自己感兴趣的主题来书写开题报告。当时想对当代平等理论做个谱系性梳理，因此我准备了题为"平等（理论）的再考察"的约三万字的报告。但此报告并没通过业师的审核，大致原因是报告主题过于宏大，而我也没有展示出有驾驭这么大主题的能力。后在业师建议下，我将选题缩小到集中处理森的正义理论。至于业师为何这般建议，他没有明说。但我猜想，可能是在那篇未通过其审核的报告里，我表现出对森的正义理论的兴趣。这点既与我的理工科背景有关，也与我早期痴迷泰戈尔的诗文有关。

森是经济学家。这对他的正义理论多少有些影响，比如他在叙述其观点时采用的某些精细化表述，对于没有一定数学知识的人文学者来说，反而会有理解上的困难，但对于我这类有理工科背景的学生来说，则没有这方面的障碍。就此而言，相对于其他理论家，森的正义理论更适合作为我的研究对象。但随着研究的深入，我了解到自己青睐森的正义理论其实有深层原因。

在思想上我们同受泰戈尔的影响。对于森，泰戈尔不仅是他名字的赐予者，也是其思想的领航人。这点在《阿玛蒂亚·森传》[1]里得到了清晰的说明。这里不再赘述。与森自小深受泰戈尔的影响不同，我在大学读书时才接触到泰戈尔的诗文。接触虽晚，但一触便如坠入爱河，爱其诗文近乎废寝忘食。从我的思想历程来看，如果说屈原的情怀（哀民

---

[1] ［印度］利茶·萨克塞纳（Richa Saxena）：《阿玛蒂亚·森传》，唐奇译，中国人民大学出版社2016年版。

生之多艰）与气节（自沉汨罗江以明志）影响我，那么泰戈尔是续屈原之后，以其纯净心灵和广博胸怀形塑我的第二位诗人。我曾在一篇题为"2008，遇知音"的日记中，如此写道：

> 已忘了哪个具体日期，
> 只知从拜读了泰戈尔的飞鸟诗集开始，
> 我的整颗心迷醉在他广博的怀里。
> 我反复地读着，如沉浴在清风的甜蜜里，
> 忘记时间，恰邂逅了一位远古的知音，
> 在心律和谐的共振里，如痴如狂。
> 虽然我们的话题，
> 也不过是几个他人眼里的小物象，
> 花鸟鱼虫星河云月，
> 但在我们的心胸里，
> 已话尽苍生道尽了万事与万物。

也正是在泰戈尔《飞鸟集》影响下，我亦借花鸟虫鱼星河云月等意象抒发自己的哲思，而后将它们结集成册，并以《落单》为名，在北京奥运会举办之际，自印二百册散传于延边大学校内。《落单》虽不是正式出版的作品，但它如一片沃土孕育了我的哲思，亦如一份承诺激励着我这一路的前行。

因为有泰戈尔作为精神纽带，我能理解森批判罗尔斯背后的动机，也将此视为理所当然。我所不满意的是，森陈述其观点的方式过于松散。这点可能受业师注重分析哲学方法论的影响（业师与分析马克思主义学派代表人物 G.A 科恩亦师亦友，我经由业师也深受后者的影响），我也非常注重表述清晰与论证严谨。再者，森的正义理论是在不同作品以及论辩语境中展开的，这让读者全面理解其理论带来诸多不便。为此，我想以更清晰严谨的方式将森的正义理论叙述出来。若到此为止，我只是完成本书的前半部分内容，或者说它没涉及后半部分内容，即森的正义理论能否被辩护。

注意到本书后半部分内容的重要性，得益于与周濂、陈晓旭两位老

师的交流。在人大读书时，周濂老师不仅让我注意到正当性与证成性的区分，其《现代政治的正当性基础》一书也深刻地形塑了我的思维。但将正当性问题与森的正义理论关联起来，除了得到了周濂老师的指引外，还得到了陈晓旭老师的帮助。记得在一次课后（我当时常去听周老师给硕士生开的课程），我与周老师谈起我的开题报告；他告诉我，陈晓旭老师对森的正义理论很有研究，并让我多加关注。事后，我查阅了陈老师的相关论文，并与之进行邮件交流。

事后来看，与陈老师的这些交流非常关键，更为令人感动的是，她不仅给了我她的（英文）博士学位论文，还给我些需参考的重要文献。陈老师是剑桥大学的博士，她的博士学位论文处理森和努斯鲍姆的可行能力方法能否被辩护的问题。我们的交流也由此展开。这点我已经在本书中做了相应的说明。由此，我只想表达的是，本书能有现在这个样子，其完整性要归功于周、陈两位老师，但书中存在的不足与他们无关。

本书最终没进入博士开题、答辩环节，但作为其部分内容的博士学位论文，得到业师前前后后不少于六个来回的修改。这个修改不仅涉及论文的整体框架，也涉及具体的表述。业师严格的学术要求，曾让我的治学热情低迷。但经历过严格的学术训练后，所获得的学术能力却可支撑起终身治学的底气。但这仅是相对于自我成长而言，对业师的要求与期望，仍有很长的路要走。博士学位论文还得到了龚群、罗骞、杨伟清、刘玮、田洁等老师在预答辩环节给予的指导与帮助，以及外校专家韩水法、张曙光、陈新夏、臧峰宇等教授在答辩环节提出的修改意见。因我的博士学位论文是本书的一部分内容，因此这些指导、意见与帮助也直接地有助于本书的完善。为此，请允许我在这里把诚挚谢意给诸位老师呈上。

从某种意义上讲，这本书的写作贯穿于我四年的博士生活。在这个过程中，我得到诸多师长的关心和帮助。这里请原谅我不一一列出这些师长的名字。但有两位老师，我不得不提。一是吉林大学的姚大志老师。我在政治哲学领域的成长，多得其关怀与爱护。仍记得我与姚老师在人大校内边散步边交流的场景。这个场景既是一份激励，激励我不断在学术前行，也是一份期待，期待我日后能与我的学生也以这种方式探索学问。最是当我谈及毕业后可能找不到合适工作时,他近乎脱口而出的"可先到我那做博士后",让我感动不已。二是北京大学的姚洋老师。姚洋老师是知名的经济学家,亦是国内较早引介阿玛蒂亚·森相关理论的学者之一。① 我们的相识缘于我对他的中性政府理论的关注。非常感谢姚老师的提携,给予我合作写论文的机会。在合作过程中,我不仅在写作技能上得到提升,也深深受教于他的大家风范。更令人感动的是,我在求职过程中他无私给予的帮助。虽然最终没能到姚洋老师那里做博士后,但他当时为我打听入站条件事宜的情景,至今仍历历在目。

在读博期间,我得到了王广、李旸、常永强、胡业成、李文、郭伟峰、韩定祥等同门的帮助,我亦曾以本书的某些章节与王若磊、王赠怡、何小媛、黄增喜、章鸿昊等诸位博士进行交流。这些帮助和交流,使得本书的写作至少不是个闭门造车的过程。行文至此,我特别怀念硕士期间的师友。硕士三年,是我学术思想和活动颇为活跃的时期,张世远老师(硕导)的宽阔视野,吴苑华、许斗斗、王福民等老师的关爱,让我在学术上得以自由驰骋,与李阿慧、陈坎、付高生等同学一同举办的学术活动锻炼了我的写作能力与演讲能力。这里提及的是,本书所探讨的正义主题从某种意义上是我硕士学位论文《对"分配正义"的批判与反思》的延续。不同在于,硕士学位论文是以马克思主义立场批判主流的分配正义理论,并相应地梳理马克思的分配正义理论,本书则是以梳理森的正义理论为中心线索,勾画当代主流正义理论的谱系,并相应地提出我的正义观念。

特别感谢我的妻子朱文婷及家人。如果没有他们的理解与支持,我不可能安心做学问,也不可能享有家庭的幸福。但这也让我深感内疚,因为我知道他们尤其妻子为此所做出的牺牲,即便在他们那里,这牺牲是爱的足迹。我是幸运的,在攻读博士学位过程中,天心、天问相继出世。他们的到来,一定程度加重了我和妻子的负担,但孩子带来的欢乐远远大于负担所施加的苦恼。在笔者少年时,父母曾问我,"长大后以什么赡养他们?"我答之,"以书"。当时为何如此作答,已记不清……但当笔者为人父亦深解父母恩情时,父亲已于2010年去世,而母亲也

---

① 姚洋:《关注社会最底层的经济学家》,《读书》1999年第3期。

入人生暮年。因此，既作还愿亦作感恩，笔者想把这部正式出版的专著用以纪念我的父亲，献给我的母亲。

非常感谢海南大学马克思主义学院的资助。这个资助让本书早些时候与读者见面。也许用更长的时间来完善本书后再出版，可能更好。但哈耶克的一段话却说服了我，即"对于读者的尊重当然要求作者拿出基本完备的作品，但我认为这并不意味着要等到没有任何改进余地时，才能出版作品"[①]。最后，感谢中国社会科学出版社的任明主任对本书的精心策划和编辑。

秦子忠
2018年9月14日修定于海口

[①] [英]哈耶克：《自由宪章》，杨玉生等译，中国社会科学出版社2012年版，第11页。